ARCHIVES HISTORIQUES

DE LA GASCOGNE

DEUXIÈME SÉRIE — FASCICULE VIIIme

LES

HUGUENOTS DANS LE DIOCÈSE DE RIEUX

PAR L'ABBÉ J. LESTRADE

LES
HUGUENOTS

DANS LE

DIOCÈSE DE RIEUX

DOCUMENTS INÉDITS

PUBLIÉS POUR LA SOCIÉTÉ HISTORIQUE DE GASCOGNE

PAR

L'ABBÉ J. LESTRADE

PARIS
HONORÉ CHAMPION
ÉDITEUR
9, quai Voltaire, 9

AUCH
LÉONCE COCHARAUX
IMPRIMEUR
18, rue de Lorraine, 18

MCMIV

INTRODUCTION

Les érudits amenés à consulter ma précédente publication, *Les Huguenots en Comminges*, auront remarqué que ce volume comprend des textes relatifs aux excès des religionnaires dans les diocèses de Rieux et de Couserans. Ces pièces, extraites des Archives de Muret, ne sont pas déplacées en une semblable collection, puisque plusieurs communautés rivoises et couseranaises se trouvaient rattachées au Comminges pour la répartition des tailles, l'entretien des garnisons et le paiement des autres frais de guerre.

Toutefois, les documents de cette nature insérés dans l'ouvrage précité sont loin de représenter la totalité de ceux que l'on pourrait produire. Les Archives nationales, celles de la Haute-Garonne et de l'Ariège, fourniraient matière à un très ample recueil pour l'histoire des huguenots dans le seul diocèse de Rieux. Mon dessein n'est pas d'entreprendre une œuvre aussi considérable. Le but de la présente publication, bornée aux limites de l'ancien évêché de Rieux, est de mettre en lumière certains détails peu connus ou ignorés des mouvements des religionnaires en cette contrée.

Le pays fuxéen fut de bonne heure endoctriné par les ministres de la prétendue réforme, que la suzeraine de céans, Jeanne d'Albret, reine de Navarre et comtesse de Foix, couvrait de sa protection. Elle transforma ce comté, comme le Béarn, en un fief des huguenots. Les propagateurs de la religion nouvelle purent ainsi envahir, sans difficulté et souvent, l'entier diocèse de Rieux. Ils s'établirent définitivement en quelques-unes de ses paroisses, au Mas-d'Azil et au Carla, par exemple, et cela dès le commencement des troubles, et ne cessèrent de tenter ensuite des incursions à main armée sur les territoires environnants. Les documents qu'on va lire apportent des précisions sur certaines de leurs campagnes effectuées en août 1568, en avril-juillet 1569 et encore au mois d'août de cette même année.

A la première de ces dates, les religionnaires dévastèrent Gabre, Monesple, Castera, Sabarat, Les Bordes, Lanoux, Clermont, Le Fossat, Artigat, Saint-Martin-d'Oydes, Saint-Félix-des-Salenques, Campagne, Camarade, Montfa, Loubault, Méras, La Tour, La Peyrère, Castets, Cieuras, Canens, Sainte-Suzanne, Marliac, Massabrac, Saint-Ybars, Durfort, La Caugne, Esperce, Brie, Magrein, Saint-Quire, Lissac, Canté, Gualhiaguet... Les abbayes de Lézat, de Combelongue, du Mas-d'Azil, de Calers, des Salenques reçurent aussi, en ce moment, des atteintes désastreuses.

L'année suivante (avril-juillet 1569) eurent lieu

d'autres incursions. Les bonnes villes du diocèse,
Daumazan, Montesquieu-de-Volvestre, Rieux la cité
épiscopale, devinrent, mais inutilement, le principal
objectif des entreprises huguenotes. Ces centres
heureusement étaient gardés; l'ennemi, dépité, se
contenta de recueillir aux environs un butin plus
modeste. Celui qui mena l'expédition contre Rieux,
« pour tenir bon contre le Roy », se nommait
Vindrac, c'était un moine apostat de l'abbaye de
Lézat [1] et un zélé prédicateur de la religion nouvelle
dans la vallée de l'Arize. Avec sa troupe, il
s'empara, au mois de juin, de Loubault, Méras, La
Tour. A Loubault, un certain Bernard Darbayssa
« fust prins et blessé ». M. de Mottes, détenu
prisonnier en ce lieu, obtint sa liberté moyennant
80 livres de rançon. Le capitaine Vindrac, maître de
Loubault, y fit « tuer partie de ceulx qu'i[l] auroict
« treuvé[s] et tenus les aultres prisonniers ».

Mais les soulèvements des mois d'avril-juillet 1569
présageaient au malheureux évêché de Rieux de
nouveaux fléaux, préludes de ceux qui allaient sitôt
après anéantir tant de communautés florissantes en
Bigorre et en Béarn. Et ici l'histoire de notre
diocèse se soude pendant trois jours à celle de la
fameuse expédition de Mongonméry en nos provinces méridionales. On sait que lors de la détresse
de Navarreins, qu'assiégeaient Terride et les catho-
tiques, Mongonméry venu en Languedoc y rallia des
partisans afin de dégager cette place, selon les ordres

---

[1] Un document du dix-septième siècle appelle ce religieux Mindrac et le
rattache à l'abbaye du Mas-d'Azil : nous acceptons de préférence l'affirmation
des contemporains du fait. — Voy. : *Abbaye du Mas-d'Azil*, par M. l'abbé
Cau-Durban, p. 32.

de Jeanne de Navarre. A la tête de l'armée dite « des vicomtes [1] », le célèbre capitaine se dirigea vers Castres ; de cette ville, il aboutit à Mazères-en-Foix par le Lauragais, traversa le diocèse de Rieux, gagna le Nébouzan où il spolia la collégiale de Saint-Gaudens [2], puis la Bigorre et le Béarn. Ce fut un remarquable enchaînement d'opérations stratégiques, un *itinéraire* merveilleux de prestesse et d'habileté en un pays que surveillaient cependant, sur divers points, les troupes de Bellegarde, sénéchal de Toulouse, et celles de Damville et de Monluc.

L'armée des vicomtes se livra, dans sa course rapide, aux pires excès et ne laissa après elle que des ruines. Ses exploits à partir du moment où elle atteignit Saint-Gaudens sont bien connus [3] ; mais le caractère de cette chevauchée en Lauragais n'est pas encore sorti de l'obscurité des archives. En attendant qu'on nous donne sur ce fait des notions fort souhaitables, nous voici à même de nous édifier aujourd'hui sur la conduite de Mongonméry et de ses partisans dans le diocèse de Rieux : s'ils passèrent promptement sur cet infortuné territoire, ils n'y perdirent pas le temps.

Le 30 juillet 1569, à la tête d'une armée de six à sept mille hommes, Mongonméry franchit l'Ariège à gué entre Sainte-Gabelle et Saverdun sans oser,

---

[1] Il s'agit de l'armée que conduisaient les capitaines huguenots Bernard-Roger de Comminges, vicomte de Bruniquel ; Bertrand de Rabastens, vicomte de Paulin ; Antoine de Rabastens, vicomte de Montclar ; le vicomte de Montaigu ; le vicomte de Caumont ; le vicomte de Rapin ; Géraud de Lomagne, vicomte de Sérignac.

[2] Voy. : *Les Huguenots en Comminges*, pp. 341 et suiv.

[3] Cf. : Enquête sur les ravages faits par les huguenots dans le comté de Bigorre, dans *Les Huguenots en Bigorre*, pp. 160 et suiv. — Itinéraire de Mongonméry, dans *Les Huguenots en Béarn*, p. 175.

malgré son envie, attaquer cette seconde place que le capitaine La Roge, sa compagnie et les habitants gardaient jour et nuit. Éparse sur la rive gauche du fleuve, cette troupe considérable se distribua, sans doute, en plusieurs corps afin de se faciliter la besogne et d'accélérer ses mouvements. Le village de Mauressac fut le premier investi, puis, gagnant de proche en proche, les huguenots surprirent : La Grâce-Dieu, Magrein, Grasac, Caujac, Esperce, Gaillac, Castagnac, Canens, Batz, La Tour... Arrivés près des murailles de Montesquieu-Volvestre, les religionnaires tirèrent contre cette ville « de grandz « coupz d'arquebuzades ». Ils criaient aux catholiques : *Sortez, papaux !* Mais force leur fut de se rabattre ailleurs : La Fitère, Sainte-Croix, Montberault, Montbrun [1], Camarade, Mérigon payèrent cette déconvenue. Ils avaient enfin gagné la ligne où le diocèse de Rieux confine avec celui de Couserans et avoisine le Comminges. On était au 1er août ; la journée s'acheva par le pillage de Montardit, que les huguenots abandonnèrent sans retard puisque le lendemain, entre deux et trois heures de l'après-midi, ils entraient à Saint-Gaudens.

Le territoire parcouru, Mongomméry et ses partisans le laissaient absolument dévasté : moissons et métairies incendiées, femmes et filles violées, ecclésiastiques et laïques tués « par glaive » ou pendus et étranglés, femmes, enfants même « meur- « dris » sans avoir égard à l'âge ; de tous côtés, « des « pouvres gens esgarés » et sans asile ; en plusieurs

---

[1] Voyez à ce sujet la requête des habitants de Montbrun, dans *Les Huguenots en Comminges*, pp. 51 et suiv.

villages, des églises si bien enveloppées de flammes que le feu y tenait encore le 3 août. A voir tant de ruines, il n'y avait « cœur d'homme qui ne gémysse » ; ce spectacle causait « grand pitié et crève cœur ».

A la faveur de pareils bouleversements, des bandes de pillards, très épris de la façon dont s'établissait la réforme, sortirent du Mas-d'Azil et de divers autres repaires. Ces troupes, qui allaient chaque jour grossissant, avaient trois chefs principaux : Vindrac, que nous avons déjà rencontré près de Rieux et à Loubault, Bousquet et Lavailh, natif de Gaillac-Toulza. Ces capitaines improvisés et leurs milices menaient, depuis plusieurs années, grasse et joyeuse vie aux dépens du « commun populaire », des cures, des menses abbatiales et des deniers royaux. A dater de 1566, ils empêchèrent les économes, que les titulaires ecclésiastiques et le pouvoir royal avaient chargés de la gestion des bénéfices, de percevoir le moindre denier. Nos huguenots, emportant les gerbes du sol de la dîme, disaient agréablement aux paysans « qu'ils estoient evesques, chanoines et « recteurs... ». Ce clergé, d'une espèce inconnue jusque-là, ravagea Saint-Étienne-d'Arbouville, près de Sainte-Gabelle, ainsi que les environs de Saverdun, Canté, Esplas, Castets, Marliac, Justiniac, Orssas, etc., et acheva ainsi, en divers endroits de l'évêché de Rieux, l'œuvre de destruction que Mongonméry avait si gaillardement menée.

Je n'avais eu d'abord d'autre intention que celle de publier le texte dont l'analyse précédente fait entrevoir le haut intérêt. Or, voici qu'un autre lot de documents a sollicité après coup ma curiosité et piquera aussi, je l'espère, celle du lecteur. Sauf quelques-uns qui leur sont antérieurs, les textes dont il s'agit maintenant appartiennent aux XVIIe et XVIIIe siècles, et nous mettent en face d'un état de choses que l'on ne rencontre pas en étudiant les guerres de religion en Comminges. Les huguenots, en effet, ont seulement traversé, quoique à maintes reprises, cette région ; dans l'évêché de Rieux, au contraire, ils ont établi résidence fixe et permanente : de là découle la situation anormale dans laquelle, de Louis XIV à Louis XVI, se trouvèrent placées les communautés rivoises où, malgré édits et répressions violentes, ne cessa de dominer l'élément huguenot.

Lorsque les catholiques rivois purent, avec quelque assurance de sécurité, relever leurs habitations et se rétablir dans leur propre pays, ils se groupèrent de nouveau, mais diminués quant au nombre et appauvris. Ils trouvaient une partie de leurs églises brûlées. Parmi celles que le feu avait épargnées, plusieurs étaient usurpées et converties en temples huguenots. Les hérétiques exerçaient, à peu près exclusivement en divers lieux, les charges municipales et les fonctions notariales : ils choisissaient les régents des écoles et administraient à leur gré les rentes affectées aux pauvres. Voilà bien du terrain à regagner et de multiples causes de tiraillement ! Que l'on ajoute à cela l'opposition· des doctrines, les rivalités d'influence, le prosélytisme exercé en sens contraire dans les deux camps ; de la part des huguenots, certaines manifestations imprudentes de haine antipapiste, les efforts du clergé catholique pour ramener l'unité du culte, les difficultés pratiques et journalières qu'entraînaient la question des mariages mixtes et celle de la participation, au moins extérieure, des religionnaires, aux cérémonies de l'église, et, à un moment donné, la question autrement grave de leur réception effective des sacrements de pénitence et d'eucharistie; enfin, dominant le tout et avivant les blessures, le souvenir et le récit des crimes passés, et l'on aura une idée du malaise où l'on vécut dans l'évêché de Rieux, comme en d'autres diocèses méridionaux, par suite des carnages du XVIe siècle et des dissensions religieuses perpétuées. C'étaient des haines latentes, des conflits sans cesse renaissants. D'ailleurs, ces milieux de discorde au territoire exigu et aux animosités vivaces étaient de temps en temps secoués par l'application d'un édit du Roi, de quelques ordonnances d'intendant plus zélé que sagement politique; par l'exécution d'un arrêt du parlement de Toulouse ou d'un juge délégué condamnant à la confiscation des biens ou au bagne des hérétiques surpris en des assemblées prohibées, voire condamnant à l'écartèlement réel, ou en effigie dans le cas de contumace, un ministre convaincu du crime de prédication au désert !

A ces traits, on distingue une situation spéciale et caractéristique que nos documents permettront d'étudier avec clairvoyance et d'apprécier sans parti pris.

La méthode employée pour la publication des textes a été déjà mise en usage dans *Les Huguenots en Comminges* et ailleurs. L'auteur ne cherche pas ici à faire prévaloir son jugement : il forme, il classe et offre ensuite un dossier qui s'unira à ceux que l'on connaît déjà relativement aux guerres de religion en Bigorre, Béarn, Navarre, Couserans et Comminges. L'histoire de la Réforme en nos provinces s'élabore ainsi peu à peu, mais sûrement : la sentence sera un jour prononcée avec pleine connaissance de la cause. Dans mon rôle secondaire et bien modeste, toute mon ambition est de mériter une fois encore le témoignage d'absolue impartialité que des juges non suspects m'ont précédemment décerné [1].

J. L.

[1] Voy. notamment, dans la *Revue Historique*, de septembre-octobre 1901, pp. 92-93, l'article de M. Hauser reproduit dans la *Revue de Gascogne*, 1901, pp. 495 et suiv. — Depuis la publication des *Huguenots en Comminges* ont paru deux documents que j'ai ignorés en temps utile et qui auraient eu leur place tout indiquée dans ce recueil. Ils méritent d'être signalés : *Henri IV à l'Isle-Jourdain*, par M. Alph. VIGNAUX (*Revue de Gascogne*, 1901, pp. 344 et suiv.), et un texte relatif aux *Huguenots à Saint-Bertrand*, publié par M. le baron de GORSE, dans la *Revue de Comminges* (1903). Enfin, sous ce titre : *Les Guerres de Religion en Couserans*, M. le baron de Bardies a publié à nouveau, dans le *Bulletin de la Société Ariégeoise*, une série importante de textes et de notes empruntés aux *Huguenots en Comminges*.

LES HUGUENOTS

DANS LE DIOCÈSE DE RIEUX

I.

Enquête faite en 1569,

sur les excès des Huguenots dans le diocèse de Rieux.

L'enquête qu'on va lire fut provoquée par le syndic du diocèse de
Rieux, afin de démontrer l'impossibilité où se trouvaient les ecclésiastiques de payer les tailles et impositions royales après la spoliation
de leurs biens. Le parlement de Toulouse en confia l'exécution à
Firmin Bayssière, licencié ez droits et lieutenant général en la
judicature de Rieux. Au cours de sa mission, ouverte au mois d'avril
1569, le commissaire entendit les dépositions de vingt témoins sur
des faits antérieurs au passage de Mongonméry. En ·août de la
même année, dans la continuation de la même enquête, F. Bayssière
reçut les dépositions de quarante autres témoins ; c'était au lendemain des ravages de l'armée des vicomtes.

On trouvera ici le texte intégral des premiers témoignages et des
derniers ; pour les autres, on s'est borné à une analyse, sauf à repro-
duire, chemin faisant, les détails spéciaux que ne renfermaient pas
les dépositions données intégralement.

A Nosseigneurs de Parlement.

Supplie humblement le scindic du clergé de Rieux que durant
ses trobles les ennemys de Dieu, du Roy et perturbateurs du
repos publicque, s'estant emparés long temps par avant des villes
du Carla, le Mas d'Azilz, Foussat, Artigat et Savarat aud.
diocèse, et illec commis infinis maulx, lesquelz continuant à

ses derniers trobles, faisant encores, se seroient saisis d'aultres villes audict diocèse, sçavoir est : Gualiaguet, Castetz, Méras, Campaigne, Guabre, Camarade, Monfa, Ciouras, La Tour, La Peyrère, Massabrac, Caujac, Marliac, Sainct-Quire, Lyssac, Canté, Sperce, Saint-Martin de Doydes, Brie, Merigon, Lanotz, Casteras, Montnesple [1], et aultres ez euvyrons d'icelles, y ayant faict tel degast que les barbares, sectes et payens encores qu'ils y feussent passés, n'en eussent pas faict tant, oultre ce que ont bruslé toutes les esglises et maisons des ecclésiasticques desd. villes et villaiges, et qu'est à notter, ruynées lesd. abbeyes du Mas d'Azil, Calers et Salenques, sans y avoir layssé pierre sur pierre, ayant aussi desmoly à l'Abbé de Lézat dix ou dotze esglises champestres oultre plusieurs metteries et boys couppés, et ne se faict (ce que ledict scindic ne peult dire sans pleurs), aulcung acte ecclésiasticque pour le culte et service divin en aulcune desd. villes et villaiges, ains les Abbés, moynes, prieurs, nonains, curés et aultres bénefficiers ont esté constrainctz quicter tout et s'enfuyr à Tholoze ou ez Espaignes pour sauver leur vie, craignant la fureur et raige desd. ennemys, sans comprendre ung grand nombre que par iceulx en out esté tués et meurdris.

Ce considéré, et que lesd. excès ont esté commis contre les edictz du Roy et arrestz de la court, vous plaise de vos grâces ordonner que en sera enquis par le premier des secretaires de la court, huyssier d'icelle, juge de Rieux, Saincte-Gabelle, leurs lieutenants ou aultre magistrat royal sur ce requis, sur un brief *intendit* que sur ce leur sera bailhé, pour, l'inquisition veue, estre procédé contre les coulpables ainsi que de raison.

Si ferès bien...   DE LAMOTE.

Soict enquis par le premier des huyssiers et l'ung des magistratz mentionnés en la requeste. — Faict à Tholose, en Parlement, le XXI° apvril l'an mil V°LXIX. — LACROIX.

---

[1] Voy., pour l'identification des lieux cités dans l'ouvrage, la *Table* placée à la suite des documents.

*
* *

CHARLES, PAR LA GRACE DE DIEU, ROY DE FRANCE, A NOSTRE
JUGE DE RIEUX OU SON LIEUTENANT ET PREMIER DES HUYSSIERS DE
NOSTRED. COUR DE PARLEMENT, SÉANT A THOLOSE, SUR CE REQUIS,
ET CHASCUNG D'EULX, SALUT.

Veue la requeste à nostre dicte court bailhée par le scindic du
clergé de Rieux, cy soubz le contre scel de nostre chancellerie
attachée, et l'ordonnance de nostred. court, nous vous mandons
et commectons par ses présentes que à la requeste dud. scindic
enquérés secrettement, bien et deuement, de et sur les faictz
contenuz en lad. requeste plus à plain, à [et] bailhiés par
déclaration, si besoing est, icelle, touteffois conseruant l'affaire,
et l'information faicte l'envoyer et mettre féablement devers
nostred. cour le plus tôt que fère se pourra, pour par elle veue, y
estre pourveu et ordonné ainsin qu'il apartiendra. Mandons et
commandons à toutz nos subiectz ce faisant vous obéyr.

Donné à Tholoze, en nostred. Parlement, le vingt-deuxiesme
jour du moys d'apvril, l'an de grâce mil cinq cens soixante-neuf,
et de nostre règne le neufviesme.

Collationné par la court :   BARTIER, *ainsi signé*.

*
* *

Articles et *intendit* que bailhe par devers vous très honorés
seigneurs tenant la court de parlement de Tholose, ou commissaire
par vostre aucthoritté depputté, le scindic du clergé de Rieux ez
parties de Gascoigne, sur les meurdres, desmolitions, bruslemens,
sacagementz, pilleries, expoliations des esglises, biens et fruictz
des ecclésiastiques, invasions des villes et villaiges, maisons,
chasteaulx et aultres lieux dud. diocèse, ensemble aultres infinis
maulx et actes exécrables commis et perpétrés par les ennemys
de Dieu, du Roy, et pertubateurs du reppos publicque, despuys
les derniers trobles, sur lesquelz excès requièrent très humblement
inquisition estre faicte et les tesmoings que vous seront administrés, oüys, suyvant l'appoinctement contenu en la requeste cy
attachée, affin de leur pouvoir servir en temps et lieu.

Premièrement est par trop notoire que lesd. ennemys ont tenu et occuppé les villes du Carla, Mas d'Azilz, et y ont fait l'exercisse de la nouvelle relligion despuys les premiers trobles, qu'estoient l'an mil v^e LXII, non obstant les edictz de Sa Majesté. Et sur la fin du mois d'aoust dernier se myrent aux champs à force d'armes à feu, tant à piedz que à chevalz, en grand nombre, et se emparerent des villes de Savarat, le Foussat, Artigat, Gualhiaguet, Sainct Martin de Doydes, et plusieurs aultres dud. diocèse. Où estant ont faict cources de nuict et de jour par les villaiges des envyrons d'icelles villes, lesquelz ont pilhés et sacagés jusques au nombre de septante ou plus, et, que vient en concidération, en ont admené tout le bestailh des pouvres paysans jusques à leur laisser rien pour vivre, sans préjudice des battemens et meurdres infinis sur lesd. paysans, leurs femmes, enfens et serviteurs commis.

Et toutes les esglises desd. villes et villaiges ont esté pillées, et plus, bruslées, jusques au nombre de septante ou plus, et tant de prebstres qu'ilz ont peu rencontrer faisant lesd. cources, ont esté mys à mort, comme au lieu d'Esperce, Savarat, Le Mas d'Azilz et plusieurs aultres, les faisant morir fort ignominieusement. Ausdictes villes ne villaiges ne se faict despuys led. temps aulcung acte ecclésiastique pour le culte et service divin, d'aultant que prebstre ne moyne, encore que par la grâce de Dieu quelques ungs se soient sauvés, ne y osent habiter, ains se soient retirés ez villes fortes et en Espaigne pour sauver leurs vies, voyant la rage des ennemys.

La plus grand partie desd. bénefficiers dud. diocèse n'ont peu jouyr, troys ans y a, de leurs bénefflces, et moings payé les décymes et aultres charges, n'ayant seulement peu vivre sans l'ayde de leurs parens, et plusieurs constrainctz à prendre les armes pour le service de Sa Majesté, pour soy garder de mandier. Le recepveur des décymes dudict diocèse, despuys led. temps, ne ause aller ny envoyer ses commis par le diocèse, à cause de quoy et pour ces raisons susd. ne peut lever les deniers tant des décymes que emprontz, et ce non obstant, est vexé par le recepveur général ou son commis, souffrant par ce moyen si grandz fraiz et despens que plusieurs foys c'est présenté audict scindic avec grandes protestations, soy desmectant de la recepte et liève desd. décymes et emprontz.

Lesd. ennemis continuant leur invétérée rage ont prins tous les fermiers des fruictz décymaulx appartenens ausd. bénefficiers, qu'ilz ont peu, et les ayant admenés ausd. villes les ont détenuz prisonniers, les menassant de pendre et estrangler, jusques à ce que par craincte estoient contrainctz leur bailler l'entier payement de lad. ferme, et par ce moyen n'estoit possible ausd. bénefficiers payer lesd. décymes et empromptz.

Huict pièces de canon ont esté conduictes par le s[r] de Bellegarde despuys Tholose jusques audict Carla, y ayant demeuré, tant devant la prinse que après, l'espace de deux moys ou envyron, accompaigné de six compaignies de cavalerie et quarante compaignies de piétons à si grandz fraiz et despens que chascung peult considérer, en quoy lesd. bénefficiers ont contribué pour le peu de patrimoyne qu'ilz avoient, et ainsin destitués de tout moyen de vivre, comme sont aussi de payer lesd. charges.

Ayant en oultre commis plusieurs infinis maulx à chascung si notoires que on ne scauroit exprimer, lesquelz continuent aultant ou pire que jamais, qu'est une très grande désolation mesmes à cause de la cessation du service divin, administration des sainctz sacrementz et prédication de la parolle de Dieu, ung grand et irréparable dommaige pour le service du Roy, oultre la entière ruyne des pouvres catholiques et mesmement aux ecclésiastiques, d'aultant qu'il n'y a aulcung accès à la plus part dud. diocèse pour le recouvrement desd décymes et empromptz et aultres deniers impousés sur le clergé dudict diocèse, pour les continuelles cources desd. ennemys.

Par quoy requiert ledict scindic très humblement de tout ce dessus, comme est prédict, estre enquis pour en temps et lieu luy servir ce que de raison. — De La Motte, *ainsin signé.*

*
* *

Inquisition et information secrettement faicte par nous Firmin Baissière, licentié ez droictz, lieutenant général en la judicature de Rieux, commissaire à ce depputté par aucthorité de la cour de parlement de Tholose, et à la requeste du scindic général du clergé du diocèse de Rieux, laquelle a esté par nous continuée dans la ville de Rieux comme s'ensuict :

> Charles, etc.
> A Nosseigneurs de Parlement, etc.
> Supplie humblement, etc.
> Articles, etc.

Du vingt cinquiesme jour du moys d'apvril l'an 1569,
dans la cité de Rieux.

Me Pierre Poussart, habitant du lieu de Camarade et aigé de cinquante ans, tesmoing receu, juré, qui a deppousé par devant nous, commissaire susdict, comme s'ensuict :

Premièrement enquis sur le contenu de la requeste bailhée par ledict scindic et *Intendit* d'icelle a dit sçavoir et estre vray que lesd. ennemys et gens de la prétendue nouvelle relligion ont tenu et occupé les villes du Carla et du Mas d'Azil et y ont faict l'exercisse de la nouvelle relligion, despuys les premiers trobles estant l'année mil v^e LXII, non obstant les édictz du Roy sur ce faictz et sans avoir esgard à iceulx comme dict estre chouse notoire.

Dict aussi estre vray que sur la fin du moys d'aoust dernier lesd. ennemys se métoient aux champs à force d'armes à feu et aultres arnoys, tant à pied que à chevailh, et en grand nombre, et se emparèrent des villes de Savarat, Le Fossat, Artigat, Gualiaguet, Sainct Martin Doydes, et plusieurs aultres du diocèse de Rieux, où estant ont faict cources tant de nuict que de jour par les villaiges des envyrons d'icelles villes, lesquelles ont pilhées et sacquaijées jusques au nombre de septante ou envyron comme ledict lieu de Savarat, bruslé et saccaigé Les Bordes, Campaigne, Lanotz, Clermont, bruslé une partie de La Tour, Meras, Ciouras, Lebault, Castetz, Sainct Félix des Salenques, Gabre, bruslé Artigat, Le Fossat, Saincte Suzanne, Durfort, Calers, Sainct Ybars. Massabrac, Caïnenx et plusieurs aultres desquelz n'est souvenance. Esquelz lieux et habitans d'iceulx ont faict une infinité de maulx, prins et roüné toutz les biens meubles et bestailh gros et menu des pauvres paysans, jusques à leur laysser

rien pour vivre, et non contents de ce, en ont tués et coppé la
gorge à ung nombre infini, ravyes et prinses par force et violance
plusieurs femmes et filhes.

Dict aussy estre vray qu'ilz ont pilhés et bruslés les esglises
des susd. villaiges et plusieurs aultres, et non contentz de ce,
tant de prebstres qu'ils ont peu rencontrer en faisant lesd. courses
et bruslemens, les ont mis à mort cruellement comme au lieu
d'Esperce, Savarat, le Mas d'Azil, et en plusieurs aultres lieux, les
faisant morir et souffrir tourmentz inhumainement, et plus cruellement que ne firent jamais les tirans.

Sy dict estre vray que en continuant incessamment leur tiranye
ilz sont venuz du lieu du Mas d'Azil le jour de Sainct Marc der-
nier passé, xxve jour du moys d'apvril mil v^e LXIX, pourtans leurs
armes à feu, au devant du lieu des Bordes, où illec tuarent inhumaynement à grandz copz d'arquebuzades six paysans des habitans dud. lieu et les ont menassés les tuer et meurdrir tant qu'ilz
en trouveront tant dud. lieu que Daulmazan, Rieux, Montesquieu
et aultres lieux du diocèse de Rieux.

Dict aussy estre vray que ausd. villes et villaiges dudict diocèse
ne se faict despuys led. temps aulcung acte ecclésiastique et
service divin, d'oultant que prebstre ne moyne ne ausent habiter
esd. lieux, ny les recteurs et curés ne ausent demeurer ny rézider
en leurs cures, car lesd. ennemys et gens de lad. prétendue relligion expressement suyvent les maisons desd. curés et prebstres et
tant qu'ilz en treuvent, en partie en tuent, et ceulx qui ont bruict
de avoir argent les en admènent attachés comme des larrons et
après les tiennent en prison et destresse, les font ransonner et
bailher tout ce qu'ilz ont et ce faict les mettent à mort tellement
que lesd. curés et prebstres sont constrainctz habandonner et
laysser tout leur bien et se retirer ez villes fortes, et plusieurs
aussi s'en vont en Espaigne pour se sauver, voyant la force desd.
ennemys.

Dict aussi estre vray que la plus grande partie des benefficiers
dud. diocèse n'ont peu jouyr, troys ans y a, de leurs bénefices,
moings payer les décymes et aultres charges, ains sont esté
constrainctz soy retirer et vivre avec leurs amys, sà et là, comme
ilz ont peu, vizitter leurs parens et s'emprompter d'eux, et plu-

sieurs constrainctz prendre les armes pour servir la majesté du Roy, pour se garder d'estre meurdris, comme il a veu faire à plusieurs.

Dict en oultre estre chouse véritable que non contentz de ce prendre ausd. curés et prebstres, encores tourmentent grandement les Abbés estant dudict diocèse, et par plusieurs foys se sont efforcés, armés comme dessus, à grand nombre, les aller quérir dans leurs abbeyes pour iceulx prendre tuer et meurdrir, brusler et pilhier tout leur bien, comme ont faict à l'abbaye de Lézat auquel ont bruslé les églises estant au distroict de son abbaye, une partie de ses mettaries et boys de hault fustaige, illec estans et par plusieurs foys se sont esforcés parmy les boys, estans près et voysins de Lézat, et illec le gueyter à guet et pans pour le prendre, saisir et meurdrir, tellement qu'il a esté constrainct, pour sauver sa vie, soy retirer en la cité de Tholose pour illec vivre à grandz fraiz et mises, si a esté constrainct habandonner son abbaye, et le semblable ont faict à l'abbé de Combelongue estant près le lieu de Rieumont où illec ont bruslé la maison dud. abbé, et le semblable ont faict à l'abbé de Calers et le Mas d'Azilz et abbesse des Salenques.

Dict en oultre sçavoir et estre vray que causant les cources, larrecins, pilhieries et meurdres que journellement commectent lesd. rebelles et ennemys estans toutz les jours par les reuynes [*ruines*], cachés parmy les boys, le recepveur des décymes du diocèse de Rieux, ny aultre ayant charge lever aulcungz empromptz, denyers royaulx ny aultres, despuys lesd. trobles ne ausent aller, ne chamyner à pied, ne à chevailh, par led. diocèse, lever lesd. deniers, ny envoyer aulcung commis, d'aultant que si en treuvent aulcung leur oustent l'argent et couppent la gorge, qu'est cause que lad. liève de décymes et aultres deniers est retardée, et ce non obstant dict avoir veu que les recepveurs généraulx vexent journellement à grandz fraiz et despens lesd. recepveurs particulliers à faulte de avoir levé lesd. deniers comme dict avoir veu et veoict journellement, voyant lesd. commis des recepveurs généraulx audict Rieux.

Dict en oultre estre vray que lesd. ennemys ont prins et saisi taut de fermiers des fruictz décymaulx, apartenens aux bénefficiers, qu'ilz ont peu, et les ayant admenés esd. villes les ont tenus prisonniers, les menassant iceulx prendre et estrangler jusques à ce que, pour craincte, estoient constrainctz leur bailher l'entier payement de lad. ferme, ce que ont faict à plusieurs, et par ce n'estoit possible ausd. bénefficiers païer les décymes et empromptz.

Dict aussi estre notoire que voïant lesd. excès, tiranyes, larrecins, pilhieries, meurdres, bruslemens d'esglises, raptes et ravissemens de filhes, le seigneur de Bellegarde est venu despuys Tholose au lieu du Carla pour y conduire huict pièces de canon pour abbatre led. lieu et meurs, et conduictz grandz compaignies de gens d'armes tant de pied que à chevailh à grand fraiz et despens, de toute qualitté de gens, qu'est une grand ruyne à tout le pays et républicque, et que pis est, toutz les jours lesd. ennemys continuent leurs entreprinses de plus en plus.

Et telle dict estre la véritté, et le scavoir pour ainsin l'avoir veu et ouy, et estre chouse notoire et esvidante à tout le pays et habitantz dud. diocèse. — POUSART.

Dudict jour.

Me Pierre Pélissier, habitant du lieu de Dalmazan, eaigé de quarante ans, tesmoing receu, juré, qui a deppousé par devant nous commissaire susdict comme s'ensuict :

Premièrement, enquis sur le contenu de la requeste bailhée par le scindic et *Intendit* d'icelle, a dict estre vray que lesd. ennemys et gens de la prétendue relligion nouvelle ont tenu et occupé les villes du Carla et du Mas d'Azilz, et y ont faict l'exercisse de lad. nouvelle relligion despuys les premiers trobles estans l'année mil cinq cens soixante deux, non obstant les édictz du Roy sur ce faictz et sans avoir esgard à iceulx, comme dict estre chouse notoire.

Dict aussy estre vray que sur la fin du moys d'aoust dernier, lesd. ennemys se metoient aux champs à force d'armes à feu et aultres armes, tant à pied que à chevailh en grand nombre, et se empararent des villes de Savarat, le Foussat, Artigat, Gualiaguet, Sainct Martin Doides et plusieurs aultres du diocèse de Rieux, où estans ont faict courses tant de nuict que de jour, par les villaiges des envyrons d'icelles villes, lesquelles ont pilhées et sacquaigées jusques au nombre de septante ou envyron comme ledict lieu de Savarat, bruslé et sacquagé les Bordes, Campaigne, Lanotz, Clermont, bruslé une partie de La Tour, Meras, Cioras, Loubault, Castetz, Sainct Félix des Sallenques, Gabre, bruslé Artigat, Le Foussat, Saincte Suzanne, Durfort, Calers, Sainct Ybards, Massabrac, Canenx et plusieurs aultres desquelles n'est souvenance, esquelz lieux et habitans d'iceulx ont faict une infinité de maulx, prins et ravys toutz les biens meubles et bestail gros et menu des pouvres habitans, jusques à ne leur laysser rien pour vivre, et non contentz de ce, en ont tués et couppé la gorge à ung nombre infini, ravy et prins par force et violance plusieurs filhes et femmes.

Dict aussi estre vray qu'ilz ont pilhés et bruslés les esglises des susdicts villaiges et plusieurs aultres, et non contens de ce, tant de prebstres qu'ilz ont peu rencontrer en faisant lesd. cources et bruslemens, les ont mys à mort cruellement comme au lieu d'Esperce, Savarat, le Mas d'Azilz et plusieurs aultres lieux, les faisant morir et souffrir tourmentz inhumainement et plus cruellement que ne firent jamais les tirans.

Si dict estre vray que en continuant incessamment leur tiranye ilz sont venuz du lieu du Mas d'Azilz le jour de Saint Marc dernier passé, vingt cinquiesme du moys d'apvril mil cinq cens soixante neuf, pourtans leurs arnoys à feu au devant le lieu des Bordes, où illec tuarent inhumaynement à grands cops d'arquebuzades six païsans des habitans dud. lieu, si les ont menassés les tuer et meurdrir, tant en tuèrent, tant dudict lieu que Daumazan, Rieux, Montesquieu, que aultres lieux du diocèse de Rieux.

Dict aussy estre vray que aux villes et villaiges dud. diocèse ne se faict despuys led. temps aulcung acte ecclésiastiques et service divin, d'aultant que prebstres, ny moyne, ne aultres, ne ausent habiter esd. lieux, ny les recteurs et curés demeurer et rézider en leurs cures dont presque l'ou n'y trouveroict personne à qui parler, car lesd. ennemys et gens de la prétendue relligion expressement suyvent les maisons desd. curés et prebstres, et tantz qu'ilz en trouvent une partie les tuent, et à ceulx qui ont bruict de avoir argent les en admeynent attachés comme des larrons et après les tiennent eu prison et destresse, les font ranssonner et bailler tout ce qu'ilz ont, et ce faict les mectent à mort, tellement que lesd. curés et prebstres sont constrainctz habandonner et laysser tout leur bien et se retirer ez villes fortes, et plusieurs aussi s'en vont en Espaigne pour se sauver voyant la force des ennemys.

Dict aussy estre vray que la plus grand partie des bénefficiers dudict diocèse n'ont peu jouyr, trois ans y a, de leurs bénefices, et moings païer les décimes et aultres charges, ains sont esté constrainctz se retirer et vivre avec leurs amys, sà et là, comme ilz ont peu, visitter leurs parents et se emprompter d'eux, et plusieurs constrainctz prendre les armes pour le service de la Magesté du Roy, et pour se garder d'estre meurdris, comme il a veu faire à plusieurs.

Dict en oultre estre chouse véritable que non contentz de s'en prendre ausd. curés et prebstres, encores tourmentent grandement les abbés estans dud. diocèse et par plusieurs foys se sont efforcés, armés comme dessus, eu grand nombre, les aller quérir dans leurs abbeyes pour iceulx prendre, tuer et meurdrir, brusler et pillier tout leur bien, comme ont faict à l'abbé de Lézat auquel ont bruslé les esglises estans au distroict de son abbaye, une partie de ses mettaries et boys à hault fustaige, illec estans et par plusieurs foys se sont enfermés parmy les boys estans près et voysins de Lézat, et illec le gueyter à guet et pans pour le prendre, saisir et meurdrir, tellement qu'il a esté constrainct pour sauver sa vie soy retirer en la ville de Tholose où vist à grand fraiz et despens et par ainsin toutellement constrainct abandonner son abbaye, comme ont aussi faict l'abbé de Combelongue, l'ayant bruslé sa maison, ensemble l'abbé de Calers.

Semblablement sçavoir et estre vray et pour chouse notoire estre que pour raison et cause des grands cources, larrecius, pilleries et meurdres journellement commis par lesd. rebelles et céditieux de lad. nouvelle relligion, estans les jours cachés et enfermés parmy les boys et sur les passaiges des allans et venens, les recepveurs des décymes du diocèse de Rieux, ne aultres ayans charge lever aulcune sorte de deniers royaulx par emprompt ou aultrement, et despuys lesd. trobles, ne auzent aller, ne chemyner à pied, uy à chevailh, par lad. diocèse, lever lesd. deniers, ny y envoyer aulcungz commis qui incontinent les prendroient et soy admèneroient, tant eulx que leurs chevaulx, lesquels, comme il sçait, tant pour l'avoir veu que ouy dire à plusieurs, après les avoir prins, les menassent pendre, meurdrir et massacrer, jusques à ce qu'ilz se soient faict baillier ausd. commis toutz et chascungz deniers qu'ilz ont peu lever, qu'est cause du retardement de la liève des deniers. — Non obstant quoy, a dict, il, avoir veu par plusieurs foys les commis des recepveurs généraulx aud. Rieulx, acompaignés de commissaires ou sergentz, pour vexer et constraindre lesd. recepveurs particuliers au payement desd. deniers.

Davantaige a dict estre vray et notoire que lesd. ennemys ont prins par plusieurs foys tant des commis des fermiers desd. décymes que aultres et des ferniers mesmes, lesquelz admenés ez villes par eulx occuppées les détiennent prisonniers à grand destresse, jusques à ce qu'ilz se auroient faict païer l'entière somme de l'arrentement desd. affermes, tellement que après avoir esté eschappés n'auroient ung soult pour païer les arrentemens aud. recepveur.

Si dict chouse vraye et nottoire estre à tous les habitans de ce pays que pour extirper lesd. excès, tirannyes et larrecins, meurdres et saccaigemens tant des esglises, villes, lieux et personnes que tousjours se sont maintenuz et maintiennent soubz l'obeyssance du Roy, contre lesquelz lesd. ennemys se bandoient et faisoient courses, comme encores ilz font, le seigneur de Bellegarde feust constrainct dresser camp et conduire huict pièces d'artillerie devant la ville du Carla pour icelle abbatre, ce qui a esté une grande ruyne, cause de dégast aud. pays et diocèse de Rieux, et pour ce, despuys, ne restent-ilz de continuer leursd. entreprinses, murdres et sacaigemens plus que ne faisoient au commancement, et telle auroict dict estre la vérité par ainsiu l'avoir veu et estre chouse notoire et evidante à tout led. pays et habitantz dud. diocèse de Rieux. — PELISSIER.

Dud. jour.

Mᵉ Jehan La Roche, habitant de la cité de Rieux, eaigé de trente ans, tesmoing receu et juré, qui a deppousé par devant nous commissaire susd. comme s'ensuict :

Enquis sur le contenu de lad. requeste et *Intendict* a luy donnés pour entendre, a dict scavoir et la vérité estre telle que lesd. ennemys de lad. prétendue nouvelle relligion ont tenu et occuppé les villes du Carla et Mas d'Azils ausquelz ont faict tout exercisse de lad. relligion despuys les premiers trobles en l'année mil v^c LXII contre la teneur des édictz et ordonnances du Roy, sur ce faictz.

Que sur la fin du moys d'aoust dernier lesd. ennemys se mirent aux champs munys de grand force d'armes à feu et autres armes avec grand nombre de cavalerie et d'ung coup se emparèrent des villes de Savarat, le Fossat, Artigat, Saint Martin Doides, Gailhiaguet et plusieurs autres villes et lieux du diocèse de Rieux et d'illec faict cources, tant de nuict que de jour, par les villaiges des envyrons d'icelles qui jusques au nombre de septante ou envyron les auroient pilhées, saccaigées et ruynées, jusques n'y avoir rien layssé, mesme led. lieu de Savarat l'ayant bruslé et saccaigé, les Bordes, Campaigne, la Notz, Clermont, une partie brulé Méras, Lobauld, Ciouras, La Tour, Castetz, Guabre, bruslé le Fossat, Durfort, Artigat, Saincte Suzanne, Calers, Massabrac, Sainct-Ybars, Canenx et autres du diocèse de Rieux, que à présent n'est bonnement recordz, ausquelles villes et lieux, et habitans en icelles, ont faict et commis plusieurs infinis maulx, ravy et vollé tous et chascuns leurs biens, jusques à ne leur avoir rien layssé, ensemble ravyes, viollées et admenées plusieurs femmes et filhes.

Dict estre chouse notoire et manyfeste à tous de lad. diocèse que lesd. ennemys ont pilhiés et bruslées les esglises des susd. villaiges et aultres lieux et tant de prebstres qu'ilz auroient peu trouver tant dedans icelles que en leurs maisons ou alieurs, leur auroient couppé les gorges et faict morir cruellement aultant et plus que ne feirent jamais les tirans mesmes, entre aultres, aux lieux d'Esperce, Savarat et Mas d'Azilz et aultres partz.

Si auroict dict estre vray que le jour Sainct Marc dernier ceulx de lad. relligion vindrent du Mas d'Asilz en grand force et bien munys de beaucop d'armes à feu droict le lieu de las Bordes, et n'ayant peu executter leur entreprinse, tués et massacrés six ou sept des habitans dud. lieu et menassé tant les aultres habitans d'icelluy, tant de Dalmazan, Rieux, Montesquieu, et aultres lieux dudict diocèse qu'ilz pourroient trouver et davantaige.

Qu'il est chose vraye et notoire que aux susd. lieux, despuys

lesd. saccagementz et bruslemens, ne se y exerce aulcung acte
ecclésiastique et service divin et ce despuys led. temps, aulcungz
prebstre ny personne ecclésiastique ni ausent demeurer, moingz
les recteurs et curés rézider en leursd. cures, se craigniant de
incontinent estre prins, tués et massacrés par lesd. ennemys, veu
l'exemple qu'ilz en ont faict à plusieurs qui entendent avoir bruict
estre riches et avoir argent, les ayant prins les faisoient presque
consummer en prison jusques à ce qu'ils en avoient eu ce que
demandoient, et après les tuoient et massacroient, tellement que
pour craincte de ce lesd. curés auroient esté constrainetz habandonner le tout et se retirer aux villes fortes ou mieulx leur auroict
semblé.

Que aussi la plus part des bénefficiers dud. diocèse, troys ou
quatre ans sont passés, pour cause de ce, n'ont peu jouyr de leurs
béneffices, et par ce moyen peu satisfaire le droict des décymes et
aultres charges, ains partie estre constrainetz se retirer ez mains
de leurs amys et parentz, et les aultres prendre les armes pour le
service du Roy.

Dict en oultre que non contentz de ce prendre avec lesd. curés
et prebstres se forcent tourmenter journellement, comme il est
trop notoire, les Abbés estant dans led. diocèse et à ses fins, par
plusieurs foys assemblés à grand forsse pour les aller prendre
dedans leurs maisons et abbayes, mesmes à monsieur l'abbé de
Lézat auquel ont bruslé les esglises estant au distroict de son
abbaye, ensemble pillé, sacaigé et ruyné partie de ses mettaries
et boys à hault fustaige, se y estant par plusieurs foys enfermés
et cachés dedans pour y demeurer à guet et pans, led. s^r abbé, et
le prendre, saisir et meurdrir tellement qu'il a esté constrainct,
pour sauver sa vie, se retirer en la ville et cité de Tholose et
habandonner sad. abbaye, comme du semblable a esté faict à
messieurs les abbés de Combelongue et de Calers.

Davantaige dict sçavoir que causent les cources que journellement sont faictes par lesd. ennemys, pilheries, meurdres, saccaigemens de toute qualité de personnes, se tenent cachés parmy les
boys et passaiges, le recepveur des décymes dud. diocèse ny aultre
ayant charge lever aulcune sorte de deniers soient-ilz royaulx ou
aultres, ne auzent aller ne chemyner à pied, ny à chevailh, moings

envoyer aulcung de leurs commis pour en faire la liève, de tant que s'ilz sont rencontrés par iceulx ennemys ilz les destrossent, vollent et hostent tout ce qu'ilz portent et après les tuent et meurdrissent qu'est la cause du retardement de l'assemblée desd. deniers sans avoir esgard auquel des commis des recepveurs généraulx, volent comme il a veu plusieurs foys, les recepveurs particulliers desd. décymes.

Si dict aussy sçavoir et estre chouse notoire que ayant prins lesd. ennemys plusieurs fermiers des fruicts décymaulx appartenens ausd. bénefficiers et iceulx admenés aux villes par eulx occupées, les tenens prisonniers en grand destresse, les menassoient et faisoient partie leur debvoir à les prendre et estrangler jusques à ce que voyant lesd. fermiers lad. tirannye, estoient constrainctz leur bailhier l'entier payement de leurs affermes, tellement qu'estant eschappés ne leur estoit possible païer les décymes ausd. recepveurs.

Et que pis est, comme est chouse notoire à tous les habitans dud. diocèse, voyant tout le pays les grandz excèz, pilhieries, tirannyes, larrecins, meurdres, bruslemens des esglises, rapts et ravissemens des filhes, le seigneur de Belleguarde auroict esté constrainct lever et dresser camp devant la ville du Carla et à ces fins conduict et faict admener huict pièces d'artilhierie de la cité de Tholose pour iceluy abattre et extirper ce dessus, qui a esté une grande ruyne, folle et dégast aud. diocèse, car pour ce, n'en font que pire plus que au commencement, et telle dict estre la véritté pour ainsin l'avoir veu, ouy dire et estre nottoire à tout le pays au diocèse dud. Rieux — LA ROCHE, *tesmoing*.

Dud. jour.

Me Odinet du Carton, marchant de Rieux, eaigé de quarante cinq ans, tesmoing receu juré, qui a deppousé par devant nous commissaire susdict comme s'ensuict : Sur le contenu desd. requeste et *Intendit* par luy bien entendu dict scavoir comme il est trop notoire et esvidant à tous les habitans de ce pays que lesd. ennemys et gens de la prétendue relligion ont tenu, despuys les premiers trobles, les villes du Carla et Mas d'Azilz auxquelles tousjours despuys led. temps ont faict tout exercisse de relligion, contrevenant aux édictz et ordonnances du Roy sur ce faictz.

Neantmoings que sur la fin d'aoust dernier lesd. ennemys se meysrent aux champs munys en grand force d'armes à feu et aultres armes, et ung bon nombre de cavallerie, et tout d'ung assault se emparèrent des lieux de Savarat, le Foussat, Artigat, Sainct Martin Doydes, Gailhiaguet et de plusieurs aultres villes et lieux du diocèse dud. Rieux, et despuys faict plusieurs courees tant de nuict que de jour aux villes des envyrons d'icelles, et pilhés, sacaigés et ruynés sans presque y avoir rien layssé jusques au nombre de soixante ou septante ou envyron, entre aultres lesd. lieux de Savarat, l'ayant bruslé et saquegé, les Bordes, Campaigne, Lanotz, Clermont partie bruslé et l'aultre sacquagé, Meras, Lobauld, Ciouras, Latour, Castetz, Guabre, bruslé le Fossat, Durfort, Artigat, Saincte Suzanne, Calers, Sainct Ybars, Massabrac, Caneux et aultres dud. diocèze desquelles à présent n'est recordz et tant ausd. lieux que habitans d'icculx faict plusieurs et divers maulx, les ayant presque ravy et empourté toutz leurs biens jusques à n'avoir rien que vivre et en auroient admenées, ravyes et violées plusieurs femmes et filles que leur auroict semblé.

Si dict estre vray et notoire à tout led. diocèse que lesd. ennemys ont pilhées et bruslées les esglises des susd. villaiges et d'aultres lieux, mesmes celles des lieux d'Esperce, Savarat, Mas d'Azilz et aultres partz, et tant de prebstres qu'ilz y trouvoient ensemble dedans leurs maisons, et aultres pars, les s'en admenoient et coppoient les gorges, les faisaut morir fort cruellement plus que ne firent jamais les barbares.

Qu'il est trop notoire que le jour Monsr Sainct Marc dernier, lesd. ennemys vindrent du Mas d'Azilz, ville par eulz occupée, en grand force d'armes à feu et aultres, tout au devant du lieu des Bordes et illec tuer et meurdrir inhumainement six ou sept habitans dud. lieu, tellement que n'ayant peu excentter leur dessaing et entreprinse, auroient menassés tant les habitans dudict lieu que de Dalmazan. dud. Rieux. Montesquieu et aultres qu'ilz pourroient trouver, les tuer et mettre en pièces.

Que despuys la prinse desd. lieux et courses par lesd. de lad.

prétendue relligion ne se y exercesse (*sic*) aulcung acte ecclésiastique et divin service, pour ce aulcun prebstre ny personne ecclésiastique ny ausent demeurer, moings les recteurs et curés en leurs
cures, de ce incontinent seroient tués et massacrés par lesd. ennemys, ou bien admenés aux villes et lieux par eulx occupés où les
pourroient faire consommer et demeurer en grand destresse en
prison jusques à ce qu'ilz en auroient ce que vouldroient, comme
ont faict à aultres, que a esté la cause que la plus part desd.
bénefficiers auroient habandonné leurs béneffices et cures et se
retirer en la part que meilleur leur auroict semblé.

Si dict aussi sçavoir pour estre chouse notoire et l'avoir il veu
que la plus part des bénéficiers dud. diocèse, environ troys ou
quatre ans sont passés, pour cause desd. saccagemens et meurdres
ne auzent résider en leurs cures et béneffices et par ainsin n'ayent
peu satisfaire le droict des décymes et aultres charges, ains partie
d'iceulx se demeurent à résider avec leurs parens et amys et les
aultres contraincts à avoir prins les armes pour servyr le Roy.

En oultre que non contentz lesd. ennemys se prendre avec lesd.
curés et prebstres, font journellement leur debvoir executter
leur mauvais dessaing contre les Abbés estans dans led. diocèse,
comme il est trop évident et notoire aux diocésains d'icelle diocèse
et pour ce, faire assemblées, par plusieurs foys, mesmes contre
M[r] l'abbé de Lésat, l'ayant bruslé parties des églises du distroict
de son abbeye, pilhé, saccagés et ruynés la plus part de ses
metteries et boys de hault fustaige et le bruict commun est que
lesd. ennemys se y sont cachés plusieurs foys dedans pour le
prendre, tuer et massacrer, tellement que pour cause et craincte
de ce, il auroict esté constrainct quieter lad. abbaye et se retirer
en Tholose, et du pire auroict esté faict à messieurs les abbés de
Combelongue et de Calers.

Dict aussi sçavoir et pour estre chouse notoire et connue à tous
les habitans dud. diocèse que pour raison et cause des cources,
pilhieries, meurdres et saccagemens desquelz lesd. ennemys usent
journellement que se tiennent cachés parmy les boys et passaiges,
uzent contre ceulx qu'ilz peuvent appréhender de toute cruaulté et
inhumaine violance. Les recepveurs des deniers des décymes dud.
diocèse, ny aultres ayant charge en lever, soient royaulx ou par

emprompt, ne les auzent aller lever, moingz y envoyer aulcung
de leurs commis à pied ny à chevailh pour le grand doubte d'estre
apréhendés par lesd. ennemys qui incoutenent, comme ont faict à
d'aultres, les volleroient et hosteroient tout ce qu'ilz pourroient
avoir leur, et en dangier, de après, avoir couppé les gorges, qu'est
la cause du retardement de l'assemblée desd. deniers. Ce non
obstant, les recepveurs généraulx vèxent par leurs commis les
recepveurs particulliers comme par plusieurs foys et par ce
respect les a il veuz aud. Rieux accompaignés des sergens et
commissaires.

Dict aussi sçavoir que ayant prins lesd. ennemys plusieurs
fermiers décymaulx appartenant ausd. bénefficiés, et iceulx s'en
ayant admenés aulx lieux par eulx occuppés, les tenoient en
grand destresse prisonniers, les menassant de les pandre, jusques
à ce que voyant lesd. bénefficiers et fermyers lad. tirannye, estoient
constrainctz leur bailler l'entier payement de lad. afferme et tout
ce qu'ilz demandoient, tellement que après n'avoient de quoy pour
satisfaire aud. recepveur.

Davantaige, que pour extirper lad. tiranye et casser [*chasser*]
les rebelles, le seigueur de Bellegarde auroict faict dresser le
camp devant le Carla et faict conduyre et admener huict pièces ou
plus des artilhieries de Tholose pour icelluy abbatre, que a esté
une grande despence, folle et dégast aud. diocèse, et que pis est,
que despuys ce, lesd. ennemys continuent exécutter leurs maulvais
desseins et cutreprinses et font plus de maulx que faisoient
auparavant, comme est notoire à tous les habitants de ce pays et
diocèse. Telle dict estre la vérité, ainsin l'avoir veu, ouy dire, et de
ce estre bien certiffié. — AUDINET DE CARTON, *ainsin signé.*

Dud. jour.

Me Guilhaume de Carton, habitant de la cité de Rieux, enigé de
quarante cinq ans, tesmoing receu juré qui a deppousé par devant
nous susdit commissaire comme s'ensuit : Interrogé sur le contenu
desd. requeste et *Intendit* à luy leuz et donnés pour entendre, dit
scavoir comme il est aussi notoire à tous les habitans dud. diocèse
que ceulx de la prétendue nouvelle relligion ont tenu despuys les
premiers trobles en ce pays advenuz, en l'an mil cinq cens soixante

deux, les villes du Carla et Mas d'Azilz et faict tout exercisse de lad. relligion non obstant les edictz et ordonnances du Roy sur ce faictz. Que sur la fin du moys d'aoust dernier lesd. ennemys se mirent aux champs, tant de gens de pied que cavellerie, en grand force armes, et munys de force d'armes à feu, et de faict emparés des lieux de Savarat, le Foussat, Artigat, Sainct Martin de Doyde, Gailhiaguet et de plusieurs autres villes et lieux dud. diocèse, et de là estant, faict plusieurs courses en divers pars et lieux des environs d'icelles, pilhé et saccaigé tout ce qu'ils ont peu mesmes ausd lieux de Savarat, l'ayantbruslé et saccaigé, Campaigne, Clermont, Las Bordes, Lauetz, [Lanoux], Méras, Lobault, Ciouras, Latour, Gabre, Castetz, Durfort, bruslé le Fossat, Artigat, Saincte Suzanne, Sainct Ibars, Calers, Massabrac, Canenx et plusieurs aultres lieux dud. diocèse à l'environ de soixante ou plus que bonnement il n'est présentement recordz, esquelz lieux et habitants d'iceulx ont ilz pourté et faict plusieurs et divers maulx, pilheries et saccaigemens, ravys et admenés par grand force plusieurs femmes et filhes.

Davantaige dict sçavoir et pour estre chose vraye et notoire que ceulx de lad. religion ont bruslées et saccagées les esglises des lieux d'Esperce, Savarat, le Mas d'Azilz et plusieurs aultres dud. diocèse, et tant de prebstres qu'ilz y ont peu trouver ensemble dedans leurs maisons et aultres partz, les tuoient et meurdrissoient, et ceulx qui leur sembloient estre riches les s'en admenoient attachés et les détenoient prisonniers en grand destresse jusques à ce que leur avoient faict ranssonner tout ce qu'ilz vouloient et après tuoient et mettoient en pièces.

Si dict avoir entendu pour en estre le bruict et fame commune à tous les habitans dud. diocèse que le jour monsieur Sainct Marc dernier, lesd. ennemys vindrent en grand force d'armes au devant le lieu de Las Bordes et tuèrent cinq ou six personnaiges des habitans dud. lieu et voyant n'avoir peu executter leur entreprinse auroient menassé tous les habitans dud. lieu que de Dalmazan, Rieux, Montesquieu et aultres dud. diocèse tant que en pouvoient trouver, de les massacrer et murdrir.

Qu'il est trop notoire à tous les habitans dud. diocèse que despuys la prinse desd. lieux et à cause des courses que lesd.

ennemys ont par cy devant faictes et continuent faire journellement ne se y exerce aulcung acte ecclésiastique et divin service, de
ce [que] aulcung prebstre ny personne ecclésiastique ne y ause
demeurer, ny les recteurs et curés en leurs rectories et cures pour
ne estre prins et massacrés comme sont esté d'aultres, ains esté
constrainctz quicter et habandonner leursd. rectories [et] cures et
se retirer aulx villes fortes ou mieulx se seroient peuz accommoder.

Davantaige dict sçavoir et estre evident que envyron troys ans
sont passés, pour cause desd. courses et pilhieries, aulcung desd.
benefficiers ne ont peu jouyr d'aulcung droict de leurs bénéffices
ains se retirer avec leurs amys, et d'aultres s'en aller à la guerre
pour le service du Roy, qu'est cause que ne leur a esté possible
pouvoir payer aulx recepveurs le droict des décymes.

Si dict sçavoir et estre notoire que non contentz lesd. ennemys
se prendre avec lesd. prebstres et recteurs si en font-ilz du pire
contre les abbés dud. diocèse et a ouy dire le depposant que lesd.
ennemys se sont souventes foys assemblés pour prendre l'abbé de
Lézat cestans cachés parmy ses boys, auquel auroient bruslé,
ruyné et despopullé partie des esglises du distroict de son abbaye,
ensemble de ses mettaries, dont il auroict esté constrainct se
retirer en Tholose comme dict semblable a esté faict à messieurs
de Combelongue et de Calers.

Dict aussi sçavoir comme il est trop notoire à tous les habitans
du pays que pour raison desd. meurdres, courses et saccaigemens
que journellement sont commis par lesd. ennemys, les recepveurs
particulliers des décymes ni aultres ne auzent aller lever aulcungs
deniers car tant qu'ilz sont trouvés par lesd. de la relligion, incontinent les vollent et hostent tout ce qu'ilz treuvent pourter et
apprès les coppent la gorge, qu'est cause du retardement de l'assemblée desd. deniers, sans avoir égard à quoy les recepveurs
généraulx ne restent pour ce continuer de vexer les recepveurs
particulliers, comme il auroict veu aud. Rieux, ayant des commis et
sergents pour les constraindre et estre aussi chouse notoire que
quand lesd. ennemys ont prins quelques fermiers des fruictz décymaulx appartenentz ausd. benefficiers les s'en admènent aulx
lieux par eulx occupés, lesquelz y détiennent à grand destresse
jusques à ce que les ont baillé tout ce que lesd. ennemys leur

demandent, les faisant ranssonner tout l'entier payement de lad.
afferme dont après n'ont de quoy pour satisfaire ausd. recepveurs.

Si dict sçavoir et estre notoire que pour raison de ce dessus et
le tout extirper, le seigneur de Bellegarde auroict dressé son camp
et faict conduire sept ou huict pièces d'artilhierie devant la ville
du Carla pour icelle abattre, que a esté une grand folle, ruyne et
dégast aux diocésains dud. diocèse, non obstant quoy lesd. ennemys
ont tellement despuys persévéré qu'ilz en font pire que jamais
comme il est notoire et évident à tous les habitans de ce pays. Et
telle dict estre la vérité tant pour l'avoir ouy dire que luy mesme
avoir veu. — G. Cartoms.

Du vingt sixiesme jour des moys et an susdits.

Anthoine Barat, de l'eaige de cinquante ans, baille pour le Roy
et seigneur du lieu de Seix, judicature de Rieux, tesmoing receu
juré qui a deppousé par devant moy comme s'ensuict :

Enquis sur le contenu de lad. requeste et *Intendit* d'icelle a dict
sçavoir et estre vray que durant les trobles les ennemys et ceulx
de la relligion prétendue se sont emparés long temps auparavant
des villes du Carla et du Mas d'Azilz, du Foussat, d'Artigat,
Savarat, Guailhiagnet et plusieurs aultres estans du diocèse de
Rieux et illec commis infinité maulx, lesquelz continuant en ces
derniers trobles se sont saisis d'aultres villes dud. diocèse comme
Castex, Meras, Campaigne, Gabre, Camarade, La Peyrière, Monfa,
Ciouras, Latour, Massabrac, La Caunhe, Marliac, Sainct Quirc,
Lyssac, Canté, Sperce, Sainct Martin Doides, Brie, Magrin,
Lanotz, Casteras, Montnesple et plusieurs aultres estans ez envyrons d'icelles esquelz ont faict, commis et perpétré plusieurs
meurdres de toute qualité de gens comme prebstres, curés, moynes,
relligieux, pouvres paysans, femmes, iceulx faisant morir inhumainement, prendre et ravyr par force tout le meuble, bestailh,
bledz, vins des pauvres gens et après brusler leurs maisons, brusler les esglises, copper la teste aux ymaiges, prendre toutz les
ornementz et calices, et en tirer les cloches et après les vendre et
mettre en feu et ruyner les abbayes comme celles du Mas d'Azilz,
Combelongue et l'abbaye de Lézat, et toutz les jours sont en
armes parmy les champs et cachés dans les bois pour prendre et

admeurdrir et faire ranssonner toutz les bons catholiques et cres-
tiens qu'ilz peuvent trouver, et tiennent en telle crainte les habitans dud. diocèse que personne ne auze trafficquer ny aller par les
chemyns au grand préjudice de toute la république, et le dict
sçavoir pour l'avoir veu et ouy et estre chouse trop notoire. Plus
n'a dict. — Récollé a persévéré et sçait escripre.

Dudict jour.

Pierre Rocque, consul du lieu de Caujac, eaigé de 60 ans,
tesmoing receu, juré, qui a dict et depposé comme s'ensuict :

Enquis du contenu de lad. requeste et *Intendit* a dict estre
chouse véritable que les ennemys et gens de la prétendue nouvelle
religion ont tenu et occuppé les villes du Carla et du Maz d'Azilz
et y ont faict l'exercisse de la nouvelle relligion despuis les
premiers trobles qu'estoient l'an 1562, non obstant les edictz du
roy sur ce faicts, sy ce sont emparés et saisis de quarante ou
cinquante villes et villaiges dud. diocèse comme le Fossat,
Savarat, Gualhiaguet, Artigat et plusieurs aultres où ilz estans
ont faict courees tant de nuict que de jour et ont pilhés et saccaigés
tous lesd. villaiges, bruslés toutes les esglises, prins et ruyné
tous les ornemens et les cloches d'icelles, commis et perpétré une
infinité de meurdres de toute qualité et condition de gens, mesmes
les prebstres et curés, jusques à prendre et ravyr tout leur bien, et
après tués et meurdris toutz ceulx qu'ilz ont peu apréhender
jusques à suyvre les maisons, tellement que plusieurs d'iceulx
curés sont esté constrainctz se retyrer ez villes fortes et habandonner leur bien qu'est cause que ne peuvent païer au Roy ny
décimes, ny empromptz, et tiennent en telle crainte tous les
habitans dud. diocèse que personne ne se auze voïager et trafficquer, d'aultant que lesd. ennemys, tant à pied que à chevailh, sont
tous les jours parmy les chemins et bien souvent cachés parmy les
boys, bien armés, portant chacun deux pistolez à feu.

Dict aussi que lesd. ennemys ont aussi ruyné les abbayes dud.
diocèse, comme Calers, Combelongue, Lézat et aultres, tellement
que par plusieurs foys lesd. ennemys se sont cachés parmy les
boys estans près l'abbaye dud. Lézat, pour tuer et meurdrir led.
Abbé lequel voyant la furie et raige a esté constrainct se retirer en

la ville de Tholose, et causent lesd. exeez que journellement ilz commectent, bruslemens d'esglises en plusieurs lieux dud. diocèse, ne se y faict, ne sélèbre aulcung service divyn, et telle dict estre la véritté. — Récollé a persévéré et ne sçait escripre.

Dud. jour.

Benoist du Rieu, consul du lieu de Caujac, eaigé de cinquante ans, tesmoing receu, juré, qui a dépousé comme s'ensuict :

Enquis sur le contenu de lad. requeste et *Intendit* a dict estre vray que les ennemys et gens de la nouvelle relligion prétendue par force se sont saisis et emparés des villes du Carla, le Fossat, Savarat, Las Bordes, Lanotz, Clermont, Meras, Ciouras, Lobault, Castetz, Guabre, Artigat, Durfort, Calers, Sainct Ybars, Massabrac, Canenx et plusieurs aultres du diocèse de Rieux, où illec estantz, ont faict et commis une infinité de maulx, saccaigées et bruslées toutes les esglises desd. lieux et plusieurs aultres, si en ont tiré les cloches, commis et perpétré une infinité de meurdres tant de gens d'esglise que séculiers, pilhées leurs maisons et après bruslées, et si fout journellement plusieurs cources tant de jour que de nuict grand nombre de gens bien armés, tant à pied que à chevailh, estans et demeurans sur les chemyns pour deffaire tous les pouvres passantz et chemynans, se tiennent les pouvres habitans dud. diocèse en telle craincte que personne ne ause cheminer, ny trafficquer, le recepveur particulier des décymes du Roy dud. diocèse ny ause aller ny envoyer aulcung commis pour lever desd. deniers pour ce que, incontinent, sont vollés, tués et meurdris. Les prebstres et aultres bénéfficiers dud. diocèse sont coutrainetz pour sauver leurs vies soy retirer aux villes fortes et habandonner tout leur bien et bénéffices. Si en ont tués plusieurs et admeurdris jusques à les aller quérir par leurs maisons au grand préjudice de la République et le dict sçavoir pour ainsin l'avoir veu et ouy. — Recollé a persévéré et ne sait escripre.

Dud. jour.

Pierre-Jehan Manauld, consul du lieu de Monjoy, judicature de Rieux, eaijé de cinquante ans, tesmoing receu, juré, qui a déppousé comme s'ensuict :

Enquis sur le contenu de lad. requeste et *Intendit* a dict sçavoir et estre vray que lesd. ennemys à grand force d'armes se sont emparés et saisis des villes de Carla, Mas d'Azilz, Le Fossat, Gailhiaguet, Savarat, Lanotz, Clermont, Artigat et plusieurs aultres lieux estans dud. diocèse de Rieux, illec faisant les actes de leur relligion, faisant courses de jour et de nuict et en grand nombre, tant à pied que à chevailh, bien armés, pourtans tous bastons à feu. Si ont pilhés et saccaigés envyron de cinquante ou soixante villaiges, bruslées et pilhées toutes les esglises et houstées les cloches, tués et meurdris plusieurs prebstres et bénefficiers dud. diocèse. Si ont prins et saisis les fermiers, et par force et violance leur ont faict païer les assensementz et argent qu'ilz debvoient pour raison d'iceulx, et ont prins les bénefficiers dud. diocèse, tellement qu'ilz n'ont peu païer aulcunes décymes ny emprumptz, et sont esté constrainctz habandonner leurs biens et béneffices et soy retirer aux villes fortes, et non contentz de ce, se tiennent toutz les jours parmy les champs pour prendre et saisir tant de passantz qu'ilz peuvent trouver pour iceulx prendre et faire ranssoner; tellement que personne ne auze chemyner ny trafficquer. Si est ung grand dommage à toute la Républicque que le lieu du Mas d'Azilz où se tiennent la plus grand partie des ennemys que ne soit razé et abbatu car personne ne sy auze approcher à troys lieux pour raison des grandz excez, meurdres et saccagementz qu'ilz y font toutz les jours, non craignans personne du monde, d'aultant qu'ilz marchent en grand nombre et force, et telle dict estre la véritté par ainsin l'avoir veu et ouy. — Recollé a persévéré et ne sçait escripre.

Dud. jour.

Beneseich Guarrigues, consul du lieu d'Esperce, judicature de Rieux, eaigé de quarante ans, tesmoing receu, juré, a depposé comme s'ensuict: Enquis sur le contenu en lad. requeste et *Intendit* a dict sçavoir et la véritté estre telle que lesd. ennemys et gens de la nouvelle prétendue relligion. despuys les premiers trobles qu'estoient l'an 1562, à grand force d'armes se sont emparés et saisis des villes du Carla, Mas d'Azilz, Le Fossat, Artigat, Gualhiaguet, Durfort et plusieurs aultres et illec estantz ont faictes et font journellement plusieurs courses tant de jour que de nuict, à grand nombre, bien armés, pourtans tous bastons à feu. Si ont pilhées ou saccaigées quarante ou cinquante villes dud. diocèse, bruslées les esglises desd. lieux, abbatus les ymaiges, tirées les cloches comme d'icelle de Durfort et aultres. Si ont tués et murdris une infinité d'hommes tant d'esglise que séculliers et iceux faict morir inhumainement jusques à suyvre les maisons des prebstres et curés desd. lieux pour iceulx tuer et meurdrir. Si ont prins et ravys tous leurs biens et se sont saisis de leurs fermes, lesquelz ont faictz ranssonner tout l'argent qu'ilz debvoient ausd. bénefficiers, de leurs fermes, tellement que aujourd'hui aulcun bénefficier ne se ause trouver en son béneffice, ains sont esté constrainctz de laysser tous leurs biens et béneffices et mandier parmy leurs amys et parentz.

Dict en oultre que lesd. ennemys ont ruynés les abbayes estant aud. diocèse comme l'abbaye de Lézat, Calers et Combelongue et par plusieurs foys se sont cachés parmy les boys estans aux envyróns d'icelles pour iceulx tuer et meurdrir. Si tiennent les habitans dud. diocèse en si grande crainte pour raison des meurdres exécrables que journellement ilz commettent que personne ne ause y tourner ny trafficquer. Si est ung grand intérestz et dommaige à tout le pays que led. lieu du Mas d'Azilz, auquel se retirent tous ceulx de la prétendue religion, ne soit abbatu et deffaict causant la infinité des maulx et saccaigemens qu'ilz font tous les jours car personne ne auze approcher dud. lieu à troys lieux. Et telle dict estre la véritté et le sçavoir pour aiusin l'avoir veu et ouy. — Récollé a persévéré et ne sçait escripre.

Du 27ᵐᵉ jour des moys et an susdits.

Jehan de la Tour, scindic du lieu de Grézac, diocèse de Rieux, eaigé de quarante ans.... Enquis sur le contenu de lad. requeste et *Intendit* d'icelle a dict sçavoir et estre vray que lesd. ennemys, gens de la nouvelle prétendue relligion, à grand force d'armes se sont emparés et saisis de plusieurs lieux estans dud. diocèse, comme du Carla, du Maz d'Azilz, du Fossat, Savarat, Gualiaguet, Artigat et plusieurs aultres en grand nombre où illec ont faict l'exercisse de leur relligion, contre les édictz du Roy. Si ont bruslé cinquante ou soixante esglises... etc... »

Le reste de la déposition est identique aux précédentes. Le témoin fait observer que les fermiers des biens ecclésiastiques doivent payer les dîmes aux Huguenots « à peyne d'estre pendus « et estranglés ».

Dud. jour.

Jean Delpuech, consul de Marliac, âgé de trente ans, spécifie que les hérétiques ont : « ravy tout le bien meuble; bestailh, bledz, « vins des pouvres gens, et après, iceulx tués et meurdris... » Il note « les grandz excez, murdres, pilheries, volleries et saccai- « gementz que lesd. ennemis journellement perpètrent, que l'on ne « treuve que gens tués et meurdris... ». Les ecclésiastiques n'osent résider : « car incontinent ilz ont à la veue lesd. ennemys comme « le lebvrier courant après le lièvre ».

Dud. jour.

Bertrand Medan, consul de Saint-Michel, judicature et diocèse de Rieux, âgé de trente ans.

Ce témoin remarque que les religionnaires ont « couppé la teste « aux ymaiges » dans les églises, où ils ont commis aussi « mille « inominies ».

Ils ont attenté à la vie de l'abbé de Lézat et l'ont « volu tuer « et meurdrir, comme par plusieurs foys l'ayant attendu, ilz estant « cachés parmy les bois ». B. Medan appelle le Mas d'Azil « la « pépinière et norrice de toutz les meschans, volleurs et bandoliers « de tout le pays ». Il serait bon que ce repaire fut « razé et « abattu ».

Dud. jour.

Guilhaume Barcus, consul de la ville de Saint-Sulpice-Lézadois, âgé de soixante ans, détermine comme théâtre principal où s'exerce la cruauté des huguenots : Esperce, Savarat, le Mas d'Azil, le Carla. Dans le diocèse de Rieux, plus de prêtres pour célébrer les offices, d'ailleurs les églises sont « ruynées, pilhées et bruslées. » Plusieurs religieux des abbayes du diocèse ont été tués et meur-

tris, des femmes ont été violées. Les bois de « hault fustaige »
dépendant de l'abbaye de Lézat sont brûlés et détruits. Le Mas
d'Azil est un repaire de malfaiteurs.

Dud. jour.

La déposition de Jean Tilhol, marchand de la ville de Saint-
Sulpice-Lézadois, âgé de soixante ans, n'offre aucune particularité
notable.

Du 28ᵐᵉ dud. mois.

Pierre Ferrère, syndic du lieu de Castaignac, âgé de trente-deux
ans, signale les mauvais traitements infligés aux moines : « comme
« du pire ont faict à ceulx de Combelongue et Calers. »

Dud. jour.

Germain Ribalz, marchand, du lieu de Castaignac, âgé de
soixante ans, classe le monastère des Salenques parmi ceux qui
ont été grièvement atteints.

Dud. jour.

Dépositions de Pierre Lalobière, consul de Castaignac, âgé de
40 ans, et de Jean Guytard, consul de Lacaugne, âgé de quarante
ans : rien à relever.

Dud. jour.

François Severii, habitant de Daumazan, âgé de cinquante ans,
spécifie que les religionnaires « tuent à grandz coups d'arque-
« buses » les gens qu'ils rencontrent.

A la suite de ce témoignage on lit : « Les susd. tesmoingz
« estans en nombre de vingt, leurs deppositions contiennent
« trente-six feuilletz papier escriptz, comprins le présent, ont dict
« et deppousé par devant nous commissaire soubz signé, escrip-
« vant soubz nous Mᵉ Guilhaume Pelegrin, nostre clerc, comme à
« plain est contenu en leurs dites deppositions. — En foy de quoy
« nous sommes icy soubzsigné, ensemble nostre greffier :
« BAYSSIÈRE, *l. général et commissaire susdit.* »

*
* *

2 août 1569.

Noble Pierre de La Roge, capitaine de deux cents hommes arque-
busiers, « pour le service de Dieu et du Roy », quarante-cinq ans.

Il dépose que : « despuys le commencement des troubles et
« mesmes despuys que l'armée de ceulx de la religion conduictz
« par le comte de Montguoméry passèrent par ce pays et dio-
« cèse de Rieux s'en allant en Béarn pour lever le siège que
« Mr de Terride, lieutenant pour le Roy, avoit mys devant la
« ville de Navarreux en Béarn, qu'estoit tenue et occupée par
« ceulx de lad. relligion, en passant faisant innumérables maulx,
« massacres, bruslemens d'esglises, vioullemens de filles, meurdres,
« boutemens de feu par les metteries des pouvres subiectz du Roy
« et mesmes des gens ecclésiastiques, se seroient ramassés une
« grand troppe desd. de la relligion conduictz par ung que se
« faisoit nommer cappitaine Vindrat et aultres quy par force se
« seroient saisiz et emparés de plusieurs villes, fortz et grandz
« metteries, mesmement des lieux de Loubauld... La Tour,
« Guailhiaguet et metteries fortes, oultre le Mas d'Azilz, le Carla
« et Mazières, duquel Mazières se seroient emparés lesd. de la
« relligion le lundi dixiesme jour de julliet dernier passé, tués et
« admeurdris partie de ceulx quy estoient dedans tenans led.
« Mazières pour et soubz l'obéyssance du Roy, desquelz lieux de
« Loubauld, Le Carla, le Mas d'Azilz, Mazières et aultres lieux
« par eulx tenuz et occuppés journellement faisoient courees, de
« nuict et de jour, se voullant emparer de la ville de Rieux, ville
« cappitalle et principalle dud. diocèse, Montesquieu, La Bastide
« de Besplas, Dalmazan, Las Bordes, Saverdun et aultres villes
« fortes et murées, pour d'illec tenir fort et mieux faire à leurs
« plaisirs et voulleries, ausquelles obvier le deppousant avec partie
« d'arquebuziers de sa compaignie, tant à la réquisition de mes-
« sieurs du chappitre dud. Rieux que consulz et habitans d'icelluy,
« seroict venu aud. Rieux où auroict demeuré par l'espace de
« deux moys ou envyron, durant lequel temps lesd. ennemys ne
« faisoient que courir d'ung cousté et d'aultre jusques ez portes
« desd. villes de Rieux, Montesquieu et La Bastide et aultres lieux

« circonvoisins pour d'iceulx se emparer, pour ausquelles cources
« obvier luy quy deppouse et plusieurs aultres dud. Rieux, Mon-
« tesquieu, Daulmazan, se joignirent ensemble, se seroient assem-
« blés en diverses foys, leur gardant de fère leurs maleureuses et
« dampnées entreprinses. Quoy voïant, led. Vindrac escripvit
« lettres aux bénefficiers dud. Rieux, mesmes au recteur de Mar-
« quefave que s'il ne luy envoioit quatre cens escuz qu'il luy
« brusleroit sa metterie de Lugron, et de mesmes faisoit aulx
« mettaiers des envyrons, les inthimidant et menassant que s'ilz
« paioient la dixme aulx bénefficiers, à aultre que à luy, leur
« brusleroient leurs metteries, tellement que aulcung personnaige
« ne leur ausoit contredire causant leurs forces ; et dict que lesd.
« de la relligion estans esd. villes du Mas, Le Carla, Mazières,
« Loubault et metteries par eulx occupées, auroient prins, ravys et
« s'en emportés les fruictz décymaulx... etc... »

Il signale comme lieux particulièrement rançonnés : « Pailhès,
« Montagut, Guabre, Lanotz, Montnesplé, Pujagou, Artigat, Le
« Fossat, Ciouras, Martinhac, La Peyrière, Meras, Lobauld, La
« Tour, La Trappe, Cantauhiac, La Bastide de Besplas, Daulma-
« zan, Auguiac, Albigniac, Touare et Fornetz, Montberauld, La
« Fitère, Le Plan, Sainct Martin de Doydes, Sainct Estienne
« Desplas, Justinhac, Marliac, Drulhie, Cante, Orssas, Arboville,
« Puydaniel, Moressac, Massabrac, Gualhiaguet, Aurivailh,
« Saverdun... »

« Dict aussy sçavoir... que le jour Nostre Dame, au mois d'aoust
« dernier passé, led. Vindrac adverti que l'on avoit retiré quelques
« gerbes des dismes de la metterie de ung nommé Menguiet de la
« Rocque, dict de Peate, par despit auroict faict brusler cinq
« grands garbiers de bled et mis le feu en une metterie de Ogier
« de la Failhe et s'en admené quinze ou setze beufz ou vaches
« desd. La Roche et la Failhe aud. Loubauld, que ne leur ont
« voullu rendre que ne leur ayent paié plus que ne valloict led.
« bestailh, et faict plusieurs aultres maulx... »

Dud. jour.

Pierre Lafont, sergent de la compagnie de deux cents arque-
busiers, « soubz la charge de noble Pierre La Roge... », trente ans.

Il dit qu'après le passage de l'armée de Mongonméry : « se
« seraient assemblés en grandz troppes plusieurs de lad. relligion,
« en armes, conduictz par ung que se faisait nommer le cappitaine
« Vindrac, jadiz moisne de Lézat, aultres nommés le cappitaine
« Bousquet, Lavailh, à main armée, se seroient emparés du lieu
« de Loubauld, lieu fort et défensable, de Mazières, ville forte. »
Il spécifie comme lieux rançonnés : « les bénéfices de Pailhès,
« Montagut, Guabre, Lanotz, Montnesple, Pujagou, Artigat, Le
« Fossat, Ciouras, Martinhac, La Peyrière, Meras, Lobault, La
« Tour, La Trappe, Castainhiac, La Bastide de Besplas, Dolmazau
« Auguiat, Albinhiac, Touars et Fornetz, Montberauld, La Fitère,
« Le Plan, Saint-Martin de Doydes, Saint-Estienne des Plas,
« Justinhiac, Marlhiac, Drulhie, Cante, Castetz, Arboville, Orssas,
« Puydaniel, Mouressac, Massabrac, Gualhiaguet, Aurivailh,
« Saverdun... »

Les églises sont brûlées « de manière que c'est grand pitié de
« les veoir en l'estat que sont ». Il les a vues lorsque, avec son
capitaine et sa compagnie, il est sorti « pour donner sus ausd.
« ennemys ».

Dud. jour.

Sire Pierre Bernard Arbayssa, habitant de La Tour, cinquante
ans.

Déclare qu'à l'occasion de passage de Mongonmery « plusieurs
« de la relligion se seroient ramassés en ce cartier et diocèse de
« Rieux, principallement ung nommé Vindrac, jadis moyne de
« Lézat, par voies oblicques, ayant dressé trois emboscades aux
« euvyrons du lieu de Loubauld, à main armée, se seroict emparé
« dud. Lobauld le mescredy 14me jour du mois de juing dernier
« passé, n'estant pour lors en nombre que quarante arquebouziers
« comme le suppliant (*sic*) dit sçavoir, qu'il estoit sur la porte dud.
« Lobauld où il faisoit garde, et fust faict prisonnier et inhumayne-
« ment blessé jusques à venir presque à la mort, et venu quelque
« peu à convalescence et guérison, led. Vindrac et gens de la
« religion l'auroient eslargi après leur avoir payé deux cents
« escuz de ranssson, et dict que despuis que led. de Vindrac et
« aultres de sa suytte se feurent emparés dud. Lobauld, y venoient

« plusieurs de la relligion, tant du Mas d'Azilz, de Montfa, du
« Carla que aultres lieux, de fasson que parfois estoient plus de
« six cents hommes armés, de bon équipaige... »

Il spécifie qu'étant lui-même fermier du bénéfice de Lobauld, au
nom de l'évêque de Rieux, la présente année, et l'année précédente
de celui de Labastide-de-Besplas, les hérétiques lui firent payer
deux cents écus. — *Signé :* Pey Bernat ARBAYSSA.

Dud. jour.

Sire Audinet de Carton, marchand, de Rieux, cinquante-cinq
ans.

Après le passage de Mongonméry, Vindrac et ses partisans
s'emparèrent « du lieu de Loubauld, lieu fort et deffensable, à
« moings de canon, de la ville de Mazères qu'estoit tenue soubz la
« main du Roy, d'une méthérie appelée des Plas près de Durfort,
« Sainct-Martin de Doydes et aultres lieux circonvoisins, et ce au
« commencement des fruictz de la présente année... »

« Dict aussi que le jour Notre-Dame au mois d'aoust dernier
« passé, sur le matin, certains de la compagnie dud. Vindrac sçai-
« chant que Menguet de la Roque, dict Peate, et Ongier de la
« Failhie avoient recuyli les fruictz desd. dismes de leurs mette-
« ries avec les leurs, suipvant l'arrest de la Cour, seroient venus
« esd. mecteries, par despict misrent le feu en cinq grandz gerbiers
« bled estans en la metterie dud. Menguet, et firent brusler
« entièrement, et d'illec en la metterie dud. La Failhie ou en
« firent brusler une partie, et non contentz de, ce en admenarent
« tout leur bestailh de labeur et aultre en nombre de vingt-cinq
« chiefz... » Il le sait « pour estre sorty plusieurs fois en armes
« avec le cappitaine La Roge pour garder que lesd. ennemys ne
« fissent tant de maulx... » — *Signé :* Audinet de CARTON.

Dud. jour.

Barthélemy Baissière, chaussatier, de Rieux, âgé de quarante
ans. dit que Vindrac, « avec une grand compaignie de huguo-
« naulx » et « d'aultres de lad. religion », firent des ravages près
de Saverdun, Gaillac. etc., dans les métairies et en diverses mai-

sons champêtres. Quand ils avaient levé la moisson des sols à dépiquer, afin de la mettre « en leurs tanyères et retraites », ils brûlaient ce qui restait. — *Signé :* Barthomieu BAXSIÈRE.

Dud. jour.

Antoine Carrière, sergent royal, de Rieux, âgé de quarante ans, fait la déposition suivante : « ... Le 4ᵐᵉ jour du mois de juillet, « luy que deppouse, acompaigné de Barthélemy Duplan, de man- « dement tant de Mᵉ Pierre Laforce, cognome poür le Roy des « fruictz de l'évesché de Rieux, s'en allarent en la ville de Saver- « dun, Sainct Martin de Doydes, Sainct Estienne Desplas, Jus- « tinhac, Marlhiac, Orssas, Drulhie, Brie, Durfort, Sainct Estienne « d'Arbouville, Canté, Castetz et aultres bénéffices deppendens de « l'évesché de Rieux et chapitre dud. Rieux, tant pour iceulx « arrenter que inthimer aux parrochiens desd. beneffices de recol- « liger les droictz de décimes des grains qu'ilz lèveroient en leurs « terres avec les leurs, comme estoit porté par l'arrest de la cour « de parlement de Thoulouse, où estans ne treuvèrent personne « que auzast arrenter lesd. beneffices, ains disoient que encores « que on leur donnast ne les vouldroient recollyer de crainte que « les hugonaulx ne leur bruslassent leurs biens, car ainsy le leur « auroient mandé et dict les hugonotz qui se tenoient aulx envy- « rons et se retirèrent en une metterie du seigneur de Saint « Martin de Doydes, à Durfort, à Justignac et aultres maisons « fortes des envyrons dud. Saverdun, entre aultres ung nommé le « cappitaine Bosquet et aultres de la relligion estant en grand « nombre quy ne cessoient de courir, prendre et ravyr les fruictz « desd. beneffîciers, tellement que led. Duplan ne auroict treuvé « aulcung que voloist arrenter aulcung desd. beneffices or moingz « [sinon] le beneffice de Orssas à ung nommé Arnauld de Jehan « que après avoir recolligé les grains et foins, led. capitaine Bos- « quet avec ses huguenotz le constitua prisonnier et luy fist « payer led. arrentement avant que de sortir, et néanmoings s'en « apportaient toutz les grains et admenarent le bestailh et de « mesme ont faict aulx aultres beneffices des envyrons... »

Dud. jour.

Me Arnauld Ruffat, escollier, habitant de Rieux, âgé de trente ans, expose qu'il accompagnait Laforce, économe pour le Roi des fruits de l'évêché de Rieux, lors de l'arrentement des bénéfices. Il spécifie que Vindrac prit successivement Loubauld, Meras et Latour et qu'il circulait « plusieurs lettres sça et là » de ne point payer les dîmes et que lui, Vindrac, se chargeait de faire enlever les fruits décimaux des sols et des champs.

Dud. jour.

Bernard Fitte, cardeur, de Rieux, âgé de trente-cinq ans. En compagnie de Philippe Cabié, trésorier du chapitre de Rieux, il se trouvait avec Laforce au moment de l'arrentement des fruits décimaux de l'évêché. A Justignac et à la métairie des Plas, appartenant au seigneur de Saint-Martin-Doydes, il a vu les huguenots enlever les gerbes, les faire « battre et despicquer et en « faire à leurs plaisirs et voullontés ». Par ses incursions et ses incendies, Vindrac « a presque tout ruyné led. pays ». — *Signé :* Bernat FITE.

Dud. jour.

Guilhem Fitte, cardeur, de Rieux, âgé de trente-trois ans. Il avait été mandé par « M^{rs} du vénérable chapitre de Rieux » pour aller recueillir les dîmes à Canté, nul autre n'osant l'entreprendre. Les religionnaires disaient aux paysans que s'ils payaient les ecclésiastiques, eux, huguenots, leur « coupperoient la gorge et « brusleroient leurs maisons et metteries ». Les hérétiques ont enlevé blé, seigle, avoine « et pour n'y rien laisser s'en ont « apporté les foins et pailhes ». Fitte avait « recolligé » les fruits décimaux de Canté : le capitaine Lavailh les lui prit cependant et essaya d'emprisonner Fitte lui-même ; mais « par voies obliques », celui-ci « treuva moïen leur eschapper et se retirer à la ville de Saincte Gabelle ». — *Signé :* G. FITTE.

Du tiers jour dud. mois et an.

Sire Carles Bourgau, consul de Montesquieu-Volvestre, âgé de soixante ans, atteste les manœuvres de Vindrac qui voulait s'em-

parer de Rieux « pour tenir bon contre le Roy ». — *Signé :* Carles
Bourgau.

Dud. jour.

M⁰ Françoys de Mauvoysin, arbalétrier, de Montesquieu-Volvestre, âgé de quarante-cinq ans. (Rien à relever.) — *Signé :*
Francès Mauvesin.

Dud. jour.

Pierre Blessebois, consul de Montesquieu-Volvestre, âgé de
trente-six ans. Au sujet des entreprises des huguenots contre
Rieux et Montesquieu, il dit qu'ils n'ont pu parvenir à s'en emparer « pour la bonne garde des cappitaines et habitans d'icelles »
villes ; mais, ajoute-t-il, ils ont brûlé « une mecterie dicte de
« Mottes et aultre mecterie appartenant à M⁰ Jehan Maylin en la
« juridiction dud. Montesquieu, par despict de ce qu'ilz avoient
« laissé récolliger quelques gerbes des dismes esd. metteries au
« sol *sice* hère desd. metteries, et s'en admené les métadiers pri-
« sonniers pour les faire ransonner ».

Dud. jour.

Georges Cardonne, boucher, de Rieux, âgé de trente-huit ans,
classe Saverduu parmi les repaires des huguenots.

Du 4ᵐᵉ jour dud. mois.

M⁰ Pierre Pellecœur, coûturier, de Rieux, âgé de cinquante-cinq
ans. (Rien à relever.) — *Il signe :* P. ♥.

Dud. jour.

M⁰ Géraud Peysson, coûturier, de Rieux, âgé de soixante ans,
spécifie ce qui arriva lors de la prise de Loubauld. Vindrac fit
massacrer « partie de ceulx qu'i[l] auroict treuvé dedans et tenus
« les aultres prisonniers. » Il connait ces faits par Bernard
Arbayssa, « qui y fust prins et blessé. »

Dud. jour.

Bernard Labat, de Canté, âgé de trente-sept ans, nous apprend
le lieu d'origine de Vindrac : Gaillac-[Toulza]. A propos du

capitaine Lavailh volant les grains dans le territoire de Canté, il dit que ce personnage agissait « sans avoir craincte de Dieu ny de « personne. » Comme B. Labat ne sait pas signer, Jehan Pellecœur et Anthoine Guarrigues, de Canté, l'assistent en son témoignage.

Dud. jour.

Antoine Lagarde, de Brie, diocèse de Rieux, âgé de trente-huit ans. Il spécifie les lieux ravagés par les capitaines Bosquet et Lavailh : Justignac, Esplas, Orssas, Drulhie, Canté, Marliac, Castetz, Saint-Etienne-d'Arbouville. C'est lui qui a retenu la plaisanterie des huguenots disant, en face des dîmes, « qu'ils « estoient evesques, chanoines, recteurs... ». — A. Lagarde ne sachant écrire est assisté de Paul Daragon, fustier, et de Barthélemy Pujol, chaussatier, de Rieux.

Dud. jour.

Jean Paul Castetz, habitant de Lissac, âgé de quarante ans. — Jehan Antinhan, sergent royal, de Rieux, âgé de trente ans. (Rien à relever en leurs dépositions.)

Dud. jour.

Firmin Cazarré, de Rieux, âgé de quarante-cinq ans, nous apprend que Mr de Mothes fut emmené prisonnier à Loubauld et mis en liberté, après avoir été détenu quelques jours, moyennant 80 livres de rançon.

A la suite de cette déposition, on lit : « Les présentes inquisi- « tions contenant les deppositions de vingt témoingz, escriptes en « vingt feuillets papier, ont esté faictes par nous lieutenant et « commissaire susdict, escripvant soubz nous Barthélemy Duplan, « bazochien de Rieux, les an et jours que dessus... En foy de « quoy nous sommes cy signés : Bayssière, lieut. gen. et commis- « saire... Duplan, ainsin signé. — Coppie extraicte à son original « et collationné par moy Duplan. »

22 août 1569.

Bernard Viguaulx, habitant de Rieux, cinquante ans, dit que les vicomtes « se mirent aulx champs despuis le Lauragois,

« venant au lieu de Mazères droit à Savardun, où passarent la
« rivière de la Riège à gué, et d'icelle s'en viendrent passer ez
« lieux de Moressac, Gresac, Castaignac, Gailhac, La Grâce-Dieu,
« Magrein, Esperce, Caujac, Caneux, La Tour, Batz, près la ville
« de Rieux, droict au lieu de Montesquieu et firent leurs effortz
« de prendre led. Montesquieu tirant grands coupz d'arcabuzades
« devès lad. ville, et d'illec s'en allarent à La Fitère, Saincte
« Croix, Montberault, Montbrun, lieux de la diocèse de Rieux,
« et ont bruslé nug nombre infini de maisons et meteries, les
« bledz estans aux sols et hères, prestz à despicquer, saccagées et
« bruslées trente ou quarante esglises, prins et admenés plusieurs
« personnes ecclésiastiques, religieux et aultres tant qu'ilz en
« pouvoient treuver, et ont commis et perpétrés meurdres infinis
« et ruyné tout led. païs, pouvres paysans et aultre qualité de
« gens, ny ont laissé bled, ny vin, ny bestailh, et tous les calices
« et ornemens d'esglise s'en ont apporté, tellement que le pouvre
« monde et peuple voyant leur furie estoient constrainctz aban-
« donner tout leur bien et se sauver parmy les bois et ruysseaulx
« comme pouvoient et aller mendier sà et là, et d'illec s'en sont
« allés ez lieux de Valentine et Sainct Gaudens, Montréal de
« Rivière, et iceulx sacaigés et pilhés, pendus et meurdris
« plusieurs hommes et femmes, et d'illec au païs de Béarn pour
« lever le camp du Roy nostre sire y estant... »

Dud. jour.

Anthoine Carrière, sergent royal de la ville de Rieux, âgé,
« comme a dict, de trente sept ans ou environ, tesmoing receu,
« juré, a deppousé par devant nous commissaire susd. comme
« s'ensuict :

« Enquis et interrogé sur le contenu en lad. requeste par luy
« leue et bien entendue, dict sçavoir et estre plus que notoire tant
« à luy que aultres manans et habitans des villes et villaiges du
« diocèze de Rieux, Tholose, que aultres circonvoisins, que ceulx
« que on dict de la nouvelle religion prétendue, continuant et
« acomellant (*accumulant*) les massacres, meurdres, assaultz de
« villes, saccaigementz et bruslemens des esglises, prinses et
« ravissemens des personnes et biens des ecclésiasticques et aultres

« par cy devant faictz, que au commencement de ce présent mois
« d'aoust, au susd., mil cinq cens soixante neuf, le compte de
« Mongoumméry aultrement dict Lorge, les vicomtes de Paulin et
« de Caulmont acompaignés de sept ou huict mil hommes de lad.
« prétendhue religion, tant à pied que à cheval, bien armés, se
« mirent aux champs despuis le païs de Lauragois jusques en la
« ville de Mazères en tirant droict à Savardun passarent la
« rivière de l'Ariège à gué, de tant que ne se sentoient assés forts
« pour prendre lad. ville pour la bonne garde et deffence qui se
« faict en icelle, jour et nuict, par le capitaine Larouge avec sa
« compaignie estans en garnison pour le Roy n^{re} sire en icelle
« avec les habitans. Et voyant lesd. de la religion que ne
« pouvoient venir à leur meschant desseing, se sont mis et
« acheminés ez villes et villaiges dud. diocèze de Rieux, comme
« sont Moressac, Gressac, Castaignac, Gaillac, La Grâce-Dieu,
« Magrein, Esperce, Caujac, Caneux, Latour, Batz, villes et
« villaiges prochans et limitroffes dud. Rieux, et de faict, firent
« leurs effortz de se emparer de la ville de Montesquieu et allarent
« jusques au près des murailhes de lad. ville crians comme gens
« insensés : *Sortés, greyes papaux !* et aultres oprobres, tirans
« incessement plusieurs arquabuzades devès lad. ville. Touteffois,
« par la grâce de Dieu, par la deffence que firent les habitans de
« lad. ville, ilz n'eurent moïens de y entrer. Touteffois lesd.
« ennemys bruslarent, pillarent et vollarent les meteries estans
« aux environs d'icelle, et aultre nombre de infinis maulx et
« murdres, et passant oultre s'en allarent à la Fitère, Sainte
« Croix, Montberauld, lieux de la diocèze de Rieux et aultres
« lieux dud. diocèze, et n'est possible à comprendre les maulx
« qu'ilz ont faictz, singulièrement ont bruslé et profené plus de
« trente esglises, bruslés les herbes aux hères *sive* solz où se
« levoient les rentes d'icelles, comme avoient faict par cy devant,
« de sorte et manière qu'est chose impossible aux bénéficiers et
« recteurs d'icelle de pouvoir payer au Roy les décymes ordonnées
« estre levées aud. diocèze, causant les massacres, sacagemens et
« choses susdites.

    « Causant ce dessus et d'alhieurs qu'ilz ont prins, ravy et s'en
« apporté tout ce qu'ilz ont peu treuver esd. esglises comme sont

« ornemens d'icelles, calices, chandeliers, fornymens de lampes,
« voire jusques aux lames *sive* bares de fer que soubstiennent les
« portes desd. esglises, et après le feu, et les pouvres paysans des
« envyrons constrainctz à fouyr et vagabonder, se voyant
« destruictz et leurs biens bruslés, comme le deppousant dict
« sçavoir pour l'avoir veu et estre chose notoire et aussi pour
« plusieurs fois estre allé pour requérir les recteurs, prieurs et
« aultres bénefficiers dud. diocèze de payer au Roy, ou son
« recepveur particulier à Rieux, les sommes à quoy estoient
« tauxés ; mais luy faisoient responce que trois ans sont passés
« n'auroient jouy de leurs béneffices, et que le Roy prinse le tout
« car les huguenaultz les en avoient gardés et bruslé tout.

« Et telle dict estre la vérité et le sçavoir pour les raisons susd.
« et pour estre chose notoire et manifeste à tout le païs. Plus n'a
« dict. — Recollé a percévéré et c'est signé : de CARRIÈRE, *ainsin*
« *signé*. »

Dud. jour.

Me Germain Falherii, praticien, de la ville de Rieux, âgé de
vingt-sept ans, note que les huguenots ayant passé l'Ariège à gué,
entre Saverdun et Sainte-Gabelle, n'osèrent attaquer Saverdun
« pour la bonne garde et deffense que se faict en icelle, jour et
« nuict, par le capitaine Larouge et sa compaignie et les habitans
« d'icelle ».

Il ajoute : « Et n'est possible à l'homme de comprendre les
« maux que lesd. de la religion ont faictz en passant par led.
« diocèze tirant à Saint-Gaudens... Et tellement ruyné et bruslé ce
« païs que les pouvres habitans des lieux où ils sont passés sont
« constrainctz d'aller vagabonder et mandier leur vie... », etc. —
Signé : FALHERII.

Dud. jour.

Me Jehan Caplane, chaussatier, de Rieux, âgé de cinquante ans,
expose que s'étant éloignée de Montesquieu, l'armée des vicomtes
passa par La Fitère, Sainte-Croix, Montberault, Montbrun, Montardit, Camarade. Voici en quels termes il dépeint les excès des
religionnaires : « ...Ont bruslé ung nombre infini de maisons et

« meteries, les bledz estans aux solz et hères prestz à despicquer,
« sacquagés et bruslés trente ou quarante esglises, prins et
« admenés prisonniers plusieurs personnes ecclésiasticques, reli-
« gieux et aultres tant qu'ils en pouvoient treuver, et ont commis
« et perpétrés murdres infinis et ruyné tout led. païs, pauvres
« paysans et aultre qualité de gens; ne y ont laissé bled ny vin,
« ny bestailh, et toutz les calices et ornemens d'esglises qu'ilz ont
« peu treuver par toutes les esglises s'en ont aporté, tellement que
« le pouvre monde et peuple voyant leur furye ont esté cons-
« trainctz abandonner tout leur bien et se sauver parmy les bois
« et ruyssaulz comme pouvoient, et aller mendier sà et là, et
» d'illec s'en sont allés ez lieux de Montréal de Rivière, Valentine,
« Saint-Gaudens, etc... ». — *Signé :* J. CAPLANE.

Dud. jour.

M⁶ André Latapie, praticien, de Rieux, âgé de vingt-quatre ans,
fait la déposition suivante : « ...Au commencement de ce présent
« mois d'aoust, an présent 1569, les comptes de Mongonméry,
« aultrement dict le compte Lorge, les vicomptes de Paulin,
« Monclar et Caumont, acompaignés de six ou sept mil hommes
« de lad. nouvelle religion, à pied et à cheval, bien armés d'arca-
« bouzes, pistollés, et aultres armes invazibles, se seroient mis
« aux champs partant de Mazères pour s'en aller en Béarn lever
« le camp qu'estoit devant Navarrens pour le Roy nostre sire,
« soubz la conduite du seigneur de Taride et aultres, et seroient
« passés en ceste diocèze de Rieux, bruslés, secaigés les villes et
« villaiges par où sont passés, que sont : Moressac, Gressac, La
« Grâce Dieu, Magrein, Gailhac, Esperce, Caujac, Castaignac,
« Canenx, Latour, Batz, La Fitère, Sainte-Croix, Montardit,
« Montberault, Montbruu, Camarade, et plusieurs aultres lieux
« dud. diocèse, tellement qu'ils n'y ont rien laissé que tout pillé,
« bruslé et vollé, tués et meurdris les pouvres habitans, et en avoir
« admené tout leur bestailh et faict une infinité d'aultres maulx
« exécrables jusques à se transporter aux hères et solz où estoient
« les grains des pouvres gens et bénéficiers prestz à despicquer, y
« metans le feu et à vray dire tout en ruyne, saccaigés et bruslés
« plus de trente esglises, prins et en admenés plusieurs personnes

« gens ecclésiastiques et aultres, violé femmes et filhes, et plu-
« sieurs aultres excez et insolances, tellement que les pouvres
« habitans desd. lieux et gens d'esglise ont esté constrainctz
« abandonner et laisser tout leur bien pour sauver leurs vies et
« aller mendier sà et là voyant la feurieur désordonnée et mentien
« desd. de la religion.

« Si sont aussi passés ez lieux de Valentine, Saint-Gaudens,
« Montreg[e]au de Rivière et iceulx saccaigés et pilhés, faictz plu-
« sieurs meurdres tant par glève que aultrement, faisant pendre
« plusieurs hommes d'esglise et aultres. Si auroient faict leurs
« effortz de vouloir entrer à Montesquieu pour le saccaiger et
« commettre massacres comme ont accoustumé; mais ne y peurent
« entrer causant la deffense de ceulx qui estoient dedans, et ont
« faict pluisieurs aultres maulx que le deppousant ne homme
« vivant ne sçauroit estimer. Et ce dessus dict sçavoir tant pour
« l'avoir veu et esté despuis en partie desd. lieux, veu la misère
« desd. pouvres habitans que pour estre par trop notoire et mani-
« feste à tous les habitans dud. diocèze et aultres lieux circon-
« voysins. Et plus n'a dict. — Récollé a percévéré, et c'est soub-
« zigné : Latapie. »

Dud. jour.

Martial Servat, baile de Rieux, âgé de cinquante ans, parlant
des excès des huguenots dans les métairies, déclare qu'ils « n'y
« ont laissé bled, ny vin, ne bestailh : non contens d'avoir beu ce
« que auroient peu, persoient les vaisseaulx à grandz coupz
« d'aquabuzades, et tellement que le pouvre peuple voyant leur
« furye estoient contrainctz habandonner tout leur bien et se
« sauver parmy les bois comme ont peu... » Il ajoute : « ... et le
« dict sçavoir pour avoir veu passer lesd. ennemys auprès dud.
« Montesquieu (il s'agit de l'armée de Mongonméry), et despuis
« avoir esté sur partie desd. lieux bruslés, tellement que c'est
« grand pitié et creve cœur à ceulx qui le voyent, dans la perte du
« bien que y ont faict les habitants d'iceulx. Et estre vray... etc.,
« et ne sçait escripre. »

Dud. jour.

Guilliemot Vergès, marchand, de Rieux, âgé de trente-six ans, parlant des ravages exercés par les partisans de Mongouméry dans le diocèse de Rieux, dit qu'ils ont : « tout vollé, pilhé et bruslé, « tués et murdris les pouvres habitans et en avoir admenés leur « bestailh tant de labur que lane et faict une infinité d'aultres « maulx exécrables jusques à se transporter aux hères et solz des « pouvres gens et bénefficiers, mettans le feu aux gerbiers, et, à « vray dire, tout en ruyne, saccagées et bruslées plus de trente « esglises, prins et en admené plusieurs personnes gens ecclésias- « ticques et aultres, viollé femmes et filhes et plusieurs aultres « excès et insolances, tellement que les pouvres habitans desd. « lieux et gens d'esglise ont esté constrainctz habandonner et « laisser tout leur bien et sauver leurs vies voyant la feureur et « désordonné maintien desd. ennemys.

« Si sont aussi passés ez lieux de Valentine, Saint-Gaudens, « Montreg[e]au et iceulx saccaigés et pilhés, faict plusieurs meur- « dres tant par glaive que aultrement, faisant pendre et estran- « gler pluisieurs gens tant d'esglise que aultres, etc... Et est « grand pitié de voir les esglises, villes et villaiges, meteries et « maisons bruslées par lesd. de la religion en s'en allant en « Béarn, sans comprendre ce qu'ils avoient cy devant faict. Et ce « dessus a dict le deppousant sçavoir pour en avoir veu la plus « grande partie desd. lieux bruslés... » — *Signé :* G. VERGÈS.

Du 23ᵐᵉ jour desd. mois et an.

Mᵉ Claude, maître sellier, de Rieux, âgé de vingt-sept ans, énumère comme les autres témoins les lieux que l'armée des vicomtes a ravagés. Il ajoute que les huguenots : « ont faictz, « commis et perpétrés plusieurs larecins, pilheries, sacaigemens, « boutentz le feu partout, ont tué et meurdris une infinité d'hom- « mes tant ecclésiastiques que aultres sans avoir esgard à aulcung « eaige, bruslées et saccaigées les esglises de Caujac, Castaignac, « Massabrac, Montberauld et aultres jusques au nombre de trente « ou plus, et que pis est, non contens de ce, se transportèrent aux « méteries et hères où l'on avoit recoligé les fruictz des dixmes

« des béneffices illec estans pour estre despicqués, et soubdain
« metoient le feu partout, tellement que les pouvres bénefficiers
« n'ont aultre moïen, pour aujourd'huy, de vivre, que céder à
« fortune et aller mendier, pour estre frustrés, par lesd. ennemys,
« des biens que Dieu les avoit donnés et sont en telle perplexité,
« n'ayant moïen de vivre, de quiter le tout et que le Roy ou ses
« officiers praig[n]ent leur bien pour estre payés des décymes; et
« aultant en ont faict aux pouvres laboreurs habitans desd. lieux,
« s'en ayant amené tout leur bestailh de labur et lane, bruslé
« leurs bledz et meteries, viollé leurs femmes et filhes et tellement
« procédé que c'est une pitié de voir lesd. lieux bruslés et les
« pouvres gens esgarés... Et ce dessus dict sçavoir pour avoir esté
« ausd. lieux en partie... Ne sçait escripre. Présent au recollement :
« Domenges DAUGAS. »

Dud. jour.

Me Jehan Tartanac, chirurgien, de Rieux, âgé de cinquante ans.
— Déposition identique aux précédentes. Le témoin ajoute des
détails qui lui sont personnels : « ... Et mesmes au deppousant
« luy ont bruslé une meterie qu'il avoit et a au lieu de Batz, et
« l'esglise dud. Batz et de Latour et aultres y estans, tellement
« que les pouvres habitans ont esté constrainctz habandonner le
« tout, et si Dieu ne y pourveoit (qui peult tout), seront cons-
« trainctz laisser leurs terres incultes et à laborer, pour ce que
« lesd. ennemys en ont admené tout leur bestailh de labeur... etc.
« Et a signée sa depposition : Jehan TARTANAC ».

Dud. jour.

Me Pierre Sainct-Lary, maréchal, de Rieux, âgé de quarante ans.
— Il déclare que les religionnaires que conduisait Mongommery,
allant en Béarn : « ont commis et perpétrés une infinité de lara-
« cins, pilheries, saccaigementz, boutans le feu par tout où ilz
« passoient, tué et admurdry une infinité d'hommes et femmes,
« sans avoir esgard à aulcung eaige, bruslées et sacagées les
« esglises de Caujac, Castaignac, Massabrac, etc... » — *Signé :*
Pierre de SAINCT-LARY.

Dud. jour.

Jehan Casties, « fauré », de Rieux, âgé de vingt ans, signale l'investissement de Montesquieu par les troupes de Mongonméry : « ... pour le vouloir prendre et saccager et tirer force coupz d'arca- « bouzades, comme il dict sçavoir pour ce qu'il y estoit dedans, et « d'illec s'en allarent à La Fitère, Montberaud, Saincte Croix, La « Serre de la Voulp... » — Jean CASTIES, ne sachant écrire, « bien « a faict sa merque ».

Dud. jour.

Mᵉ Claude Spaladon, notaire, de Rieux, âgé de cinquante ans, fait une déposition qui corrobore les précédentes. Pour lui les maux causés au diocèse de Rieux, en cette année 1569, sont « yrréparables ». — *Signé :* SPALADON, *tesmoing.*

Dud. jour.

Jehan de Lézat, marchand, de Rieux, âgé de vingt-sept ans, ajoute au tableau des « maulx ynnumérables » causés par les sol- dats des vicomtes, les traits suivants : « ... à voir ce qu'ilz ont « faict par les lieux où ilz sont passés, c'est une grand pitié et « cruhaulté inhumaine à ceulx qui l'ont faict, mesmes que les « pouvres habitans et métadiers n'ont aulcung accès ne demeu- « rance esd. lieux sinon habiter en de petites cabanes que ont esté « constrainctz faire... » Lorsque les huguenots mettaient le feu aux métairies et aux gerbes, ils disaient : *Que c'estoit aux papaux !* Le témoin connaît ces faits tant « pour avoir veu passer lesd. « ennemys que aussi pour avoir desja esté sur les lieux bruslés ou « partie d'iceulx... » — *Signé :* LEZAT, *tesmoing.*

Dud. jour.

George Cardonne, boucher, de Rieux, âgé de trente-huit ans, fortifie par sa déposition celles des témoins précédents au sujet des « infinis maulx » que les huguenots « ont par cy devant faictz « et font journellement au grand détriment de la république et des « pouvres habitans dud. diocèze. » Quand il a raconté les excès des partisans de Mongonméry, il ajoute : « Que à voir ce qu'ilz ont « faict par les lieux où ilz sont passés est grand pitié et cruhaulté

« inhumaine à ceulx qui l'ont faict pires que barbares ; mesmes
« que les pouvres habitans n'ont aulcung accès ny demeurance
« esd. lieux sinon en de petites cabanes qu'ilz ont faict pour
« demeurer au couvert... ». G. Cardonne connaît les faits qui
remplissent sa déposition : « pour avoir veu passer lesd. ennemys
« et pour despuis avoir esté sur partie des lieux bruslés... ». — Il
ne sait écrire.

Du 21ᵐᵉ jour desd. mois et an.

Mᵉ Pierre Pellecœur, coûturier, de Rieux, âgé de cinquante ans,
s'exprime en ces termes : «... Estre notoire que ceulx de la
« nouvelle religion continuant les massacres par eulx cy devant
« faictz, le penultiesme et dernier jour du mois de juillet et
« premier de ce présent mois d'aoust, le comte de Mongonmery
« avec les viscomtes de Paulin, Caumont et de Montclar conditeurs
« desd. de la religion, seroient partis de Mazères jusques au
« nombre de six à sept mil, que cavallerie et eufanterie, bien
« armés et ecquippés d'arcabuzes et pistollés, pour s'en aller en
« Béarn lever le siège qu'estoit devant Navarrens pour le Roy
« nostre sire, soubz la charge du sʳ de Taride et passant par led.
« diocèze, à Moressac, La Grâce Dieu, Magreing, Caujac, Esperce,
« Castaignac, Canenx, Batz, Latour, et vouloient prendre d'assault
« Montesquieu, Arguaing, La Fitère, Monberaud, Sainte Croix,
« Montardit et pluisieurs aultres villaiges que le deppousant ne
« sçauroit dire, ausquelz lieux n'ont rien laissé, ains tout pilhé,
« bruslé et saccaigé meteries, maisons, tué et meurdry plusieurs
« hommes et femmes, s'en admené leur bestailh et aultre bien,
« tellement que pour le présent n'ont de quoy vivre ne où
« demeurer, de tant que lesd. ennemys ne leur ont laissé ne pain,
« ne vin, demeurance, ne bestailh, ains tout bruslé et vollé,
« comme le deppousant dict sçavoir pour avoir esté ausd. lieux.

« Dict en oultre que lesd. ennemys se faisant conduire par les
« paysans aulx meteries et solz où l'ont avoict retiré les fruictz
« décimaulz des béneffices desd. lieux, où estant, prenoient et
« pilhoient tout ce que bon leur semblait, tuoient les hommes et
« femmes y estans, et après métoient le feu partout, comme dict
« sçavoir pour avoir veu lesd. bruslemens.

« Dict en oultre, que en continuant lesd. meurdres, saccaige-
« mens et volleries, auroient ilz bruslé et vollé plus de trente
« esglises dud. diocèze, comme sont les esglises desd. lieux de
« Caujac, Castaignac, Massabrac, Montardict et aultres que le
« deppousant ne sauroit dire, ne nommer, etc. »

Dud. jour.

Reymicz de Massie, natif et habitant de Rieux, qualifie la ville
de Montesquieu « ville forte et. riche ». Il fait une déposition
semblable aux précédentes et a été un témoin oculaire. — *Signé :*
R. Massio.

Dud. jour.

Cizi Cazarre, maitre serrurier, natif et habitant de Rieux, âgé
de vingt-sept ans, spécifie les meurtres d'hommes, femmes « et
« petitz enfeus ». — Ne sachant écrire, il fait sa marque ordinaire.

Dud. jour.

Firmin Cazarre, habitant de Rieux, âgé de quarante-cinq ans,
dit savoir : « que au mois de juillet dernier passé, les huguenaultz
« soy disant de la religion se tenans au Mas d'Azilz et Monfa
« seroient venus en grand nombre ez environs de la ville de
« Damazan pour icelle surprendre, et s'en assaisir pour voller et
« meurdrir les habitants dud. lieu, ce que ne peuvent [pouvant]
« faire bien s'en allarent à l'hère *sive* sol que on dict *le*
« *sol de la rente* où le dépousant ayant charge de l'écognome
« commis par le Roy notre sire au régime et gouvernement de
« l'évesché de Rieux avoict faict charroyer tous les grains, gerbes
« de bledz, seigles et oyes provenus à la part de l'évesque, pour
« iceulx faire despicquer, pour après iceulx vendre pour païer
« au Roy ou à ses recepveurs généraulx ou particuliers les sommes
« tauxées sur lad. évesché tant pour les décymes que empromptz
« faictz sur le diocèze de Rieux, comme aussi avoict faict le
« recteur dud. lieu; de quoy advertis lesd. ennemys se seroient
« retirés en lad. hère, *sive* sol et auroient mis le feu aux gerbes, et
« non contens de ce, serchoient le deppousant et estivandiers pour
« leur couper la gorge, et de faict firent brusler tous les gerbiers

« estans en lad. hère où pouvoict avoir trois cens cestiers de
« bled... ».

Le témoin raconte ensuite les excès de l'armée de Mongonméry
et énumère les lieux dévastés : « lesquelz lieux, » dit-il, « ont
« totalement ruynés, bruslés les maysons et meteries, forcé et
« viollé plusieurs femmes et filhes, tué et admeurdry les pouvres
« laboreurs qui leur ausoient remonstrer et se plaindre de la
« désordonnée charge que leur donnoient, s'en admené tout le
« bestailh tant de labeur que aultre, ne leur laissant bled, ny vin,
« pour ce que ont mis le feu en leurs gerbiers et maisons, ne leur
« ayant laissé rien en ce monde pour vivre, ayant tout des-
« robé, etc. ».

Les religionnaires prenaient les paysans « et à peyne d'estre
« pendus les faisoient amener et conduire la part où se batoient et
« recolligeoint les fruictz des recteurs, bénefficiers et aultres
« ecclésiastiques, et estans ez meteries et solz *sive* hères où estoient
« lesd. fruictz, après avoir prins et pilhé tout ce que y estoit,
« metoient le feu aux gerbiers et meteries, etc. ».

Au sujet de la destruction des églises, le témoin dit avoir vu une
partie des églises ainsi ruinées et brûlées, notamment « les
« esglises de La Tour, Castaignac, Caujac, Massabrac, que à les
« voir c'est grand pitié encores à ceulx qui les voyent... » — *Signé :*
F. CAZARE.

Dud. jour.

Jehan Antignan, sergent de la ville de Rieux, âgé de trente ans,
déclare qu'à voir les églises détruites et en cendre « il n'y a cœur
« d'homme qui ne gémysse et plaigne le domaige... » — *Signé :*
J. ANTIGNAN.

Dud. jour.

Guilhem Modoix, mangenier de la ville de Rieux, âgé de
quarante-cinq ans, a vu Mongonméry et ses partisans passer
l'Ariège entre Saverdun et Sainte-Gabelle, car en ce moment il se
trouvait « aud. Saverdun pour vendre huyle ». — « Dict aussy que
« lesd. ennemys passarent aux lieux de Moressac, Gressac, La
« Grâce Dieu, Magrein, Gailhac, Caujac, Esperce, Castaignac,
« Massabrac, Caneux, Batz et aultres lieux dud. diocèse et en

« iceulx passans auroient pilhé, vollé et bruslé plusieurs maisons
« et meteries desd. villaiges jusques à ny laisser rien, mesmement
« tués, meurdris prebstres et aultres que bon leur avoit semblé... »
Ils ont « faict pluisieurs aultres maulx infinis que le deppousant
« ne sçauroit dire, ny expécifier, pour le faict estre si grand, et
« dict sçavoir ce dessus pour l'avoir veu, ayant veu la trasse desd.
« ennemys, et ce pour se retirer en la présente cité de Rieux de
« crainte de les rencontrer en aultre part, et pour avoir entendu
« les plaintes et doléances des pouvres hommes et femmes desd.
« lieux. Dict aussi avoir veu et estre notoire que les esglises de
« Caujac, Castaignac, Massabrac auroient esté bruslées par lesd.
« ennemys et que environ le jour qu'il passoit par lesd. lieux
« qu'estoit le tiers dud. mois d'aoust, le feu se y tenoict... » —
Signé : G. Modoix.

« Les susdictz tesmoings en nombre de vingt contenent les
« deppositions escriptes en vingt-sept demys feuilhetz pappier, le
« présent inclus, ou dit et depposé par devant nous commissaire
« soubz signé, comme a plain est contenu en leurs deppositions.
« — En foy de quoy nous sommes icy signés, ensemble nostre
« greffier : Boissière, *l. général et commissaire susdict*. Duplan,
« *clerc escripvant soubz led. seig^r com^{re}*.

« Coppie par moy susd. Duplan tirée de son original deuement
« collationnée : Duplan. »

(Arch. de la Haute-Garonne, évêché de Rieux.)

II.

1560-1561.

Entreprises des huguenots du Mas-d'Azil

sur Saint-Lizier.

Menacés par les huguenots du comté de Foix, notamment par ceux du
Mas-d'Azil, en 1560 et 1561, les habitants de Saint-Lizier sont entrés
en de grands frais afin d'assurer la sécurité de leur ville. Pendant
plusieurs mois ils ont pourvu à l'entretien de leur garnison, et lors
des troubles de Toulouse, au mois de mai 1562, leur évêque Hector
d'Ossun a levé deux mille hommes destinés à secourir cette ville :
cette troupe a vécu pendant quelque temps aux dépens des habitants

de Saint-Lizier. Pour ces motifs, les États sont priés d'accorder une indemnité.

Au cours de notre enquête sur *Les Huguenots en Comminges* nous avons été amené à constater le zèle d'Hector d'Ossun pour sauvegarder Saint-Lizier de toute surprise[1]. On trouvera dans les pièces qui suivent l'écho des louanges que les habitants du Couserans ont données à plusieurs reprises à leur vigilant prélat. Combien de soldats H. d'Ossun amena-t-il à Toulouse en mai 1562 ? Certains historiens disent quatre mille[2]. Notre document donne deux mille; ce chiffre nous paraît plus probable. On sait d'ailleurs que le Parlement, après avoir provoqué cette levée de troupes, les remercia et les fit disperser, leur présence à Toulouse étant devenue inutile.

1º. — Requête des consuls de Saint-Lizier
aux États de Comminges.

*A messieurs les gens des Troys Estatz du païs et
comté de Comenge.*

Supplient humblement les consulz et scindic de la cité de Sainct Lezé que estans envyronnés de gens de la nouvelle religion par plusieurs pars, mesmes de la ville de Foys, Mas d'Azilz, que aultres estant parmy les fourestz, gens céditieux, leur seroit couvenu de faire résistance et donner ordre que telles gens n'eussent puissance sur eulx, ny la ville et cyté de si grand renommée fust mise en leur subiection et obéissance, par le moyen de quoy auroi[en]t faict plusieurs réparations, dépenses tant pour les gens que le révérend père en Dieu l'évesque de Couserans, du mandement de nosseigneurs de Parlement auroit assemblé en ladite cité que aussi pour raison des centinelles et garde des portes que n'a esté sans grandz fraiz et coustange, le tout aux despens de la

---

[1] Voy., *op. cit.* : INTRODUCTION et pp. 92-93.

[2] « Les catholiques ayant reçu par là des secours suffisans, le Parlement « refusa celui de quatre mille hommes de pied qu'Hector d'Ossun, évêque de « Couserans, avoit assemblé dans son diocése et qu'il avoit amené jusqu'à « quatre mille de Toulouse, et, après avoir remercié ce prélat, il lui fit dire « qu'il n'avoit pas besoin de ses troupes. » — V. *Histoire générale de Languedoc*, t. XI, p. 391.

« L'évêque de Coserans accompagné de quatre mille fantassins ou environ « qu'il avoit assemblés à toute diligence [se rendit à Toulouse]. Il fut reçu en « grand honneur par les délégués de la cour [de Parlement] et les capitouls, le « gratifiant à son entrée de cet acte tant mémorable et opportun, n'ayant rien « épargné au besoin, comme bon prélat, pour la défense de son troupeau, sans « sans s'arrêter aux abois et embûches des mécréants. » — Voy. : *Les troubles advenus en la ville de Tolose l'an 1562*, réimpression d'Aug. Abadie, p. 111.

pouvre cyté laquelle entre aultres c'est montrée victorieuse contre
tel calibre de gens comme verrez par le rolle cy attaché et certifi-
catoire du cappitaine Villeneufve ordonné en lad. cité. — Ce
considéré..., etc.

2°. — Certificat du cappitaine Villeneuve, en garnison
a Saint-Lizier.

Nous, Arnauld Crustans, cappitaine Villeneufve, cappitaine
pour la foy en la cité et diocèse de Couserans, à tous ceulx qui ces
présentes verront, sçavoir faisons et attestons que pour raison des
troubles, séditions, rebellions et entreprinses faictes par les
huguenaulx se estans emparés de plusieurs pays, villes et villaiges
de la France, mesmes en la comté de Foix, où une partie des forces desdictz huguenaulx c'estoit retirée, lesquelz s'estans montrés
enemys du Roy nostre syre, se seroynt aussi déclarés eunemys
capitaulx de lad. cité et auroyent envoyé plusieurs lectres missives
deffiant le révérend père en Dieu Monsr l'evesque de Couserans et
les habitans de ladite cité, et par plusieurs entreprinses auroyent
taché de surprendre et invader ladicte cité de nuict; mais que par
une bonne diligence tant dudict seigneur evesque que de nous et
desdictz habitans, que aussi estans renforcés de cent soldatz
desquelz ledict seigneur evesque nous auroyt fornys et iceulx
soldoyés et agaigés, et ayant aussi led. s^r évesque et habitans de
lad. cité avec grandz frais et despens faict rondes et sentinelles,
bonnes gardes aux portes, aurions si tellement faict avec l'aide de
Dieu, que tant lad. cité que aussi les aultres villes et villaiges de
l'envyron sont demurés sous l'obéyssance du Roy et de l'Esglise
catholique romaine, et ayant aussi led. s^r evesque faict assembler
deux mille hommes en armes ou envyron, dans lad. cité de Sainct
Lizier, pour donner secours à la ville de Tolose en vertu des lettres
à lui envoyées par la court de Parlement, au temps de la sédition
faicte audict Tholose, ladicte compaignie de deux mille hommes
auroyt séjourné en lad. cité où y auroict faict de quatre à cinq
cens liv. de despens aux habitans de lad. cité...

14 janvier 1562 [nouv. style 1563].

Villeneufve.

Du mandement dud. s^r cappitaine :

Samson.

3°. — Frais supportés par des habitants de Saint-Lizier. —
H. d'Ossun et la sédition de Toulouse.

*Déclaration des fraiz et despens, domaiges et intérêtz souffertz et
portés par les consulz, scindictz, manans et habitans de la cité de
Sainct-Lézer despuys la feste de Noël 1561 jusques à présent,
pour garder et maintenir lad. cité soubz l'obéissance du Roy
allencontre de ses ennemys hereticques.*

Premièrement pour ce que lad. cité de Saint Lizier est ville
cappitale de la diocèze de Cozerans et ville de garde, forte de
tours, bolvars et murralhes, les ennemis du Roy et hérétieques
estans saisis des villes de Foix et du Maz d'Azilz prochaines de
lad. cité, ayant entreprins et conspiré de prendre et saisir lad. cité
de Sainct Lizier et la ouster de la oubéissance du Roy, le jour de
Noel dernier passé eut ung an, la nuyct close, une troppe desd.
hérétieques armés d'arcabouses et autres armes seroient venus
auprès des portes et murralhes avec une escalade, et estans
descouverts se seroient retirés, au moyen de quoy le seigneur
evesque de Cozerans auroiet dressé garnison en lad. cité de cent
souldars arcabouziers soubz la charge du capp^{ne} Villeneufve, et
iceulx souldars faict loger entre les habitans de lad. cité, lesquels
soldats y auroient demeuré l'espace de quatre moys faisans grandz
frais et despens aux habitans de lad. cité, et pour les utanciles et
service qui leur falhoit balher comme il est recquis et nécessaire,
lesquelz despens ont cousté à lad. cité durand lesd. quatre moys la
somme de 200 liv. ou environ.

Et pour ce que au temps de la sédition de Tolose la court de
Parlement envoya lettres au susd. evesque de Cozerans pour les
[leur] envoyer secours de tant de gens qui luy seroit possible,
icelluy seigneur evesque à grand diligence auroict faict ses effors
et tellement qu'il assembla deux mille hommes en armes ou environ dans lad. cité de Saint Lizier pour les conduire aud. Tholose,
lesquelz deux mille hommes séjournèrent en lad. cité et se lotja-
rent le moingz mal qui fut possible, et y eut de folle et despance
en lad. cité 500 liv.

Lesquelz deux mille hommes allans aud. Tholose en compaignie
dud. seig^r evesque et de plusieurs gentilshommes cappitaines, et

estans venus au lieu de Gratenx et La Fite, eurent contre mandement de la court de Parlement de Tholose de s'en retourner, à
cause de quoy une grand troppe retourna aud. Sainct Lizier et y
lotgea une nuyt qui leur fit de despense 50 liv.

Despuys lequel temps, puys ung an en sa, lesd. consuls ont esté
constrainctz toutes les nuitz fère guet et centinelles par les tours
et muralhes de lad. cité et les rondes par la ville, tenants le feu
allumé aux centinelles, mesmes le temps d'yver, et fornir de
chandelles à ceulx qui faisoient la ronde et craignans d'estre
surprius desd. ennemys estans à troys petites lieues de lad. cité,
esd. lieux du Maz d'Azilz et Foix, et aussi en embûche aux
forestz et montaignes fuitifz de divers lieux, qui leur a cousté
200 liv. ou environ.

En oultre ont tenus portiers en armes aux troys portes de lad.
cité, sçavoir deux hommes à chascune porte, ausquelz ont donné
de gaiges à chascun 5 l. le moys, montant 30 liv. pour chascun
moys, lesquelz portiers y ont vacqué despuys ung an, montant lad.
despence, à la part de la cité, 120 liv. et le seigneur evesque et
son chappitre ont payé le surplus, pour ce, cxx liv.

Et d'abondant ont faict réparer et couvrir dix tours de lad. cité
et haulcer les murralhes en aulcuns endroictz fère de bolvars et
deffences qui ont cousté de cinq à six cens liv. comme appert par
le rôle de lad. despense...

Et d'aultant que led. sgr evesque ordinairement entretient led.
cappne et soldatz despuys led. temps, (et plus grand nombre là où
les affaires se présentent non seullement pour la tuytion de lad.
cité et diocèse, mais encore de tout le pays et circonvoisins, là ou
led. sgr evesque est requis et apelé, le tout à ses propres despens
et sans espérer aultre récompense que de Dieu avec volonté d'y
exposer tout ce qu'il a en ce monde), aux fraiz et despens de plus
de 20.000 livr. et que au regard du temps cecy ne prend fin, là où
l'on peult assoir tel jugement que lad. cité n'est sinon en charge
de fraiz insupportables. — (Les États de Comminges accordèrent
60 liv., à Saint-Lizier pour les dépenses faites lors de *la sédition
de Tholose*.)

(Archives de Muret. — États de 1563.)

III.

1574. — 8 JUIN.

LES HUGUENOTS DE MAZÈRES, SAVERDUN, AIGNES, GIBEL, ET LES
DIMES DE CALMONT, SAINTE-GABELLE ET MONTGEARD.

Le 8 juin 1574, à Toulouse, dans la maison de messire Jean Olyve,
chanoine de Saint-Sernin et syndic de ce chapitre, se présenta, accompagné d'un notaire, le procureur de Paul Caussidières, marchand de
Montgeard et fermier des fruits décimaux appartenant audit chapitre.
Ce procureur, nommé Guy Carles, praticien de Toulouse, parlant au
nom de P. Caussidières, renonça à son contrat d'arrentement, puisque
les huguenots de Mazères, Saverdun, Aignes et Gibel enlevaient déjà
les fruits décimaux dans les paroisses de Calmont-lès-Mazères,
Sainte-Gabelle et Montgeard. — Il déclare :

...Qu'il relauxe l'arrentement qu'il tient d'eulx [chanoines] du
prieuré de Caulmont-lès-Mazères attendu qu'il ne peult jouyr
[des fruits décimaux] obstant ces troubles, et pour l'empêchement
que chascun jour font ceulx de la nouvelle opinyon que jà com-
mencent de lever les fruictz, profictz et revenus dud. prieuré de
Calmont que aultres lieux circonvoysins comme sont Montgeard...,
Saincte Gavelle et aultres lieux catholicques que les rebelles de
Mazères, Saverdun, Aignes et Gibbel lèvent comme terres tenans
dud. lieu de Calmont, dans lequel il y a aussy troys fortz que
ceulx de lad. oppinion tiennent comme sont Terre Cucques où le
seigneur dud. Calmont se tient ayant naguyères prins les armes
contre les catholicques, le viguier et le Roy. Au moïen de quoy,
et que ceulx dud. Mazères ont arranté lesd. fruictz de Calmont à
leur profict dont led. Caussidières ne peult aulcunement jouyr
dud. arrentement, ny ne se treuve personne que y veulle aller
pour luy pour les lever, pour ce que ceulx dud. Mazères se sont
jactés de tuer et massacrer tous ceulx qu'ils y treuveront pour
lever les fruictz pour lesd. catholicques, ensemble de prandre leur
bestailh comme ilz font journellement; au moyen de quoy ledict
Caussidières est constrainct relauxer led. afferme et arrentement
dudict prieuré de Calmont.

Paul Caussidières avait demandé la même annulation du contrat
d'afferme en 1573, pour les mêmes motifs.

(Arch. des notaires de Toulouse. — Chapitre de Saint-Sernin. —
Reg. de Puyméjean, not., ad annum.)

IV.

1572-1576.

LES HUGUENOTS DU MAS-D'AZIL, MONTESQUIEU, CONTRAZY, LESCURE, ETC.

Les communautés de Lescure, Mérigon, Montbrun, Contrazy, Montesquieu-de-Lavantès, etc., ont été pillées et incendiées en 1572 par les
huguenots de Camarade et du Mas-d'Azil[1]. Le trésorier du pays de
Comminges, Jean Roquade, constatait en 1576 qu'il ne recevait aucun
denier de ces différents lieux : « A cause que les ennemys ont ruiné
« les maisons des catholicques, où lesd. catholicques n'osent habiter,
« tellement que le pays s'est rendu infertile[2]. » Voici une nouvelle
preuve de l'état pitoyable où se trouvaient réduites ces malheureuses
communautés à la date précitée. Dans le cahier de comptabilité de
Jean Roquade on lit :

Montesquieu-de-Lavantès et Contrazy : « ... Lesdits lieux sont
« inhabitables, bruslés et ruynés par les ennemys... »

Lescure et Montbrun : « ... Lesdits lieux de Lescure et Mont-
« brun ont esté batus de canon, inhabitables, bruslés, environnez
« des ennemys... »

Saint-Sever-de-Rustaing : « ... Lad. ville est bruslée et n'y
« habite personne[3]... »

(Arch. de Muret : États de l'Isle-en-Dodon, 1576.)

V.

1579. — 6 ET 11 AVRIL.

CATHERINE DE MÉDICIS ET SAVERDUN.

Lors de son voyage de pacification en Languedoc et au lendemain de la
conférence de Nérac (janvier-février 1579), Catherine de Médicis,
écrivant à son fils Henri III, l'entretenait en ces termes de l'état des
affaires religieuses à Saverdun et des dispositions du roi de Navarre,
le futur Henri IV :

6 avril 1579 : ... Ma fille la royne de Navarre veint ledict jour
seullement coucher audict Agen, où je luy escripviz que je séjour-

---

[1] Voy. *Les Huguenots en Comminges*, pp. 318 et suiv.

[2] Voy. *Ibid.*, p. 97.

[3] Voy. *Ibid.*, pp. 82-83.

nerois audict Valence vendredy dernier, comme je feis, affin que je peusse voir avant m'acheminer plus oultre, pour ce que mondict filz le roy de Navarre ne se veult acheminer à Castelnaudarry que Saverdun ne soit remis, suivant vostre édict de paciffication et articles résoluz en nostre conférance, et s'en va cependant à l'Isle-en-Jourdain, où il meyne ma dicte fille et en ses aultres terres qui sont là à l'entour; mais s'il me tient promesse, ilz n'y seront pas long temps, car par vertuz des despesches qu'il veit que je feiz en sa présence, ledict jour de vendredy à plusieurs personnes, suivant son désir et ce qui avoit esté advisé par moy avec ceulx de vostre conseil pour le faict dudict Saverdun, j'estime que le sieur de Fontenilles[1] qui est porteur desdictes despêches et que j'ay commis de vostre part pour éxécuter vostre édict de paciffication et articles de nostre dicte conférance en ce païs-là, fera incontinant remettre, comme avons résolu, ledict Saverdun des mains de ceulx qui le tiennent en celles du sieur de Pailletz[2], gentilhomme fort catholique, qui le gardera jusques à ce que nous avions vuidé deux difficultez qui se trouvent audict Saverdun : l'un pour sçavoir à qui appartient ung temple qui a esté basty par les huguenots en une place publicque, des matières de l'église parochialle dudict Saverdun : ce que je ne veulx vuider qu'avec l'advis des président Daphis, advocat Duranty[3], et plus grande compaignye que celle que j'ay icy à présent de ceulx de vostre conseil; l'aultre poinct est pour quelques ungs de la religion prétendue réformée qui ont loué des maisons dedans ledict Saverdun. Mais cependant nous sommes d'accord mondict filz le roy de Navarre et moy; et ledict sieur de Pailletz prenaut la charge dudict Saverdun, comme j'espère qu'il fera suivant les lectres fort expresses et affectionnées que je luy en ay escriptes, et à ceulx qui ont pouvoir et sont dedans ledict Saverdun, nous serons, Dieu aydant, audict

---

[1] Sur Philippe de la Roche, baron de Fontenilles, gendre de Blaise de Monluc, voy. *Les Huguenots en Comminges*, p. 65, note.

[2] Blaise de Villemur, baron de Pailhès, gouverneur du comté de Foix, était fils de Jacques de Villemur, baron de Pailhès, et de Fleurette d'Armaignac.

[3] Il s'agit de Jean Daffis, premier président du parlement de Toulouse, et de Jean-Étienne Duranti, capitoul en 1563, successivement avocat-général (1568) et premier président du parlement de Toulouse (1581), victime des fureurs de la Ligue toulousaine et massacré le 10 février 1589, âgé de 56 ans.

Castelnaudary dedans trois ou quatre jours, car j'yray aujourd'huy coucher à Thoulouse, où ne séjourneray qu'un jour ou deux que je ne m'achemine audict Castelnaudarry. Mondict filz le roy de Navarre s'y achemine aussy de sa part, par le costé de Muret, etc.

11 avril 1579 : ... J'ay envoyé le sieur de Cornusson [1], et avec luy le sieur de Villambiz [2] devers ceulx de Saverdun, auxquelz j'ay aussy envoyé la déclaration dont il vous plaira veoir le double qui est encloz en ce paquet avec ceste-cy, affin qu'ilz remettent les villes dudict Saverdun et y laissent et souffrent exécuter vostre édict de paciffication suivant la résolution de nostre conférance, espérant en avoyr aujourd'huy de bonnes nouvelles; aultrement mon filz le roy de Navarre, qui est, comme je vous ay escript par ma dernière lectre, allé à l'Isle-en-Jourdain, n'en veult partir qu'il ne saiche ledict Saverdun estre remis.

Il y a aussy une petite ville appelé Muret, qui est à trois lieues d'icy sur la rivyère, par où il fault qu'il passe nécessairement pour venir à Castelnaudary. Ceulx de ladicte ville et aulcungs de ladicte relligion prétendue refformée principallement des principaulx serviteurs en Foix de mondict filz le roy de Navarre, se sont tant faict la guerre et sont si fort ennemis les ungs avec les aultres, que j'ay eu grande peine à fayre consentir aulx habitans dudict Muret de laisser passer mondict filz le roy de Navarre par ladicte ville, encores crains-je bien qu'il y ayt du désordre, quelque peine que je mette d'y obvier et l'eviter, ayant ung merveilleux regret du temps quy se pert et du retardement que je veoy en nostre assemblé dudict Castelnaudarry où les députez sont arrivez ; et si je veoy que ledict Saverdun feust pour nous arrester (comme j'en ay grand peur), d'aultant que mon dict filz le roy de Navarre est résolu de ne passer oultre qu'il ne soit remis, je luy envoieray proposer dez demain de mander de venir du costé de deça aux députez de Languedoc, affin de fayre ce quy reste de noz affaires, quy est principallement pour la parfaicte et entière exécution dudict édict de paciffication et articles de la conférance audict

---

[1] Jean de la Valette, seigneur de Cornusson, Parisot, Montels, Lestang, sénéchal de Toulouse et Albigeois. — Voyez au sujet des sénéchaux de Toulouse qui ont appartenu à la famille de La Valette-Cornusson, l'*Histoire de Parisot*, par M. LOMBARD.

[2] Sur les frères Villambits, voy. *Les Huguenots en Bigorre*, p. 14.

païs de Languedoc, et aussy pour la chambre de la justice d'icelluy païs; et plus tost retourneray-je à l'Isle-en-Jourdain, affin de gaigner temps.

(*Lettres de Catherine de Médicis*, publiées par le comte Baguenault de Puchesse, t. VI, p. 333.)

Trois ou quatre mois après ces missives les huguenots de Saverdun, unis à ceux de Pamiers et de Mazères, s'emparaient de Saint-Lizier en Couserans [1].

VI.

1599. — 26 Octobre.

Attestation pour Jean de Vaulvire, abbé du Mas-d'Azil [2].

Dans cette attestation consulaire « de non valoir » du bénéfice du Mas-d'Azil, on trouve un tableau saisissant de l'état où était le Mas-d'Azil à la fin du XVIᵉ siècle. Le pillage de la florissante abbaye, notamment, avait été complet. Notre document confirme ce *Mémoire pour les catholiques du Mas-d'Azil* [3], dressé au XVIIᵉ siècle, dans lequel on lit cette assertion énergique : « Presque tous ceux qui ont du pain à « manger au Mas ne sont devenus riches que des débris de l'église ».

Nous, consuls de la ville du Mas-d'Azil, au comte de Foix, juges ordinaires ez causes permises par l'ordonnance du roy audict lieu et juridiction, à toulz ceulx qui ces présentes lettres verront, salut.

Sçavoir faisons et certiffions, huy datte des présentes, a comparen par devant nous Michel Langlois, sieur de Bamentières, procureur et ayant charge de révérend père en Dieu messire Jean de Vaulvire, abbé et seigneur dud. Mas d'Azil, qui a dict que pour satisfaire à l'intention de Sa Majesté contenue en son édict sur le règlement des décimes faict au mois de janvier dernier passé, publié en sa court de parlement de Tholoze, le 16ᵉ jour de juing, avoir besoing de certificat et attestation de nous... pour luy servir où il appartiendra, sy trente ans sont et plus à cause des esmo-

---

[1] Voy. *Les Huguenots en Comminges*, p. 105.

[2] Jean de Vaulvire, abbé du Mas-d'Azil après Germain de Lévis, mourut en 1619.

[3] Voy. *Abbaye du Mas-d'Azil*, par M. l'abbé David Cau-Durban (pp. 33 et *passim*).

tions et séditions des guerres civilles intervenues au dedans dud. comté de Foix, tant par ceulx de la religion que aultres, lad. abbaye dud. Mas d'Azilz auroit esté entièrement dissipée, la plus grande partie des habitans tués et ruinés, leurs maisons bruslées et abattues non seulement en lad. abbaye mais aussy en toutz les membres qui deppendent d'icelle, et mesmes que durant la viollance des guerres et hostillittez lad. abbaye, maisons des abbés et relligieulx et aultres ediffices qui estoient très beaulx et de grande valleur auroient esté razées et desmolies en telle sorte qu'à présent il ne reste que la place où souloit estre lesd. ediffices, que à cause desd. domaiges, desmolitions et perte d'habitans quy ont esté en partie tués, les aultres fugitifz ez païs estrangers et mortz de faim, leurs maisous sont demeurées dessertes, de façon que le revenu de lad. abbaye est tellement disminué qu'il ne répond à la 3ᵉ partie de ce qu'il valloit auparavant, d'aultant que les terres, vignes et aultres héritaiges sur lesquelz led. sʳ abbé avoit accoustumé prendre le droict de disme auquel conciste tout le revenu de lad. abbaïe demeure en frische, sans labeur, ne porte aulcun fruictz; que le surplus des habitans demourés et eschappés desd. calamittez sont si pouvres qu'ilz n'ont aulcun moïen de remettre, ny moingz faire valoir le labouraige desd. terres, la nécessité y estant sy générale qu'à présent le peu de revenu qui reste en lad. abbaye et membres qui en deppendent est de cy peu de valleur qu'il ne peult satisfaire aulx charges d'icelle comme à la nourriture des relligieulx qui sont au nombre de tretze et deux novices, entretien des officiers, paiement des prédicateurs, rédiffication et entretènement desd. églises, ornemens et aultres choses nécessaires au divin service, que la despence et frais qu'il convient faire excède led. revenu, de sorte que le sʳ abbé est constrainct d'employer du sien propre au lieu d'en retirer aulcune commodité, dont led. Langlois, aud. nom, nous a requis acte et à cest effaict eussions à ouyr et interroger les présans assistans et aultres qu'à ce faire seront requis.

Alhors par nous dits consuls ont esté appellés sire Martin Roques, scindic, Bernard de Jean, Gaspard Barthe, Bernard-Jean Rudelle, Jehan Jasse, Jacmes Barbe, Pierre Dorie, Blaize Lafont, Jehan Falanti, merchans; mᵉˢ Jehan Guilhou, Daniel Monfalcon,

notaires, gens anciens et prudhommes de lad. ville du Mas
d'Azilz, Guilhem-Pey Courtade et Paulhon Vergé, aussi anciens et
prudhommes de Camarade, lesquelz enquis par nous sur ce dessus
moyennant sèrement à nostre mandement presté, la main à Dieu
lebbée, ont toutz unanimement et d'un commun accord dict et
attesté :

Qu'il est très certain et véritable que le revenu de lad. abbaïe
est à présent de peu de valleur et que par le moïen des guerres et
hostillittés qui se sont commises aud. comté de Foix, 30 ans sont
et plus, la plus grande partie des habitans ont esté meurtris et
assassinés, leurs maisons desmolies et ruinées, que lad. abbaïe
dud. Mas d'Azilz est située au dedans dud. comté de Foix et que
le peu des habitans qui restent subiects et tenanciers de lad.
abbaïe et membres qui en dépendent sont cy pauvres et nécessi-
teulx qu'ils n'ont peu, ny ne peuvent d'icy à longues années, se
remettre et relepver desd. hostillittés et ruines, que la plus part
ont esté constrainctz quitter leurs maisons et aller en pays estran-
giers mandier leur vie, de façon que presque touttes leurs terres,
vignes et aultres héritaiges sur lesquels on avoit accoustumé prendre droict de disme, qui est le seul bien en quoi conciste leur
revenu, sont en frische, incultz et sans valleur, et qu'à présent
led. arrentement ne revient au tiers de ce qu'il avoit accoustumé;
joinct aussi que tous les temporels qui concistoyent en de belles
pocessions et grands revenuz, domaines et heritaiges deppendans
d'icelle. ont cy-devant esté vendus et qu'à présent il n'en reste
aulcune choze; et que l'église de lad. abbaïe, maisons, bastimens
et édiffices sont entièrement ruinés et rassés jusques à terre,
comme aussi les autres maisons et granges, crives [cribles],
treuilz et aultres estancilles où l'on avoit accoustumé faire récolte
desd. fruictz, ont esté bruslés et emportés ; que par le moïen desd.
desmolitions, ruines, hostillittés, meurtres, chairté des années et
aultres incommodités survenues aud. comté de Foix, à présent les
charges et fraix de lad. abbaïe, pencions des relligieulx, gaiges
d'officiers et autres frais annuels et nécessaires excèdent le revenu
que l'abbé en peut avoir et que ce peu qu'il en rettire est avec
grands frais et procès pour les indues occupations que plusieurs
font de son revenu...

Faict au Mas d'Azilz, le xxvie jour du mois d'octobre 1599. — J. GARRIE, consul; de JEHAN, Johan JASSO, MONTFALCON, DORIE, BARTHAS, J. TAILHEFER, J. GRILHOU, attestant; J. FALANTY, ROQUES, scindic.

(Arch. de la Haute-Garonne : Évêché de Rieux [1].)

———

VII.

1623.

DEMANDES DES CATHOLIQUES DU DIOCÈSE DE RIEUX.

La requête suivante, adressée, en 1623, par le sindic du clergé du diocèse de Rieux aux « commissaires depputés par Sa Majesté au bas et « hault Languedoc, pays et comté de Foix, pour l'exécution de l'édict « de pacification », nous révèle les désirs légitimes des catholiques rivois. Entre autres souhaits, ils formulaient celui de rentrer en possession des églises et cimetières que les huguenots leur avaient confisqués. Les matériaux de plusieurs églises démolies étaient entrés dans la construction des temples de la religion nouvelle : les catholiques revendiquaient matériaux et emplacements usurpés.

Supplie humblement le scindic du clergé du diocèse de Rieux qu'au dict diocèze, despuis longues années, les lieux de Saverdun, Le Carla, le Mas d'Azilz, Les Bordes, Sabarat, Camarade, Guabré, sont ocuppés par ceulx de la Religion préthendue réformée et en iceulx les esglises, chapelles et maisons apartenantes aulx ecclésiastiques ont esté desmolies, bruslées et sacaigées. Iceulx de la religion se sont emparés des ornemans et vazes sacrés, ont chassé et exillé les ecclésiastiques desd. lieux sans qu'en aulcuns desd. lieux ilz ayent peu estre restablis à cause du pouvoir et authoritté qu'ilz se sont acquis ausd. lieux, qu'a esté cause que le divin service a cessé et cesse encore non obstant l'édict de Nantes et ordonnances des commissaires exécuteurs d'icelluy, ont donné du trouble et empéchement ausd. ecclésiastiques, à leurs fermiers, ageants et procureurs en la perception et liébe de leurs droictz, rentes, revenus et esmolumens dépendans de leurs bénéfices, comis plusieurs excès, murtres, battemans, bruslementz de fruictz, desplacementz de gerbes, de nuict, sans payer les dismes, tué leurs

____

[1] Côte : « Attestation de non valoir du bénéfice et abbaye du Mas-d'Azil ».

chevaulx et intimidé en telle sorte lesd. ecclésiastiques, fermiers,
ageants ou par eulx depputés qu'ilz n'ozoient ce présenter esd.
lieux, aulx fins qu'à l'advenir ne se trouvast personne quy voul-
sist prendre à afferme leursd. biens, rentes, revenus et esmolu-
mans, constraignant par ce moïen lesd. ecclésiastiques de les leurs
bailher à cy bas et vil pris qu'il leur plaizoit en donner.

Ont faict en oultre expresses inhibitions à tous habitans et
domiciliers desd. lieux d'administrer aulcune sorte de vivres ausd.
ecclésiastiques, leurs rentiers, ageans et procureurs, les loger en
leurs maisons, leur donner aulcun ayde ny acistance directement
ou indirectement, sur de très grandes peynes, reffuzent le payement du pris des affermes par eulx faictes en années précédentes
les troubles et mouvemans derniers et des affermes par eulx
faictes en l'année dernière 1622 des termes et paez non eschus
l'hors de la déclaration faicte par Sa Majesté à Montpellier, le
20e octobre aud. an 1622, soubz prétexte qu'ilz disent les avoir
employés aulx affaires de la guerre.

A cause de quoy exécutant l'édict de pacification et déclaration
de Sa Majesté, plairra à vos grâces ordonner que lesd. de la religion préthendue et refformée, chacun endroict, soy bailheront lieu
propre et convenable dans leursd. villes où le divin service se
puisse faire avec l'honneur et dessence requise, quiteront la pocession vuide des places où estoient construictes et basties lesd.
esglises, rendront les matériaulx provenans de lad. desmolition
d'icelles, ornemens et vazes sacrés par eulx enlevés. les cimettières
où souloient aultre fois estre encepvelis les catholiques, et cependant afin que lesd. ecclésiastiques puissent faire leurs fonctions et
devoirs de leurs charges, leur bailheront logement sans que pour
raison de ce ilz soient tenuz de rien payer, leur faire inhibitions
et deffences de donner à l'advenir aulcun trouble ny empêchement ausd. ecclésiasticques. leurs fermiers, ageans ou procureurs
par eulx deputtés à la perception et jouissance de leurs fruictz
décimaulx et aultre revenus et esmolumens dépendantz de leursd.
benéfices, leur enjoindre d'iceux loger et administrer les vivres et
alimans nécessaires à leur entretien, leur bailher lieu et place
propre pour despicquer leurs gerbes, et pour leur assurance et
conservation de leurs personnes et desd. biens les mettre soubz la

protection et sauvegarde du roy, à peyne qu'en cas d'excès les consulz et scindicz desd. lieux seront tenuz d'en respondre à leur propre et privé nom; néantmoingz que dans ung brief dellai ilz payeront ausd. ecclésiastiques entièrement le pris et arrératges de leurs affermes et termes eschus avant les troubles et mouvemans derniers, et non eschus l'hors de lad. déclaration faicte par Sad. Majesté, et pour l'exécution de vosd. ordonnances commettre un de vosd. messieurs ou le premier magistrat ou juge royal requis sur le lieu.

Faugas. — S[ain]t-Privat.

(Arch. de la Haute-Garonne : Évêché de Rieux [1].)

———

VIII.

1625. — 12 Septembre.

Destruction des murs de Camarade.

Au mois d'août 1625, le maréchal de Thémines vint dans le pays de Foix pour réduire les huguenots. Au sujet de son expédition contre Camarade, de Lescazes s'exprime en ces termes : « Le dimanche der- « nier d'aoust [1625] les aproches des villes des Bordes et Sabarat « ayant esté heureusement faits par ladite armée, le lundy à minuit, « premier septembre audit an, le feu y fut mis par les habitans mes- « mes, qui se sauvèrent dans le Mas-d'Azil. Après laquelle fuite et « embrasement l'armée print sa route vers le chasteau de Camarade, « qui fut totalement démantelé, ruyné et razé, etc... [2] ». En quittant Camarade, le maréchal de Thémines s'en fut assiéger le Mas-d'Azil [3]. C'est lorsqu'il tenait le camp devant cette ville qu'il écrivit aux consuls des communautés mentionnées ci-après, pour leur demander d'aider à la démolition des fortifications de Camarade [4].

---

[1] Côte : « Requeste pour le scindic du diocèse de Rieux contre le scindic et « consuls de Saverdun, Le Carla, Les Bordes, Sabarat, le Mas-d'Azil, Camarade « et Gabre. »

[2] Voy. *Le mémorial historique* (1644), p. 147, de la réédition donnée par M. Félix Pasquier.

[3] Voy. *Journal du siège du Mas d'Azil, en 1625*, écrit par Jacques de Saint-Blancard et publié par M. Barrière-Flavy, dans le *Bulletin de la société ariégeoise*. t. IV, pp. 310 et suiv.

[4] Voy. *Les Huguenots en Comminges*, pp. 306-307. — *Bulletin de la société ariégeoise*, t. III, p. 282 : *Deux lettres de Louis XIII et du maréchal de Thémines* (1625-1629), publiées par M. Barrière-Flavy. — *Les Guerres de Religion dans le comté de Foix, sous Louis XIII*, par M. P.-Ant. Brun. *Ibid.*, t. V, p. 47.

Le marquis de Thémines, mareschal de France, lieutenant général pour le roy au gouvernement de Guienne et commandant son armée en Languedoc.

Il est enjoinct aux consuls des lieux mentionnés en l'estat cy attaché, de mander promptement, avec tous outilz, le nombre d'hommes qui leur est ordonné pour la desmolition du lieu de Camarade, temple et autres fortz des environs, par la direction du sieur Le Gardeur ou tel autre qu'il pourra mettre en son absence ou légitime empeschement, et qu'à cest effect, en cas de reffus ou remise, ils y seront constrainctz comme il est accoustumé pour les propres affaires de Sa Majesté; enjoinct à tous prévostz, huissiers et sergens de faire tous exploitz nécessaires.

Faict au camp devant le Mas d'Asilz, le 12ᵉ jour de septembre 1625.

        Par M.ᵈᵉ : Lacourt.   Thémines.

*
* *

Rolle des lieux qui fourniront les ouvriers pour la desmolition du fort de Camarade et autres des environs, au nombre porté par icelluy, adressé au sᵣ Le Gardeur, commissaire, par nous depputé en cest endroict :

Montjoy au diocèse de Rieux. . . .	VIII	hommes.
Tourtoze.	VI	—
Fabas	IV	—
Sainte-Croix	IV	—
Rimont	VI	—
Seix.	VI	—
Cerisolz.	VI	—
Bedeille.	IV	—
Castelnau-de-Durban.	VI	—
Alsen-La Bastide de Cerou	VI	—
Montesquieu	VI	—
Lescure (diocèse de Couserans) . . .	X	—

                          LXXII hommes.

                          Thémines.

(Archives de la Haute-Garonne : Évéché de Rieux.)

IX.

1626-1635.

ÉTAT DU DIOCÈSE DE RIEUX APRÈS LES GUERRES DE RELIGION.

Il est possible de juger de l'état pitoyable dans lequel se trouvaient bon nombre d'églises du diocèse de Rieux, après les guerres, par les procès-verbaux de visite de ces églises, documents précieux rédigés sur place en 1626, 1633, 1634 et 1635. Au cours de ces années, Jean-Louis de Bertier parcourut son malheureux diocèse et fit dresser journellement la relation circonstanciée de ce qu'il vit et entendit. En maints endroits il rencontrait des traces de la fureur des religionnaires : églises détruites, propriétés ecclésiastiques usurpées, cimetières profanés, cessation du culte en certaines paroisses, absence de divers bénéficiers à charge d'âmes que le danger avait mis en fuite, relâchement de plusieurs moines et recteurs qui, à la faveur des troubles, s'étaient dégagés de toute discipline, de leurs obligations même les plus strictes et achevaient, par leur vie scandaleuse, l'œuvre de désorganisation morale que les religionnaires avaient si fort avancée.

A la lecture des pièces dont nous produisons des extraits, on éprouve l'impression que c'en était fait alors du catholicisme en des parties relativement importantes du diocèse de Rieux. Des paroisses entières ont versé dans la Réforme. En 1633, on compte seulement quarante catholiques « petits ou grands » à Sabarat, quatorze ou quinze aux Bordes, trois ou quatre à Saint-Félix-des-Salenques. Il n'y a qu'un catholique dans la ville du Mas-d'Azil, les autres fidèles habitent la campagne. Si quelqu'un manifeste des velléités de conversion il s'expose à des vexations de village, toujours aisées à accomplir, souvent irritantes, il est outragé et risque d'être assassiné... M. de Bertier va, constatant le désastre et apportant de sages règlements. Il ne manifeste ni découragement, ni zèle indiscret. Son émotion ne se trahit qu'au Mas-d'Azil, quand il reproche, en « termes très aigres », aux consuls et habitants, leurs travaux du dimanche.

L'oppression des catholiques dans le diocèse de Rieux, constatée par Jean-Louis de Bertier, continuait sous son successeur. Elle explique les mesures répressives que celui-ci, Antoine-François de Bertier, préconisait dans un célèbre *Mémoire* adressé au Roi, en 1698, sur la conduite à tenir à l'égard des réformés.

*
* *

JUSTIGNAC. — « Nous avons vérifié l'église dudit lieu et treuvé « icelle desmolie, ce qui nous a esté attesté avoir esté faict par « les héréticques, il y a long temps, s'estans lors saisis et emparés « d'icelle, sauf ce qui auroit esté réservé pour servir de fort. » — (Visite du 20 octobre 1626, fol. 61.)

CAMPAGNE. — « Les habitans dud. lieu nous ont dict que lad. « esglise de la Magdelaine a esté bastie depuis vingt et trois ans, « l'esglise parrochielle dud. lieu estoit anciennement au bas, sur

« le chemin venant de Daumazan, dédiée à Saint-Martin, qui feust
« démolie il y a longtemps, pendant les guerres, et, dict-on, par
« les habitans mesme du lieu de peur que l'ennemi ne s'en saisit. »
— (Vis. du 19 oct. 1633, fol. 94.)

BORDES. — « Lad. esglise n'est qu'un apentif de trois canes de
« longueur et de dix huit pans de largeur, le toict d'icelle faict de
« meschant bois et ouvert de tous costés, elle est bastie sur le
« fonds de l'esglise ancienne, elle n'est point pavée. » Il n'y a que
quatorze ou quinze personnes catholiques distribuées en quatre
familles. — (Vis. du 19 oct. 1633, fol. 95.)

SABARAT. — « Nous aurions trouvé l'eglise ancienne toute
« ruinée, n'y ayant qu'un petit apentif et fort bas au fond des
« mazures de lad. esglise ancienne, où est encore le clocher pres-
« que tout entier, et n'ayant peu entrer dans led. apentif à cause
« que la porte estoit fermée et le curé absent depuis le commen-
« cement du mois de juillet, nous estions sur le point de nostre
« départ dud. lieu, lorsque la femme du premier consul catholique,
« nommé Pierre Daguain, nous envoya la clef avec laquelle nous
« ouvrismes la porte dud. apentif, et tout à l'heure serions entré
« dedans, où après nous aurions trouvé un autel bâti de caillous
« et de sable, avec une pierre au milieu par nous consacrée, non
« enchassée, sans nappes, ny devant. » On tient l'eau bénite dans
une écuelle posée dans une cavité formée contre la parois. Il n'y a
que quarante catholiques « petits ou grands » en cette paroisse. —
(Vis. du 19 oct. 1633, fol. 96.)

SAINT-FÉLIX DES SALENQUES. — Église « toute ruinée, sans
« aucun couvert, les murailles estant encore en estat pour les
« pouvoir soustenir; le curé nous ayant dict qu'elle avoit esté mise
« en ce piteux estat par les huguenaulx lors des premières guerres
« et qu'il n'y avoit aucun village présentement dans lad. paroisse,
« tous les paroissiens estants dispersés en diverses métairies, n'y
« ayant que trois ou quatre catholiques ». L'église de Saint-Félix
joint l'enclos des dames religieuses des Salenques, où tout est
ruiné. — (Ibid., fol. 97, 98.)

MÉRAS. — L'évêque ne trouve ni curé, ni vicaire. Il constate
que l'autel paroissial est érigé « dans la maison de Paul, Jean et
« Pierre Meras frères, il est en bois, au milieu une pierre sacrée

« enchâssée dans du bois, garnie de nappes devant, au dessus
« quelques images de papier. Led. lieu est fort indécent ». Non
loin on voit un terrain où « il y a un commencement de nouvelle
« esglise ». Tantôt le curé de Martignac, nommé Cortade, tantôt
Georges Seguin, prébendier de Rieux, viennent faire les offices à
Méras. — (Vis. du 21 oct. 1633, fol. 104, 105.)

Artigat. — L'église est « toute desmolie jusques aux fonde-
« ments pour avoir lad. esglise, pendant les troubles, esté occupée
« par ceux de la religion prétendue réformée, hors mis une petite
« voûte qu'il y a, où l'ancien grand autel est encore et où le
« recteur [Martin Delmas] nous a dict qu'il célèbre la sainte
« messe fort incommodément et indécemment ». — (Vis. du
5 nov. 1633, fol. 127.)

Lanoutz. — « Lad. esglise est toute ruynée, sans aucun
« couvert, ny ayant que les seules murailles auxquelles il y a
« mesme des ouvertures, ayant esté desmolie par les huguenots. »
— (Ibid., fol. 131.)

Castéras. — Église en ruine, mise en interdit : le service
religieux se fera dans la chapelle du château du seigneur du lieu.
— (Ibid., fol. 132.)

Paillès. — L'évêque dit la messe, le 6 novembre 1633, dans la
chapelle du château de Paillès et donne le sacrement de confirma-
tion à un grand nombre de personnes. Il voit la piscine baptis-
male transportée là « despuis le commencement des troubles
« à cause du voisinage du Carla, Mas d'Azil, Sabarat, Les Bordes
« et Artigat, lorsque les habitants dud. lieu d'Artigat estoient
« huguenots, ainsi que nous a esté tesmoigné par tous les habi-
« tants dud. lieu de Pailhès ». Précédemment, les « fonts
« baptismales » étaient dans l'église paroissiale, attestent les
paroissiens, et elles furent transférées au château « au commence-
« ment des troubles, pour craincte des huguenots circonvoisins ».
— (Vis. du 6 nov. 1633, fol. 133.)

Pujagou. — Le service religieux a cessé dans cette paroisse
depuis cinquante ans. C'est d'ailleurs un bénéfice « de si peu de
« revenu... ». L'église paroissiale fut démolie « par ceux de la
« R. P. R. des lieux de Savarat, Lesbordes, le Carlat « et autres
« circonvoisins. » Les paroissiens se sont joints aux habitants de

Monesplé pour les offices. — (Vis. du 7 nov. 1633, fol. 143.)

Monesplé. — Église « champêtre » et « en partie desman-
« telée ». Le couvert placé au-dessus de l'autel menace ruine,
point de pavé, ni de vitres, ni de châssis. — (Ibid., fol. 144.)

Saint-Martin d'Oydes. — Les huguenots prirent ce lieu en
1581. Ils détruisirent alors la chapelle dédiée à Notre-Dame,
formant la croix avec une autre chapelle parallèle de l'église
« en mesme perspective, de mesme grandeur » que la chapelle qui
reste. L'église fut rebâtie en 1592. — (Vis. du 8 nov. 1633,
fol. 149.)

N.-D. de Bessas, annexe de Durfort. — L'évêque, ne trouvant pas le recteur, entre dans cette église avec quelques habitants
Elle est « en très mauvais estat, sur le fonds d'icelle estant
« desmantelée de longueur de deux ou trois canes, la voulte du
« presbytère toute rompue et quy menace ruyne... » — (Ibid.,
fol. 153.)

Saint-Vincent de Couladère. — Église en mauvais état :
« La muraille du cœur du costé de la rivière de Garonne estant
« tombée et led. cœur tout à descouvert, et le reste des muralhes
« menassant ruine... » — (Ibid., fol. 168.)

Saint-Paul de Mornac, annexe d'Esperce. — L'église est la
« moytié toute descouverte... ». — (Vis. du 7 oct. 1634, fol. 254.)

N.-D. de Soulhe, annexe de Gaillac-Toulza. — Jean-Louis
de Bertier, voyant cette église « toute ruynée et descouverte »,
passe sans y accomplir de cérémonie religieuse. — (Ibid.,
fol. 255.) Pour ces derniers endroits la dévastation des édifices
n'est pas attribuée ici aux religionnaires; mais il faut éclairer ces
passages par l'*Enquête* de 1569.

Saint-Pierre de Mailholas. — « Église non pavée et dont
« le couvert, joignant le clocher, est fort ruiné ». — (Vis. du
18 oct. 1634, fol. 265.)

Batz, annexe de Latrappe. — A droite, en sortant du presby-
bytère (sanctuaire), l'évêque remarque une chapelle avec autel
dédié à la Vierge : « où il y avoit un imaige de pierre que les
« huguenots ont brisé, comme ils firent aussi celuy de Saint-
« Ferréol » patron de l'église. « Estant remarquable qu'un héré-
« tique ayant rompu le bras de l'image dud. saint et le faisant

« bruller, miraculeusement il deschira sa langue avec les deutz,
« ainsy que Peyronne Bouffartigues et Peyronne Gorse nous ont
« attesté. » — (Ibid., fol. 266.)

DRULHE. — L'église est « toute desmolie, ne restant que
« quelque peu de murailles du costé du grand autel. Elle est fort
« petite. Elle a esté ruynée par les huguenots de la ville de
« Saverdun, proche d'icelle ». — (Vis. du 20 nov. 1634, fol. 399.)

SAINT-RAYMOND DE BRIE. — Église « entièrement descouverte;
« mais les muralhes de chasque costé sont en estat, laquelle ruyne
« a esté faicte par les huguenots de la ville de Saverdun qui sont
« au voisinage. » — « Nous avons interrogé le scindic et parois-
« siens s'il y avoit aucun qui feust de la Rel. Pr. Ref., par
« lesquels, de commune voix, nous a esté dict qu'il n'y en a pas
« un, ny ne y a présentement aucun huguenot, quoy qu'ils soient
« proches voisins de ceux de Saverdun qui, pendant tous les trou-
« bles, faisoient tous les jours des courses dans led. lieu de Brie
« qui est un village ouvert, sans aucune closture, la plus part
« ayant esté contraincts de quicter leurs maisons, et que mesme
« leur seigneur temporel qui est le sieur de Madron est de la
« R. P. R. » — (Ibid., fol, 401.)

SAINT-JEAN DE MARLHIAC. — Le 20 novembre, visite de certaines reliques restituées jadis à cette église par Antoine Prim, en
son vivant recteur de Justignac. « Le tout baillé par led. feu
« Prim, recteur, qui disoit l'avoir retiré d'une femme qui servoit
« feu Jean Pigot, recteur de Marlhiac, lors de son décès à Durfort,
« lequel Pigot avoit retirées lesd. reliques dans sa maison pendant
« la guerre. » Les témoins affirment que ces reliques étaient à
Marlhiac « avant les troubles ». (Ibid., fol. 404.)

SAINT-FIACRE DE MONFA, ANNEXE DE CLERMONT. — Le 22 avril
1635, M. de Bertier constate que « le bastiment de lad. esglise
« est en très piteux estat, le toict plain de goûtières, les venes
« ouvertes, non pavée, ny lambrissée... » Il n'y a pas de clocher.
— (Ibid., fol. 416.)

SAINT-PAUL DE CLERMONT. — Église rebâtie sur l'emplacement
de l'ancienne, encore est-elle « fort ruynée, ny ayant qu'un petit
« apentif ». — (Vis. du 23 avril 1635, fol. 422.)

SAINT-JEAN-BAPTISTE DE LATOUR. — « La moytié de lad. église

« est couverte de tuille et fermée de muraille jusques au milieu,
« fors une porte qu'il y a pour y entrer, et le surplus est descou-
« vert, où sont les fonts baptismales toutes rompues... » — (Vis.
du 29 avril 1635, fol. 428.)

Saverdun. — L'évêque de Rieux arriva en cette ville le dimanche 19 novembre 1634, entre 5 et 6 heures du soir. On voyait à
ses côtés : M^res de Saint-Sivier, abbé de Saint-Sernin, chanoine et
archidiacre de Toulouse; Bernard d'Alies, chanoine et prévôt de
Rieux; Jean de Saint-Martin, recteur de Peyssies, substitut du
promoteur en l'officialité, et plusieurs autres ecclésiastiques.
Vinrent à sa rencontre, avec la croix : M^res Isaac Delaux, recteur
de Sainte-Colombe de Saverdun; Antoine Abadie, vicaire de
François Tissier, recteur de N.-D. de Saverdun; Bernard Rauly.
s^r de Valnègre; Jean Lesglize, Jean Mistou et Anthoine Pitorre,
tous quatre consuls, « avec grand nombre des principaux habi-
« tans » de la ville, tant catholiques que réformés. Après avoir
prié dans une chambre haute de l'hôpital, transformée en chapelle,
l'évêque passe du faubourg dans la ville proprement dite et se
retire en un logis qu'on lui a préparé chez la veuve Flassa. Le
20 novembre, M. de Bertier célèbre la messe « tout le peuple
« catholique n'estant pas encore arrivé, pour estre la plus part
« dispercé dans la juridiction dud. Saverdun qui est de grande
« estendue ». Il remet donc les cérémonies de la visite au lendemain 21, fête de Notre-Dame, patronne de l'église de Saverdun.
En ce jour il dit la messe vers 8 heures et exhorte le peuple à
« vivre et mourir en la religion catholique, apostolique, romaine,
« et service de nostre Roy et de continuer tousjours leurs vœux et
« leurs prières à Dieu pour la conversion des hérétiques et parti-
« culièrement de leurs concitoyens lesquels ils doivent tâcher de
« ramener au giron de l'eglise, tant par leurs dévotions, prêches
« et charités que vie exemplaire ». L'inspection des registres
paroissiaux prouve à Mr de Bertier qu'à Saverdun « le nombre
« des communians est d'environ six vingt [120] d'ordinaire, et
« qu'il y avoit grand nombre de petitz enfans et autres personnes
« catholiques de plusieurs lieux circonvoisins qui venoient ouyr la
« sainte messe aud. Saverdun ».

Le vicaire Antoine Abadie se plaint : « qu'au grand scandale

« des catholiques, ceux de la R. P. R. travaillent les jours de festes
« commandées par l'église et contenues dans le calendrier de
« nostre diocèse qui leur a esté signifié, ouvrent les boutiques et
« travaillent ouvertement dans la ville et à la campagne, et que
« les consuls catholiques ne leur donnent aucun empêchement ».
Le s^r de Valnègre et Jean Mistou, consuls, disent que sur deux
curés, l'un, François Tissier, ne fait aucun service « à cause de
« son indisposition ». Le vicaire le remplace de son mieux, « vivant
« sans reproche, ni escandalle ». Quant à Mre Isaac Delaux, recteur de Sainte-Colombe : « ils ne luy ont veu dire que quelques
« fois messe et jamais le prosne, loge ordinairement dans les
« cabarets et est un peu quereleux. » Ce recteur est encore accusé
d'avoir mal administré le blé des pauvres, etc. Nos consuls n'en
disent pas davantage, car ils ne veulent pas scandaliser les assis-
tants. En sortant de la salle, l'évêque visite, à main droite, une
chapelle dédiée à saint Joseph, « sans autel, ni fermure quelcon-
« que au devant, ayant esté le tout desmoli pendant les guerres ».

Il y a trois cimetières appartenant aux catholiques : « l'un en
« la ville haute joignant les masures qui restent de l'esglise
« Nostre-Dame, l'autre au devant de la porte du fauxbourg appellé
« de Sainte-Colombe, et le troisième hors la ville où sont encore
« les ruines de l'esglise de Saint-Prim, dans lesquels on enterre
« les corps de ceux de la R. P. R. » L'hôpital est aux protestants,
« à cause de ce, les catholiques y sont très mal receus et mal
« soignés ». L'évêque remarque des traces des dévastations huguenotes au cimetière de l'enclos des Augustins. Le monastère de ces
religieux « a esté desmoly par ceux de la R. P. R. ». Il y reste
« des vieilles marques tant du clocher que de l'enceinte des
« murailles ». Les réformés enterrent en ce lieu. Près de l'hôpital
s'élevait une maison, propriété des évêques de Rieux, les huguenots l'ont démolie.

En la ville haute de Saverdun, Mr de Bertier voit l'emplacement où « estoit anciennement bastie l'esglise N.-D. y ayant
« encore des marques du costé du grand autel et où estoit l'entrée
« de lad. esglise, la montée au degré, basti de bricques à chaux et
« sable, de l'un des clochers de lad. esglise, y en ayant eu trois. »
Cet édifice, détruit par les religionnaires, mesurait 18 canes en

longueur et 8 canes en largeur. Le presbytère (sanctuaire) mesurait 6 canes dans œuvre. Quatre chapelles s'ouvraient dans la nef
au midi et quatre au septentrion. La maison du recteur avait été
également abattue.

Au faubourg de Sainte-Colombe apparaissent les fondements de
l'ancienne église qui avait 12 canes en longueur et 7 canes en
largeur. Sur l'autre bord de l'Ariège s'élevait, avant les guerres,
l'église dédiée à Saint-Prim et à Saint-Clair : « N'y ayant rien à
« présent qu'une grande masse de ruines amoncelées et une
« enceinte de murailles faicte de bricque et cailloux, à chaux et
« sable, de la hauteur de 8 à 9 pams. » Cette église, anéantie par
les huguenots, formait autrefois un centre de dévotion populaire[1].
Antoine Abadie ajoute à ces renseignements : « qu'il y avoit
« encore plus avant dans la plaine une église dédiée à Saint-
« Quentin », au terroir d'Antenac, et deux annexes au delà de la
ville, en un lieu écarté, nommées Saint-Pierre de Monterson et

[1] Le vicaire A. Abadie, les consuls et les habitants catholiques du lieu
donnent à ce sujet à l'évêque d'intéressants détails : « Anciennement, il y avoit
« grande affluence de peuple en lad. esglise. le jour de la feste de St Prim et
« St Clair. laquelle tombe le premier jour du mois de juin, à cause des reliques
« de ces bienheureux saints qui reposoient en lad. esglise et lesquelles furent
« transportées. lors de la prinse de lad. ville. dans l'esglise Saint-Estienne
« d'Arbouville au bout du pont de Sainte-Gabelle, où elles sont de présent dans
« un petit coffre de cuivre esmaillé, et qu'à cause des miracles qui s'y faisoient
« journellement et la dévotion du peuple qui y accouroit de toutes parts, un de
« nos prédécesseurs evesques. — écrit M. de Bertier, — l'auroiet faicte sacrer
« pour la rendre plus célèbre. ce qu'ils nous auroient justifié par un billet de
« telle teneur. oultre la commune tradition : « L'an 1539 et le 21 del mes de
« novembre. en Savardu. la glisa de Sainct-Prim et Sainct-Clar forec sacrada
« per le Reverend Payre en Dieu mossur Eustache; abesque de Grâ (?), et en sa
« compaigna eran Mossur Bassou et Cailhelas et autres officiers. per Mossur de
« Rieux. et jo deios escriven era un des diagnes en lod. offici. — M. Ferris,
« cappella. » Ainsi signé. L'escriture duquel cartel on nous auroit asseuré estre
« de feu Me Michel Ferris. prebtre dud. Saverdun, par Me Estienne Martin,
« notaire et secrétaire de la ville et autres habitans.

« Nous auroit remonstré aussi led. Abadie et consuls qu'il y avoit ancienne-
« ment en lad. esglise de Saint-Prim un certain prebstre appelé l'*Escogola* de
« Saint-Prim, qui avoit la charge de sonner les cloches. servir et fournir le vin
« aux messes et gardoit l'esglise... » Les habitants souhaitent que les reliques
de saint Prim et de saint Clair leur soient rendues, et qu'en attendant la
reconstruction de l'église. grâce aux aumônes des fidèles, il soit permis de
chômer le 1er juin et de faire annuellement une procession. de N.-D. de
Saverdun à Saint-Prim. ce qui est accordé. — (Ibid.). Au sujet des scobolains,
escogola, voy. *Roquecille*. par M. l'abbé H. Duffaut.

Saint-Jean de Valnègre, « où il y a eu autrefois un couvent de
« religieuses de S᷑ Bernard ». Tous ces édifices religieux sont
actuellement détruits. L'annexe appelée de Baulies, terroir et
consulat de Sainte-Gabelle, a eu le même sort.

L'évêque ne manque pas de consigner dans ce procès-verbal si
instructif qu'un avocat huguenot, Isaac de Maysonade s'est appro-
prié les matériaux des murs de Saverdun : ces matériaux étaient
ceux de l'église N.-D. détruite par les religionnaires. Enfin visi-
tant le château bâti à l'aide de ces mêmes dépouilles, — dans
lequel M. de Maysonade et ses amis le reçoivent avec courtoisie,
— il remarque des pierres « sur lesquelles il y avoit des chérubins
« taillés en relief, et des naissances des arcades et cordons des
« voûtes, tant en pierre que bricque. » M. de Bertier prescrit la
restitution de tous ces objets volés afin de faciliter la reconstruction d'une église. Comme il achève sa visite, si suggestive, on en
conviendra, il apprend que les catholiques avaient érigé des croix
« à toutes les avenues et carrefours » de Saverdun, et que les
huguenots les ont enlevées. — (Ibid., fol. 322, 329.)

Mas-d'Azil. — C'est le 22 avril 1635 que l'évêque de Rieux
commença la visite de cette paroisse. Les religieux de l'abbaye et
les consuls lui offrirent leurs hommages ; mais Isaac Barricave,
deuxième consul, fut repris « de ce qu'en son discours il ne nous
« donnoit que la qualité de conseiller au Parlement de Toulouse
« et non d'évêque diocésain, en laquelle il semblait, par son
« discours, qu'il faisoit difficulté de nous recognoistre, de quoy il
« nous auroit fait ses excuses et se seroit expliqué, et à mesme
« temps M᷑ Jean Olier, ministre en lad. ville, accompagné de tous
« les anciens du consistoire, nous auroit aussy faict ses saluta-
« tions et offre de leurs services avec toute sorte de soubmission,
« tous lesquels nous aurions exhortés d'estre à l'advenir plus
« fidèles subiects et obéissans à leur prince qu'ils n'avoient esté
« par le passé, affin de mériter les grâces qu'ils reçoivent tous les
« jours de sa clémence, en obéissant à ses commandements portés
« par ses édits et déclarations, mesme en ce qui concerne l'obser-
« vation des festes qui sont contenues dans nostre calendrier, et
« pour le payement des dismes et droits deubs à l'Esglize, respect
« et honneur aux ecclésiastiques, et de n'uzer point de menaces

« et intimidations envers les nouveaux convertis en l'Esglize et
« ceux qui se veulent convertir, ainsy que nous avons appris
« qu'ils faisoient, et aud. ministre, en particulier, nous l'avons
« admonesté de se comporter sy discrètement en ses presches et
« ses actions, qu'il ne puisse pas donner subiect d'aucune
« plainte. »

Le 23 avril, M. de Bertier visite, à l'Hôtel-Dieu, « la salle
« haute », où l'exercice du culte catholique était comme rélégué.
Il demande pourquoi l'on n'y conserve pas la réserve du Saint-
Sacrement. Le recteur répond qu'il agit ainsi « tant pour le
« deffaut de tabernacle que pour l'appréhension qu'il n'arrivast
« quelque accident, lad. salle estans ouverte de tous côtés et dans
« une ville où tous les habitans sont de la R. P. R., et que d'ail-
« leurs les pauvres logent dessoubz le plancher de lad. salle
« ouvert en plusieurs endroits, et que lesd. pauvres et autres
« habitants malicieusement font de grandz bruictz pour troubler
« le service, mesme allument des feux qui jettent des fumées
« puantes et infectent lad. salle. Sur quoy frère Belot, religieux
« et supérieur audit monastère, nous auroit supplié de considérer
« l'estat pitoyable auquel ils sont réduictz, les incommodités qu'ilz
« reçoivent, et les indécences que nous voyons estre en la célébra-
« tion des divins offices... » La réédification du monastère, des
lieux réguliers, de l'église, s'impose. Le prélat est prié d'agir sur
l'abbé commendataire pour l'obtenir de lui. La sacristie possède
un seul calice, et il est en étain. On compte en tout cent trois
communiants, tous de la campagne. Il y a un seul habitant de la
ville qui communie; mais il « reçoit tous les jours des mauvais
« traitements » de la part des réformés « en haine de sa conver-
« sion ». La mission, confiée à deux capucins, au Mas-d'Azil,
depuis quatre ou cinq ans, pour la conversion des hérétiques, « n'a
« faict aucun fruict ». Les huguenots en prennent même occasion
de menacer, tous les jours, ceux qui manifestent un désir de
conversion.

L'évêque parcourt l'emplacement qu'occupait le monastère bénédictin du Mas-d'Azil, détruit par les religionnaires. Il y voit de
« vieilles mazures » et juge que l'abbaye était vaste, « de très
« grande estendue ». Il aperçoit la trace des églises et lieux régu-

liers. Il défend aux huguenots d'ensevelir les leurs dans l'ancien cimetière catholique. Entré dans le temple des réformés, il voit « un grand vaisseau bien basty et propre pour en faire une « esglize, lequel temple a esté basty, comme il y a force apparence, « sur le fonds d'icelle ». Les religieux observent que si leur monastère est reconstruit un jour, ce voisinage leur causera « de « très grandes incommodités ». Ils avouent que, logeant en pension en des maisons particulières, ils ne peuvent vivre comme vrais religieux « pour n'avoir ny esglize, ny cloistre, ny dortoir, ny « réfectoir, ny chappitre, ny aucun lieu régulier, ny mesmes pour « n'estre payés entièrement de leurs pensions monachales... » Le huguenot M. de Gotti est procureur de l'abbé : on croit que lui et frère Grilhou, prieur claustral, — tous deux vivent en bonne intelligence, — se sont absentés dès qu'ils ont connu la prochaine venue du prélat. Grilhou et Gotti, par leurs artifices et aux dépens des revenus de l'abbaye, donnent « de grands empesche- « mentz à l'advancement et progrès de la religion catholique en « lad. ville, paroisse et lieux dépendant de lad. abbaye. »

Au Mas-d'Azil, comme à Saverdun, les huguenots « travaillent « tous les jours de festes chomables de l'année, et bien souvent les « dimanches : sur quoy, dit Mr de Bertier, nous aurions faict des « remontrances très aigres ausd. consuls et habitants... ».

Comme dernière observation, notre évêque relate qu'au sortir de la ville il avait vu « quantité de bouletz de canou enchassés dans « une murailhe pour marque perpétuelle du siège qu'ilz avoient « fait lever, de l'armée du Roy commandée par feu M^r le mares- « chal de Thémines, ce qui nous avoit esté dict et assuré par « plusieurs avoir esté faict à ce dessain en l'année 1625 ». — (Ibid. fol. 418-420.)

(Arch. de la Haute-Garonne : *Visites* de l'évêché de Rieux [1]).

---

[1] Dans une requête non datée, mais qui est des dernières années du seizième siècle, Bernard Ferréol, prêtre, recteur d'Auribail, disait à l'évêque de Rieux, que la paroisse d'Auribail est un lieu « pouvre, ayans esté ruynés lesd. habitans « par le moyen des troubles et guerres passées, partie du terroir demeure incult, « herme, et sans estre labouré, estant oultre ce de petite estandue ». — (Arch. de la Haute-Garonne : évêché de Rieux, L 41.)

X.

1629. — 12 JUIN.

CONTRIBUTION DU DIOCÈSE DE RIEUX AU « DÉGAT ».

En 1628 les troupes royales dévastèrent les récoltes sur les territoires des communautés huguenotes de Mazères et de Saverdun [1]. Pareil châtiment fut infligé, l'année suivante, aux huguenots du comté de Foix. Le roi chargea Adrien de Monluc, comte de Carmaing (ou de Caraman), de l'application de cette odieuse mesure à laquelle le diocèse de Rieux eut à contribuer de ses deniers. Voici en quels termes Louis XIII en informait l'évêque de Rieux, par lettre datée du camp devant Alais, le 12 juin 1629.

Monsr l'Evesque de Rieux. — Puisque les rebelles persistent avec tant d'opiniastreté en leur rebellion, il est juste de continuer à leur donner les chastiments qu'ils méritent afin que les ayants réduits par force à l'obéissance qu'ils me doivent, mes bons et fidelles subiects puissent jouir d'un ferme et asseuré repos.

Vous sçavez sans doubte comme je m'employe en personne à ce dessein en ces quartiers de deça, sans avoir esgard aux peines et aux périls qui s'y rencontrent puisqu'il y va du bien de mon royaume. Et d'autant que j'ay jugé important, pendant que je suis occuppé à nettoyer ce pays des Sevennes, de ne perdre pas l'occasion de faire faire le dégast des bleds, vins et autres fruicts ès environs et proche des autres villes rebelles, j'ay ordonné au comte de Carmaing, conseiller en mon Conseil d'Estat, cappitaine de cent hommes d'armes de mes ordonnances, séneschal et gouverneur de mon pays et comté de Foix, de faire le dégast devant les villes rebelles dud. comté, et pour ces effects de mettre son régiment à mil hommes, et sa compagnie de gendarmes à cent.

Et d'autant que je ne puis fournir à la despence nécessaire pour la subsistance desd. trouppes durant led. dégast à cause de celle que je suis obligé de supporter pour l'entretènement [de mes] armées, j'ay advisé de la faire porter à mes subiects des diocèses de Pamiez, Rieux, Mirepoix et Couserans ainsy qu'il fut faict

---

[1] « ... Le dégast ayant esté derechef ordonné par le seigneur comte de Carmaing contre les rebelles de Mazères et de Saverdun, le 10 juillet, en la mesme année 1628... » — Voy. *Le Mémorial historique*. p. 161. — Cf. : *Histoire de la ville et de la châtellenie de Saverdun*, par M. BARRIÈRE-FLAVY, p. 145.

l'année dernière, vous faisant cette lettre pour vous dire que vous ayez à contribuer ce qui dépendra de vous pour cet effet, ainsy que led. comte de Carmaing vous dira plus particulièrement de ma part, vous assurant que le service que me rendrez en ce subiect me sera en particulière recommandation.

Sur ce je prie Dieu, Monsr l'évesque de Rieux, vous avoir en sa sainte garde.

Escrit au camp devant Alets, ce XIIe juin 1629.

LOUIS.

BOUTHILLIER.

[Adresse] : *A Monsr l'Evesque de Rieux.*

[Cote] : Lettre du roy pour les dégats des fruicts des rebelles du comté de Foix.

(Arch. de la Haute-Garonne : Évêché de Rieux.)

XI.

1633-1636.

LETTRES RELATIVES AUX FORTIFICATIONS DE MAZÈRES, DU CARLA ET DU MAZ-D'AZIL.

Le « démantellement » de ces places fortes s'est effectué à l'instigation de Jean-Louis de Bertier, évêque de Rieux (1620-1657). On verra, par la cinquième de ces missives, à quel point le prélat tenait à la complète destruction des murailles à l'abri desquelles les huguenots de son diocèse avaient longtemps tenu en échec les édits du Roi et les arrêts de son Parlement.

1° — LETTRE DU DUC DE LA VRILLIÈRE A L'ÉVÊQUE DE RIEUX.

Monsieur, par la lettre qu'il vous a pleu m'escrire et qui est sans datte, je vois que vous souhaitteriez que Le Carla et le Mas d'Azil fussent aussy bien desmolis que Saverdun ; mais pour y faire prendre résolution il seroit nécessaire que vous nous fissiez sçavoir quelles desmolitions il y a à faire en ces deux places, affin qu'en suitte je vous peusse mander ce qui sera de l'intention du Roy pour la faire executter.

J'attendray donc sur ce point-là l'esclaircissement qu'il vous plaira m'en donner.

Celuy qui m'a rendu vostre lettre ne m'a faict veoir aucuns actes ny *mémoires* concernant le partage survenu à la chambre touschant l'eslection du cinquiesme consul de Saverdun qui doibt estre catholique. Lorsque l'on me les apportera, je les feray considérer et verray, avecq M. le Garde des sceaulx, le remède qu'il fauldra apporter pour vuider led. partage et faire executter, en ce rencontre, la déclaration de Sa Majesté sur le faict des consulatz.

Cependant, je vous supplie de croire qu'aux affaires qui regarderont le bien général de votre diocèze je tiendray à contentement de vous y tesmoigner que je suis, Monsieur, vostre très humble serviteur.

La Vrillière.

De Forges, ce xxvie juin 1633.
A M. l'Évesque de Rieux.

2° — Lettre de Beljambe a l'évêque de Rieux.

Monsieur. — J'ay receu par cet ordinaire une commission pour faire razer toutes les murailles et fortifications qui peuvent rester ès villes de Mazères, du Mas et du Carla, et parce que Monsr de La Vrillière me mande que cette résolution a esté prise au Conseil sur la poursuitte que vous en avez faict, j'ay estimé vous en devoir donner advis afin de prendre les ordres qu'il vous plaira me prescrire sachant que vous cognoissez ces lieux-là, et que vostre bien en est proche, vous assurant qu'en cette occasion et en toutes autres je ne manquerai jamais de vous tesmoigner avec combien de passion et de fidélité je désire vous demeurer pour jamais, Monsieur, vostre très humble et très affectionné serviteur.

Le Maistre Beljambe.

Je vous envoie coppie de la commission en attendant que nous aions l'honneur de vous veoir.

A Tersac, ce iie juillet 1633.
A M^r M^r l'Evesque de Rieux, à Tolose.

3°. — Autre lettre de M. de La Vrillière a l'évêque de Rieux.

Monsieur. — J'ay envoyé à MM. Miron et Le Camus les ordres nécessaires pour la desmolition entière des murailles du Mas d'Azil et du Carla[1] et comme je veux croire qu'ils les feront exécuter avec tout le soing et la dilligence que le bien du service du Roy et le repos de ses sujets le requièrent, aussi ne doubté-je nullement que vous n'apportiez tout ce qui sera de vous pour en tirer l'avantage que vous vous en estes promis et que l'on attend de vostre piété et de vostre vigilance pour l'avancement de la gloire de Dieu et l'édification de ces peuples-là. N'ayant que ce mesme but de nostre costé, vous pourrez juger par cette résolution que j'ay fait prendre, selon vostre désir, que nous n'y perdrons poinct le temps.

Quant aux murailles de Mazères l'on a voullu, pour certaines considérations, demeurer dans la délibération qui avoit esté cy-devant prise d'en excepter dix ou douze pans afin qu'elles peussent servir seulement de closture, qui est tout ce que j'ay à vous dire en responce à la lettre du 14 de ce moys qu'il vous a pleu m'escrire sur ce sujet.

Le Roy fait sçavoir à Monsr le duc d'Aluyn le bon succès qu'il a eu du siège de cette ville que M^r le duc de Lorraine a mieux aymé remettre en dépost entre ses mains, par un traicté, que d'en hazarder la perte, aussi bien que de ses autres estatz, par la continuation de la guerre. De quoy il y a d'autant plus de sujet de louer Dieu que c'est un avantage pour la France le plus grand que se pouvoit désirer, et parce que M^r le duc d'Alluin ne manquera pas d'en informer de là les bons serviteurs de Sa Majesté comme vous, je m'en remettray sur luy et vous prieray de me croire, Monsieur, vostre très humble et affectionné serviteur.

LA VRILLIÈRE.

A Nancy, le 28 septembre 1633.

A M^r M^r l'Evesque de Rieux, en Languedoc.

4°. — NOUVELLE MISSIVE DE M. DE LA VRILLIÈRE

A L'ÉVÊQUE DE RIEUX.

Monsieur. — J'ay receu la lettre qu'il vous a pleu m'escrire du

---

[1] L'entrepreneur des travaux de démolition « des murailles et fortiffications « de la ville du Carla » fut payé, selon les conditions du bail, 2.300 liv. L'ingénieur, nommé Valenot, reçut 100 liv. Au préalable on avait placé des affiches concernant cette besogne, dans les villes et villages, à six lieues à la ronde. — La dépense totale monta à 4.500 liv. (Décision des commissaires vérificateurs : 11 juillet 1634.)

viᵉ du passé touchant la desmolition des murailles du Mas d'Azil.

Je ne doubte pas que les habitans ne fussent bien aises que l'on changeast les ordres qui ont esté donnez sur ce suiect, ou du moins que l'exécution en fust remise à un autre temps sur l'espérance qu'ils auroient d'y recevoir quelque grâce. Mais touttes les instances qu'ilz en pourroient faire, je vous asseureray tousiours qu'il ne leur sera rien accordé comme je croy vous l'avoir mandé. Cependant j'ay escrit par le dernier courrier de Montpellier à M. d'Alluin qu'il face partir M. de Montagne, à qui il a donné la commission de ce travail, pour y vacquer sans remise quelconque. A quoy j'estime qu'il satisfèra puisque le service du roy requiert que la chose ne soit plus différée, quelque prétexte que l'on voullust alléguer.

Je vous supplie me faire la faveur de me croire, Monsieur, vostre très humble et affectionné serviteur.

La Vrillière.

A Paris, ce 6ᵉ juillet 1636.

A Mʳ Mʳ l'evesque de Rieux, consʳ du Roy en son Conseil d'Estat.

5ᵗ. — Lettre du duc d'Alluin a l'évêque de Rieux[1].

Monsieur. — Je me suis endurcy le cœur pour l'amour de vous et malgré Mʳ de Miron, qui m'a allégué mille exemples, je vous envoie les ordres pour la démolition tels que vous les désirés, sauf aux intéressés à avoir recours sur la communauté. Cela estoit néantmoins, en quelque façon, considérable et il y a quelque compassion si ces gens perdent tout ce qu'ils ont au monde en perdant leurs maisons. Je vous supplie donc d'y faire pourvoir et de leur ouvrir les expédiens pour cela et de me croire, Monsieur, vostre plus humble et plus affectionné serviteur.

A Bésiers, ce xiᵉ juillet 1636.   Schomberg.

A Monsieur, Monsieur l'Evesque de Rieux.

[Cote] : Lettre de Monsieur le duc, du 11ᵉ juillet 1636, et aultres, pour la démolition des murailles du Mas d'Azilz.

(Arch. de la Haute-Garonne : Évéché de Rieux.)

---

[1] Charles de Schomberg, duc d'Alluin par sa femme, gouverneur de Languedoc, maréchal de France en 1637, mort en 1656.

XII.

1635. — 26 AVRIL.

INJONCTION DE L'ÉVÊQUE DE RIEUX AUX RECTEURS DE SON DIOCÈSE, RELATIVEMENT A LA RÉSIDENCE.

Cette injonction, basée sur les principes du droit canonique, est, en outre, motivée par « la continuation des conversions qui se font jour- « nellement... ». — Il sera de nouveau question dans le présent travail des abjurations de huguenots dans le diocèse de Rieux.

Jean-Louis de Bertier, evesque de Rieux..., etc... Comme ce jourd'hui datte des présentes, en nostre assemblée synodale, à la réquisition du promoteur en nostre diocèse, lecture ayant esté faicte du décret du sainct Concile de Trente et de nostre ordonnance sur la résidence que les curés doibvent actuellement faire à leurs paroisses, nous avons loué plusieurs desd. curés présens, résidans effectuèlement à leurs cures suivant le debvoir de leurs charges, remonstré à l'assemblée le bien et utilité que leur présence a apporté à leurs paroissiens et l'eedification qu'ilz en reçoivent, et avons enjoinct à tous les recteurs de nostredict diocèze, suivant les saincts décrets et nos ordonnances tant synodales que de visite, de faire résidence actuelle sur leurs cures, sur les peynes y contenues, singulièrement aux lieux occuppés par ceux de la religion prétendue réformée de Saverdun, le Carla, Sabarat, les Bordes, le Mas d'Azil, Camarade, pour que par ce moyen l'Église soict augmentée, la foy exaltée, et que la continuation des conversions qui se font journellement dans lesd. lieux ne soict arrestée par le deffaut des pasteurs, et précisément aud. curé de Sabarat, attendant qu'il soict promeu à l'ordre de prestrise, nous luy avons enjoinct de faire servir lad. cure...

Donné à Rieux, dans nostre palais épiscopal, le 26ᵉ jour du mois d'avril 1635.

(Arch. de la Haute-Garonne : Évêché de Rieux.)

XIII.

1636. — 5 MAI.

PROCÈS-VERBAL DE VISITE DE LA PAROISSE DE SABARAT.

Dans cette pièce, M. de Guilhem, recteur des Bordes, rend compte à
M. de Bertier, évêque de Rieux, de l'état dans lequel il a trouvé, le
27 avril précédent, la paroisse de Sabarat visitée par lui à titre de
commissaire.

✝ L'an 1636 et le 27me apvril passé, conformément aux mémoires qui m'avoient esté baillés par le commandement et ordre de
Monseigneur de Rieux, le 22me dud. mois auquel il tint son synode,
je me serois transporté au lieu de Sabarat, où estant, j'y aurois
rencontré m^{re} Jean Verdaud, vicaire dud. lieu, auquel j'aurois
demandé s'il estoit approuvé par mond. seigneur. Il m'auroit
respondu qu'il l'avoit esté verbalement à Rieux par led. seigneur
quelques jours après saint Luc et le jour que M^r le régent de
Rieux fit une harangue dans la maison de ville, à laquelle mond.
seigneur avoit acisté, et en s'en allant dans la maison épiscopale
luy auroict donné le pouvoir de servir lad. cure, et luy ayant
demandé où estoit M^r le curé, me respondit estre à Tholose poursuivant ses estudes. A suite luy aurois demandé le nom des catholiques, lesquels il m'auroit porté au lieu des Bordes dans ung
papier qui contenoit le nombre suivant :

Catholiques de Sabarat.

1   Premièrement Pierre Dagaing, maistre tisseran.

5   Plus maistre Pol Rosaud, peignier, avec sa femme et trois
      enfans.

5   Plus Jean Loup, fornier, avec sa femme, ung enfant et deux
      filles.

1   Plus Guilhelme Barbuillère, femme vefve.

______

12

______

A la Tour Sardane.

9   Estienne Pelata, avec une femme vefve, sa parente, et trois
      enfans desquelz l'un, nommé Iean Pelata, est marié avec
      Françoise Barthe, lequel Iean Pelata a trois enfans.

Au masage de Coutele.

5   François Nogué et Madaleine Benete, sa femme, et trois
      enfans.

4   Raymond Nogué, frère dud. François, avec sa femme et ses
      deux enfans.

A Molères.

5   Manaud Vila, avec sa femme, deux enfans aagés et une fille
      desia grande.

4   Anthoyne de Vila, frère dud. Manaud, avec sa femme et
      deux filles.

4   Pol Calvet, consul à présent, avec sa femme et ses deux filles.

A Mourilhou.

2   Pierre del Riu avec sa femme.

5   Bertrand Pelata, consul à présent, avec sa femme et trois
      enfans.

____

38

Pareillement led. jour 27me je serois allé à l'église dud. lieu, à
laquelle on n'a faict autre réparation que seulement recouvrir et
la fermer. Le cemetière n'est poinct fermé et dans iceluy tant les
corps des huguenotz que des catholiques sont pesle mesle ensep-
velis, et mesme au devant la porte de lad. eglise le ministre dud.
Sabarat avoict faict fraîchement ensevelir ung de ses enfans, et
me feust dit qu'on avoict faict deffenses aux huguenotz d'y faire
ensevelir aucun de leurs mortz, à quoy ilz ont refusé d'obéir, ains
sans faire aucun cas de lad. deffense continuent, à tous rencontres,
d'y ensepvelir ceux qui meurent parmy eux.

Finalement j'aurois demandé, par diverses fois, aux catholiques
dud. lieu s'ils estoient bien servis et si on les faisoit passer sans
messe aucun dimanche ny feste. Il me feust respondu que led.
Verdaud, vicaire, y estoit fort assideu et ne manquoit poinct de
satisfaire à son devoir. Après, me serois disposé à mettre tout ce
dessus par escript et le signer de ma main pour le remettre entre
les mains de mond. seigneur afin de luy tesmoigner, avec tout
respect, l'obéissance que je luy doibz.

Faict aux Bordes, le 5e jour du mois de may 1636.

De GUILHEM.

[Cote] : Procès-verbal de Guilhem, recteur des Bordes, 1636.
— Pour l'estat de l'eglise de Sabarat : nombre des catholiques. —
Cimetière. — Service. — Les limites [de la paroisse] manquent.

(Arch. de la Haute-Garonne : Évêché de Rieux.)

XIV.

1664. — 15 Novembre.

La paroisse du Mas-d'Azil de 1630 a 1664.

L'état dans lequel se trouvait le Mas-d'Azil après les guerres de
religion a été fidèlement exposé par M. l'abbé David Cau-Durban
dans son livre *L'Abbaye du Mas-d'Azil*[1]. Cependant le *Mémoire*
dressé sur ce sujet par le recteur de la paroisse et envoyé à l'évêque
de Rieux, Antoine-François de Bertier (1657-1705), ajoute à cette
chronique quelques traits nouveaux. Si l'on compare les documents,
cités par l'historien de l'abbaye, avec le rapport qui suit, on consta-
tera que le recteur du Mas n'a pas outré les choses.

Mémoires à Mgr de Rieux contre ceux de la R. P. R. du Mas d'Azil
despuis l'année 1630.

Premièrement, Mgr sçaura comme les ecclésiastiques furent
restablis au Mas par le bénéfice de la paix en l'année 1630. Feu
Mgr Jean-Louis de Bertier, d'heureuse mémoire, évesque de Rieux,
plain de zelle, il fist touttes les choses imaginables pour faire les
consuls mi-partis, et vint aud. Mas pour ce subiect accompagné
de feu Mr de Senaux, conseiller en la Cour et commissaire député
d'icelle, et voulant procéder à l'élection consulaire, les huguenots
firent les quatre consuls comme ils voulsirent et se moquèrent de
lui. Néanmoings mond. s^{gr} et led. commissaire esleurent deux
consulz catholiques pour le premier et troisième rang, sçavoir le
capitaine Casse de Castelnau, bientenant, et François Gousy,
comme appert par l'*Ordonnance* que j'ay en main. Ceux de la
religion vouloient emprisonner lesd. consulz catholiques sans que
Mr de Durban, lieutenant du Roy, dans la province, s'y trouve et
les fist promener par toutte la ville, moy les accompaigniant.

En l'année 1632 et le 10e jour d'apvril, Mes Nicolas de
Rabaudy, conseiller en la Cour, servant à la chambre de Castres,
et Samuel de Scourbiac, aussy conseiller en lad. chambre, furent
depputés de la part de Sa Majesté pour establir le Conseil my

[1] Voy. *op. cit.*, pp. 44-48.

party, comme il appert par le *verbal* que j'ay en [mon] pouvoir[1]. Ils défendirent par iceluy de prendre chose quelconque sur les catholiques : tant s'en fault, qu'ilz n'en veulent jamais observer les termes et clauses dud. *verbal;* ains au contraire ilz nous ont tousiours obligés par pure tirannie de contribuer aux gages de leurs ministres, diacres et frais de leur académie, non obstant plusieurs actes que je leur ay faicts jusques à présent que par mon adresse j'ay fait en sorte que François Duros, mon nepveu, ayt esté consul, quy est intelligent, non obstant la ligue de certains catholiques qui estoient d'intelligence avec Bourdin, soy disant ministre, pour empêcher qu'il ne feut pas esleu consul.

Au surplus le s[r] de Montaigne, conseiller du Roy et magistrat au siège de Montpellier, en l'année 1636 et le 10e de septembre, estant commissaire de la part de sa dicte Majesté, pour la desmolition des murailles dud. Mas, il y avoit une cloche à une tour proche de l'hospital où l'on faict le divin service, il ordonna qu'elle seroit baillée au s[r] Grilhou, prieur du chapitre du Mas ou au curé. J'ay recouvré lad. ordonnance que j'ay en mon pouvoir.

Davantage, ceux de la religion ayant demandé à Mr de Saint-Papoul[2], alors abbé du Mas, les luiets[3] pour les pauvres, et qu'ils ne paieront point ausmones pour les peauvres, il leur accorda, et despuis ilz ont jouy au nom de leur consistoire, chose inouïe en France, brefz ilz ont fait ce que bon leur a semblé.

Item, le ministre Bourdin tient une maison que la ville luy a bailhé quitte de tailhes, quy est obit[4]. Il fault que ceux de la

---

[1] Voy. *Coppie du procès-verbal de l'eslection consulaire et conseil politique my party de la ville du Mas-d'Azil pour la présente année 1632.* (Arch. de la Haute-Garonne : Évêché de Rieux.) Les commissaires, après avoir présidé à l'élection des consuls et conseils mi-partis à Montauban, Milhau, Mazères et Saverdun, arrivèrent au Mas-d'Azil, le 17 avril, à midi, accompagnés de « Mr Roux, huissier, de nos clercqs, de nos deux valets de chambre, tous sept à « cheval, et de trois valets de pied. » Ils furent reçus très poliment, les consuls huguenots et un grand nombre d'habitants vinrent leur adresser « les compli-« mans acoutumés » et y ajoutèrent « leurs protestations de la très humble « soumission et fidelle obéyssance qu'ils désirent rendre à Sa Majesté, etc... » Il paraît que la suite ne répondit pas à de si heureux commencements.

[2] Jean de Montpezat de Carbon.

[3] Petits cierges offerts à l'officiant dans diverses cérémonies, notamment aux funérailles. On donne parfois à ces *luiets* le nom d'*alleluia* et de *bourdons*.

[4] C'est-à-dire hypothéquée de rente pour service obituaire.

religion fassent paroistre le pouvoir qu'ilz ont, et moy il m'a faleu loger comme j'ay peu, à 50 liv. par an pour me loger.

Davantage, feu François Goty obtint par surprise et par son adresse, du Roy, de vendre les fossés de la ville, et nottamment ceux de l'abbaïe parce que le couvent estoit baty sur les murailhes de lad. ville et à la sortie. Il y a un fondz notable quy a esté aliéné pour le temporel, pour peu de chose, et quy est grandement considérable.

Il fault remarquer qu'il y a des gens et principalement un religieux de l'abbaïe, nommé de Lamote, nepveu de feu M^r d'Auxilion, conseiller en la Cour de Tholose, qu'après le siège ils firent tomber le cloché de l'abbaïe auquel il y avoit une cloche quy appartenoit au chapitre, laquelle Louis Gouttes, appoticaire, un nommé Gassis et Jasion Durieu, dit Nonnet, se la partagèrent.

Ainsin il est très important de procurer à régler le conseil my party quy est de 48 à 24, ou bien faire les consulz tous catholiques car autrement nous sommes esclaves.

Tout ce dessus contient la pure vérité.

Fait au Mas, le 15 novembre 1664.

*
* *

Davantage, les mess^{rs} de la religion ont bâty sur les murailles du Roy, despuis la démolition quy feust faicte par led. Montagne, et ont fermé la ville, hors des portes quy n'ont pas ozé les mestre en estat.

Item ilz ont basty deux fortaresses l'une au bout de la ville, et une autre à une porte du chemin de La Bastide de Serou, et un autre fort d'un moulin quy est au s^r Goty qu'est le passage de toutte la montagne. Brefz, ceux de la religion, il a trois ans ou environ, pendant le consulat du s^r Montaleou, ilz vendirent un jardin qui appartenoit à l'hospital, faisant accroire qu'ilz n'en tiroient rien et par conséquent qu'il le falloit vendre et mestre l'argent aux inthérests, lequel jardin feust vendeu à un nommé s^r Sentenac à la somme de 80 livr., et ont mangé icelluy argeant sans en avoir rendeu aucun compte.

(Arch. de la Haute-Garonne : Évéché de Rieux.)

XV.

1665. — 6 MAI.

LETTRE DU RECTEUR D'ARTIGAT A L'ÉVÊQUE DE RIEUX.

Plaintes du recteur contre certains huguenots qui essaient de suborner
une fille catholique de la paroisse d'Artigat.

A Artigat, ce 6 may 1665.

Monseigneur. — Marie Sicrez, fille à feu Jean Sicrez, catho-
licque et apostolicque romain, habitant d'Artigat, estant tirée
d'entre les mains de Pierre Sicrez, aussi catholique, habitant
d'Artigat, et mise entre les mains d'un certain cordonnier nommé
Bourbon, du Carla, hérétique, son oncle du costé de sa mère,
lequel quoyqu'il eust promis de ne faire aller au presche ladite
Marie, néantmoins du despuis qu'elle a esté chés led. Bourbon
elle feust contrainte d'aller au presche et mener vie calviniste. Et
qui plus est ledict Bourbon veult la marier avec un huguenot, ce
que led. Pierre Sicrez, frère du père de lad. Marie vouldroit
empescher veu qu'elle a esté baptizée à l'esglise et vesqueu
environ dix ou douze ans en icelle, en bonne catholique, et ne le
pouvant faire sans vostre secours, m'a prié de vous escrire pour
vous très humblement prier, comme je fais du plus proffond de
mon cœur, d'y donner remède, car il est trop faible pour le pouvoir
empescher estant un pauvre et simple charpentier qui attend vos
ordres et assistences nécessaires pour faire les inhibitions au
ministre du Carla, ou aultres, et agir comme il doibt contre ledict
Bourbon sur ce subject, et ledict Sicrez priera Dieu pour vostre
prospérité et santé, et la fille aussy, estant par vostre moyen
remise au giron de l'Esglise, et je joindray mes prières aux leurs
et seray avec respect, Monseigneur, vostre très humble et très
obéissant serviteur.

DARBIEU, *prebstre indigne, recteur d'Artigat.*

Adresse : ✝ Artigat. — A Mgr, Mgr l'Illustrissime et Révérendissime Evesque de Rieux, ou à Monsieur Mulatier, vicaire
général.

(Arch. de la Haute-Garonne : Évêché de Rieux.)

XVI.

1665. — 3 juin.

Protestation du recteur de Camarade contre les ministres de la R. P. R.

Il s'agit ici d'un de ces cas, trop nombreux, de catholiques subornés par les huguenots qui les attiraient à la réforme. Mille occasions et mille prétextes favorisaient ce genre de prosélytisme dans les accointances journalières de la vie de village. Le roi avait essayé d'y pourvoir par ses édits ; mais les recteurs eurent fort à faire pour empêcher qu'on n'abusât des simples et des ignorants.

✝ L'an 1665 et le 3ᵐᵉ jour du mois d'avril, après midi, dans la ville du Mas d'Azil... auroit comparcu personnellement Mᵉ Jacques Labrunie, prebtre et recteur de Camarade, quy a dict estre venu à sa notice que Magdaleine Dupred, procréée de parents catholiques et ayant tousjours vescu dans la religion catholique, appostolique, romaine, jusques à maintenant aud. lieu de Camarade, qu'auroit esté séduitte et subornée soubs prétexte de mariage que ses séducteurs préthendent qu'elle contracte avec un nommé Jean Vergé, du masage de *las Molos*, juridiction dud. Camarade, faisant profession de la religion prétendue réformée, et que pour venir à bout de leur dessein ils l'auroient engagée à tenir un enfant à baptesme dans le temple du Mas d'Azil où elle auroit esté encore subornée par le ministre qui baptisa l'enfant, le 25ᵐᵉ du moys de mars dernier, et d'autant que ces entreprises et façons de suborner les catholiques choquent les éditz de Sa Majesté et les derniers arrets et règlements du conseil quy ont esté inthimés et nottiffiés tant aux ministres dud. Mas d'Azil qu'aux conseil et diacre de la R. P. R. dud. Camarade, et notamment l'arrest du 3ᵐᵉ novembre dernier 1664, qui deffend très expressement aux ministres de la R. P. R. d'authoriser tels mariages que six mois après le traicté d'iceux, et que les catholiques quy se seront faicts de lad. R. P. R. n'en ayent faict l'exercice publiquement pendant lesd. six mois, à peine de suspension...

De quoy led. sʳ Labrunie, prebtre et recteur dud. Camarade, auroit requis à moy notaire luy retenir le présent acte pour le faire inthimer et notiffier tant aux ministres dud. Mas d'Azil que autres

soy disant ministres ou diacres qu'il appartiendra, avec protestation d'en porter sa plainte, en cas de contrevention, par devant et
où il appartiendra... etc.

Présent : Me Jean Tornier, prebtre et recteur de Saverdun, etc.

Acte notifié, le 3 avril 1665, à André Bourdin et Jean Baricave,
« soy disans ministres de lad. ville » du Mas d'Azil.

(Arch. de la Haute-Garonne : Évêché de Rieux.)

Nous trouvons, le 11 juillet 1676, une autre protestation relative
à des incidents de même nature. Elle fut dressée, devant notaire,
à Montbrun-en-Comminges, à la requête de Jacques Labrunie,
recteur de Camarade, agissant au nom du sindic du clergé du
diocèse de Rieux, et signifiée au ministre Delgabé. Le recteur
déclare que Hélie de Granier, sr de Souloumiac, gentilhomme
verrier, natif de Gabré, de la R. P. R., habitant « aux verrières de
« Mauvesin, annexe dud. Camarade », essaie, sous prétexte de
mariage, de suborner une de ses parentes, dlle Marie de Granier,
fille de noble Jacques de Granier, « au grand desplaisir des père
« et mère de lad. dlle Marie de Granier, qui font et ont toujours
« faict profession de la religion catholique, apostolique, romaine ».
Hélie agirait de la sorte « en haine de la religion catholique ».
Dans le même acte, Jacques Labrunie spécifie que des suborneurs
entrainent au prêche, et que les ministres reçoivent « toute sorte
« de personnes dès qu'elles sont allées une ou deux fois au
« prêche... » On les y mène « journellement, et bien souvent sans
« sçavoir s'ils sont libres ou intelligentz de ce qu'ilz font... » —
(*Ibid.*)

———

XVII.

1666. — 12 OCTOBRE.

DÉCLARATION DES CONSULS DES BORDES AU SUJET DU CIMETIÈRE
DES CATHOLIQUES ET DES ÉLECTIONS CONSULAIRES.

L'usurpation des cimetières catholiques par les huguenots donna lieu à
des édits royaux et à des ordonnances des Parlements obligeant les
religionnaires à restituer à leurs concitoyens catholiques les emplacements usurpés. Comme on le comprend, les huguenots ne s'exécutaient
pas sans peine : il y fallut ténacité de la part des catholiques, surtout
réduits *à un petit nombre et illettrés*, comme aux Bordes, et sanctions

pénales. Menacés, les huguenots promettaient obéissance et, de longtemps, ne bougeaient pas. Obligés de rendre gorge, ils posaient en
victimes, ils criaient et faisaient rage. Cette tactique leur a valu
de nos jours, dans l'histoire, des sympathies aussi immodé-
rées qu'irréfléchies. De pareils démêlés donnèrent lieu, dans les
moindres villages, à des colloques et entrevues où l'on déployait, de
part et d'autre, quelque diplomatie. Une scène de ce genre se passait
aux Bordes, le 12 octobre 1666. Ce jour-là, Pierre Rouais et Jean
Raynaud, consuls catholiques du lieu, reçurent la visite de m^{re} Bernard de Guilhem, leur recteur. Il leur rappela que, conformément aux
arrêts royaux, Mr de Bezons, intendant en Languedoc, avait ordonné
que :

« Les catholiques des villes et lieux dud. pays de Foix seroient
« mis en possession, dans huictaine, des cimetières occupés par
« ceux de la R. P. R., avec deffences ausd. de lad. religion d'y
« enterrer à l'advenir leurs mortz à peyne de désobéissance, auquel
« effect, en présence des consulz et curés desd. villes et lieux, par
« le mesme commissaire leur seroit indiqué un lieu commode
« qu'ils achepteroient à leurs fraix et despens pour doresnavant y
« enterrer leurs mortz et, en oultre, que dans led. délay de huic-
« taine il seroit procédé à la nomination d'un greffier ou secrétaire
« catholique, que les scindic et bayle de chascune desd. commu-
« nautés seroient catholiques... »

Cette ordonnance, du 10 septembre dernier, et l'arrêt du conseil
donné à Vincennes, le 18 septembre 1664, n'ont pas été exécutés
aux Bordes. Le recteur en requiert l'exécution comme « chef des
catholiques » de cette ville. Il demande la séparation des cimetières, celui des huguenots « tenant celuy des catholiques dans l'en-
« clos de l'esglise parrochielle », ainsi que les nominations de
greffier et syndic catholiques.

En conséquence, sont assemblés « dans la place publique de lad.
« ville des Bordes », Jean Baron, Fauroux et Paul Anglade,
consuls huguenots des Bordes; noble Raymond de Robert, s^r de
Betbèze; Jean Duprais, ci devant notaire; Jacob Dumas, s^r de
Marbeilh; Paul Dugabe, bourgeois; Paul Beret, notaire; Jacques
Rosseloty, notaire; Jean Moussonné et Jean Lafont, « les tous de
« la R. P. R. », faisant pour eux et pour les autres de lad.
religion.

Les consuls catholiques leur font lire l'ordonnance et la requête.
Ils répondent qu'ils se proposent de s'y conformer et « ce faisant, de

« faire deslaissement, en faveur des catholiques, du cimetière par
« eux occupé tenant celuy des catholiques, au bout du pont de la
« présente ville, dans l'enclos où estoit l'esglise parrochielle, non
« obstant qu'ils en soient en possession et jouissance en consé-
« quence du partage qui fut fait par le commissaire de S. M., et ce
« lorsqu'ilz en seront requis par devant le magistrat royal qui se
« doibt porter sur le lieu pour en investir lesd. catholiques », à
condition qu'on leur fixe un autre lieu et que s'il arrive un décès,
dans l'intervalle, le décédé soit enseveli au lieu accoutumé.

Quant aux greffier, baile des consuls et syndic, leur création se
pourrait faire s'il y avait « personnes idoines et capables » parmi
les catholiques : « Mais pour ce que le nombre de ceux de leur
« religion est plus grand dans la présente ville que celuy des
« catholiques quy ne sont qu'un petit nombre et illitérés, hors de
« quelques uns qui sçavent lire et escripre, et quy ne sont pas
« versés au fait de praticque, ils ne pourroient pas y procéder
« pour le présent, ce qu'ils fairont néanmoings dans quelque
« temps, conjoinctement avec nous, dans lequel intervalle ils
« adviseront de quelles personnes eux et nous pourrions faire
« nomination pour remplir lesd. charges... »

Acte est retenu de ces déclarations.

(Arch. de la Haute-Garonne : Évêché de Rieux.)

XVIII.

1667. — 27 Octobre.

Faut-il conserver ou détruire le temple de Saverdun ?

Curieux procès-verbal et enquête contradictoire faits pour résoudre
cette question. — Cette pièce a d'autant plus d'importance que les
commissaires enquêteurs y ramènent les titres de documents de
première valeur pour l'histoire des communautés huguenotes du
diocèse de Rieux et rappellent certaines particularités inconnues de
par ailleurs.

Saverdun. — *Les commissaires depputez par Sa Majesté pour
l'exécution de l'Édict de Nantes en la province de Languedoc et
pays de Foix.*

Entre le scindic du clergé du diocèse de Rieux, demandeur à ce qu'il soit faict inhibitions et deffences aux habitans de R. P. R. de la ville de Saverdun d'y faire à l'avenir aucun exercice de leur religion, et qu'à cet effect le temple qui y est construit soit démoly, d'une part;

Et les habitans de la R. P. R. de lad. ville, assignez et défendeurs, d'autre.

Veu de la part des habitans de la R. P. R. de lad. ville de Saverdun les *exploits d'assignation* à eux donnée aux fins susd. dèz le xxve septembre 1665 et le viie aoust dernier. — *Attestatoire des consuls de Saverdun* du xxvie aoust 1575, duquel il résulte qu'il auroit esté convenu au mois de may 1574 de payer au s^r Clément, ministre aud. lieu, 300 liv. pour ses gages d'une année de son ministère. — *Requeste présentée par le s^r Clément, ministre de Saverdun*, tendente en payement des sommes à luy dues de son ministère avec appointement au pied, rendu par le s^r d'Audou, du mois de septembre de lad. année 1575. — *Despartemens* faictz du xiie octobre de la mesme année pour les ministres du pays de Foix, duquel résulte que Clément y est compris comme ministre dud. Saverdun. — *Mandement* faict pour le payement de ce qui restoit deu aud. Clément, ministre, sur le receveur général, du 4e janvier 1576, avec la quittance du xiiie dud. mois. — *Extrait de partage faict de certains biens le* viie *mars 1576* duquel résulte que le temple est donné pour confront. — *Extrait d'ordonnance du juge de Saverdun*, du xe septembre, portant que les inquantz y mentionnez ont esté faictz devant le temple de lad. ville à l'issue du prêche. — *Extrait des actes de Synodes tenus à Réalmont en 1576 et Mauvoisin en 1577*, dans lesquels led. Clément, ministre, à comparu pour l'esglize P. R. de Saverdun avec un ancien; et *Mandement* de 4 liv. faict par les consuls de Saverdun, le xxie décembre 1577, au s^r Canalz, pour avoir assisté au colloque de Montauban. — *Extrait d'un compte rendu en 1578* duquel résulte que le comptable auroit mis en despence la somme par luy payée aud. Clément, ministre. — *Quittances du concistoire de Saverdun* d'un légat faict à l'esglize P. R. dud. lieu, le 6 janvier 1579. — *Extrait des comptes rendus en 1580*, desquels résulte de l'employ des payemens des gages dud. ministre et diacre et de l'advertisseur, et qu'on avoit employé la maison de la vefve de Terré pour agrandir le temple. — Autre *Extrait* de saisie et inquantz faictz devant la porte du temple et issue du prêche dud. Saverdun, des IIIe et XXVe septembre, IIe, IXe et XVIe octobre 1580. — Autre *Extrait* de saisie et inquantz faictz devant led. temple, aux mois de juillet et aoust 1582. — *Extrait du Synode tenu à Castres* en 1585, duquel résulte que Galtier, ministre de Saverdun, envoye lettre d'excuse. — Quatre *Quittances* faictes par led. ministre, en l'année 1586, au sujet du payement de ses gages avec un *Mandement* des consuls et de l'avertisseur, en la mesme année. — *Extrait de lettres de bénéficence* du Roy Henry IVe, du 5 avril 1592, desquelles résulte qu'il avoit esté adjugé à Me Dené, ministre, la somme de 200 livres. — *Extrait de contract de vente* du XIIe juillet 1593, où le temple est donné pour confrontation. — *Extrait d'attestatoire* de l'année 1596 faict par les consuls et anciens du concistoire de Saverdun, issue du prêche, dans le temple dud. Saverdun. — Deux *Mandements* faicts par les consuls de Saverdun, en la mesme année, pour le payement du ministre et diacre dud. Saverdun. — *Extraitz d'inquantz* faictz à la porte du temple, issue du prêche, des XV, XVI, XXIII et XXIX septembre 1596. — Deux *Mandemens* faictz par les consuls de Saverdun en faveur des diacre et avertisseur, des mois de septembre et octobre de lad. année 1596. — *Extrait des actes du Synode* de lad. année 1596, tenu à Figeac, dans lequel l'esglize P. R. de Saverdun est nommée comme absente. — *Extrait du cadastre de 1596*, par lequel il paroist que le temple est baillé pour confrontation. — *Exploit de saisie* par lequel il est porté que coppie auroit esté affichée à la porte du temple dud. Saverdun, du IVe février 1597. — *Mandement des consuls* en faveur de Me Clément, ministre, du XXVIe février 1597. — *Reçeu* faict par Cazein, ancien du concistoire, du XXX mars 1597, pour avoir fourny le pain et le vin de la Cène. — *Extrait d'un roolle de fournitures* du XXXI mars 1597, par laquelle il paroist des réparations faictes au temple dud. Saverdun. — *Extrait des tables des Synodes* des années 1585, 1597, 98 et 1599, desquelz résulte que le ministre de Saverdun avec un ancien auroient comparu aux Synodes, ou que l'esglise P. R. auroit esté nommée absente. — *Extrait des actes d'une assemblée mixte*, tenue à Pamiès, le III mars 1598, où le ministre de Saverdun, nommé Dupuy, comparût. — *Extrait des livres du Concistoire de Saverdun,* desquelz résulte de plusieurs délibérations prises en concistoire dans le temple dud. Saverdun, ez années 1585 et suivantes, et des années 1596, 97 et autres jusques en 1619, concernant les censures, mutations d'anciens, baptesmes et mariages. — Autres *Extraits de cadastres,* de 1605 et 1614, par lesquels il paroist que le temple est donné pour confront. — *Extrait du verbal des commissaires exécuteurs de la déclaration de 1631* pour le mi-partement du consulat et autres charges, et la *Responce au cahier* faicte le XXVIe febvrier 1653, qui confirme led. verbal.

Veu aussy de la part dud. scindic du clergé du diocèse de Rieux *l'article VIIe de l'édict de 1570,* qui porte que le Roy Charles IX accorde à la Reyne de Navarre qu'oultre ce qui avoit esté accordé dans les articles 5e et 6e aux seigneurs hauts justiciers, elle puisse d'abondant en chaqu'un des duschez d'Albret, comtez d'Armaignac, Foix et Bigorre, en une maison à elle appartenant, où elle aura haute justice, qui sera par Sa Majesté choisie et nommée, avoir l'exercice de la R. P. R. pour tous ceux qui y voudront assister encore qu'elle soit absente. — *Brevet* du Roy Charles IX du XXVIe aoust de la mesme année, par lequel le Roy exécutant la promesse faicte à lad. Reyne déclare son intention estre que lad. dame Reyne puisse avoir led. exercice pour le regard de la duché d'Albret au lieu de Nérac, pour la comté d'Armaignac au lieu de Vic-Fezensac, pour la comté de Foix au lieu de Saverdun, pour la comté de Bigorre au lieu de Vic-Bigorre. — *Coppie du procez verbal* du s^r de Rochefort s^r de la Isle, lieutenant du séneschal en la comté de Foix, cappitaine du château dud. Foix, duquel résulte qu'il se seroit transporté aud. Saverdun, en vertu de sa commission, pour y installer, comme une des quatre villes nommées et choisies à lad. dame Reyne, l'exercice de lad. R. P. R. pour la comté de Foix. — *Acte en forme de responce* dud. s^r de la Isle, commissaire, contenant que par les patentes et déclarations du Roy confirmatives de son édict de pacification et clauses y contenues, non obstant toutes choses ou empeschemens, luy est mandé de faire garder et entretenir les édictz et ordonnances de pacification sans rien y enfraindre ou permettre y contrevenir, et installer l'exercice de la prétendue nouvelle religion refformée, en la ville de Saverdun, pour la séneschaussée et comté de Foix, comme une des quatre villes choisies et nommées par Sa Majesté, en laquelle la reyne de Navarre a toute juridiction comme de sa comté de Foix et qu'en ce faisant et exécutant la volonté de lad. Reyne et de Sa Maj^té, il n'entend avoir attenté, ny innové. — *L'article IX de l'Édict de Nantes* portant permission à ceux de lad. R. P. R. estans soubz l'obéissance du Roy de faire et continuer l'exercice d'icelle dans toutes les villes et lieux où il estoit par eux estably et faict publiquement par plusieurs et diverses foix, en l'année 1596 et 1597 jusques à la fin du mois d'aoust, non obstant tous arrets et jugemens à ce contraires. — *Extrait de l'article X* du mesme *Édict* par lequel il est porté que Sa Maj^té n'entend que l'exercice puisse estre restably ez lieux et places du domeine qui avoient esté auparavant possédez par ceux de la R. P. R. esquelz il auroit esté mis en considération de leurs personnes ou à cause des privilèges des fiefz, si lesd. fiefz se trouvoient possédez par personnes de la religion catholique. — *Escritures et productions respectives* des parties et *Requestes remonstratives.*

Veu aussy l'*Addition* faicte par lesd. de la R. P. R, à leur production, ensemble un *Procès-verbal* faict par le s^r de Las Illes, le viie jour de may 1571, au sujet de l'establissement de l'exercice aud. Saverdun. — *Extrait* des *Actes* du colloque tenu à Pamiès, le xixe novembre 1592, portant, entre autres choses, que les esglizes de Pamiès, Saverdun et Calmont serviroient par tour celle de Mazères. — *Extrait* d'autre *Extrait de quittance* faicte par le ministre dud. Saverdun de la somme par luy receue pour sa portion du département, du iiie mars 1601. — *Coppie d'un contrat* du xiiiie juin 1575, *pour la bastisse d'un temple.* — *Extrait du cahier présenté au Roy* par ceux de la R. P. R. de Saverdun, par le second article duquel résulte que Sa Maj^té leur accorde l'exercice libre de lad. R. P. R. comme ils l'avoient eu avant que le gouvernement dud. Saverdun demurat aux consulz, du xxiiiie mars 1629. — *Extrait* des remarques faictes par le s^r de Lescazes et le s^r Mézeré. — *Req^te du Scindic du Clergé.*

Tout considéré, nous nous sommes trouvés partagés en oppinions, sçavoir :

Nous, de Bezons, commissaire catholique, disons que la question n'est pas de sçavoir si l'exercice de la R. P. R. a esté faict en la ville de Saverdun ez années 1596 et 1597, suivant l'édict de Nantes; mais de quelle manière il y a esté faict et quel commencement a eu cet exercice, parce que le scindic du clergé prétend qu'ayant esté establmy par ordre du Roy il y a esté continué durant les années de l'édict en la mesme manière, sur quoy il fonde les raisons de l'interdiction dud. exercice. Et pour cet effect il est nécessaire d'observer que par l'article VII de l'édict de 1570, il est porté en termes exprès que pour gratiffier la Reyne de Navarre, il luy est permis d'avoir led. exercice en chacuns de ses duchez d'Albret, comtez d'Armaignac, Foix et Bigorre, en une maison qui seroit nommée, pour tous ceux qui y voudroient assister encore qu'elle en soit absente. Cet édict eut son effect car le Roy Charles IXe, par son *Brevet* du XXVIe aoust de la même année, nomme pour le comté de Foix la ville de Saverdun, en conséquence de laquelle nomination le s^r de La Ille s'y transporta et y fit l'establissement dud. exercice, quelque résistance que les habitans, qui estoient la plupart catholiques, y eussent apporté; ce qui paroist par son procès-verbal et par sa réponce.

Et parce que cet article portait que l'exercice se faisoit même en l'absence de la Reyne, au delà du privilège accordé aux seigneurs ayant justice, les habitans de R. P. R. dud. Saverdun continuèrent led. exercice, et voudroient maintenant le faire passer pour un exercice qui leur appartient, sans entrer en considération de cet establissement; mais l'édict de 1573 leur fait obstacle d'autant qu'il deffend l'exercice de la R. P. R. dans toutes les villes du royaume, excepté Montauban, La Rochelle et Nismes, et l'exercice ayant esté faict aud. Saverdun en 1574, ainsy que les habitans en rapportent la preuve, il faut dire qu'il n'y peut pas avoir esté fait par lesd. habitans, car il y auroit esté faict par entreprise et par attemptat puisque l'édict de 1573 leur défendoit; mais par la concession particulière de l'édict de 1570 et par le privilège de la reyne de Navarre.

Il est donc certain que l'exercice a esté establmy en la ville de Saverdun en vertu de l'édict de 1570, par l'autorité du Roy et par son commissaire en faveur de la reyne de Navarre, et que, par conséquent, led. exercice n'a pas esté estably aud. lieu par les habitans de la R. P. R.

Cette vérité supposée, il faut veoir si la preuve que les habitans rapportent est suffisante.

L'article IXe de l'édict de Nantes porte en termes exprès que l'exercice de la R. P. R. pourra estre continué ez villes et lieux où il a esté par eux estably et fait publiquement ez année 1596 et 1597, de sorte que, selon la disposition de cet article, il faut deux choses pour pouvoir continuer l'exercice : la première qu'il ayt esté establi par ceux de la R. P. R., et la deuxième qu'il ayt esté fait publiquement durant ces années, en vertu de leur establissement. L'une ou l'autre de ces deux conditions manquant, la preuve est deffectueuse et ne peut point oppérer la continuation de l'exercice. Or, au fait particulier, la première condition manque et l'exercice n'a pas esté estably à Saverdun par ceux de la R. P. R., mais par un commissaire et de l'autorité du Roy, et par conséquent, par le manquement de cette condition l'exercice doit estre interdit.

La modification apposée en l'article X^e de l'édict de Nantes sert beaucoup pour fortifier ce sentiment. Cet article porte que l'exercice en pourra estre empêché ez lieux du domaine encores qu'ils ayent esté aliénez à personnes catholiques; mais il adjoute que led. exercice en pourra estre restably ez lieux ou places du domaine possédés par ceux de la R. P. R. esquelz il auroit esté mis en considération de leur personne, s'ilz se trouvent possédés par des catholiques. La comté de Foix, dans laquelle est Saverdun, ainsi que nous avons dit, estoit du domaine de la Reyne de Navarre et l'exercice y avoit estés mis par le privilège de sa personne, et apprès sa mort, arrivée en 1572, il avoit esté continué par le privilège du Roy de Navarre son filz, avec la même faculté d'y faire faire l'exercice. Mais aux termes de cet article X, l'exercice y a deub finir lorsque le Roy se fit catholique, qui fut le XXVe juillet 1598, et par la réunion de ce comté à la couronne qui arriva en la mort d'Henry IIIe, au mois d'aout 1589. Et bien que les habitans de lad. ville apportent des preuves que l'exercice a esté fait en ce lieu durant les années de l'édict, ce n'a esté qu'une continuation de l'exercice qui y avoit esté fait et estably auparavant et dont la nateure n'a peu changer par la pocession, les habitans n'ayant acquis du depuis aucun titre, ny aucun nouveau droit pour cet effet.

C'est pourquoy il faut toujours considérer son origine, qui a passé en la manière qu'elle estoit et a esté continuée dans la pocession des habitans, pour si longue qu'elle ayt esté, et quoyque lesd. habitans de la R. P. R. apprès avoir veu les deffences du scindic du clergé, se soient efforcés de justiffier que l'exercice n'a esté estably à Saverdun qu'en 1574 et apprès la mort de la reyne de Navarre, laquelle décéda en 1572. Ce qu'ils prétendent prouver par l'*Histoire* de l'Escaze, qui dit que le lieu de Saverdun ne fut pris par ceux de la R. P. R. qu'en 1574. Néantmoins, il ne s'en suit pas de là que l'exercice n'y eut esté estably auparavant, puisque cet establissement a esté suffizamment justiffié par le scindic du clergé, par la remise du procès-verbal qu'il a fait, de cet establissement, du VIIe may 1571, en vertu de l'edict de 1570. C'est pourquoy l'establissement de l'exercice manquant à Saverdun en la forme que le désire l'edict de Nantes, nous sommes d'avis qu'il y doit estre interdit et le temple démoly.

Et nous, de Peiremales, commissaire de la R. P. R., dizons que par les actes remis, il rézulte esvidamment que l'exercice de la R. P. R. a esté fait et estably par pluzieurs et diverses fois en lad. ville de Saverdun par les habitans d'icelle, depuis 1574 jusques à présent, et non pas en conséquence du privilège des fiefs, comme prétend le sindic, et pour manifester cette vérité on demure d'accord, et même il est prouvé, que lad. dame Jeanne de Navarre mourut au mois d'aoust 1572. Lesd. habitans ny led. scindic ne peuvent justiffier led. exercice avoir esté fait et estably que depuis 1574, deux ans apprès le décès de lad. reyne. Et pour faire veoir led. exercice dans son establissement et la continuation sans interruption, il faut examiner les actes desd. habitans par la suite et qualité d'iceux.

Le premier est une attestatoire des consuls et autres habitans dud. Saverdun, du XXVIe aoust 1575, portant qu'il fut convenu, en l'année 1574, de payer au s^r Clément, ministre dud. Saverdun, 300 liv. pour ses gages d'une année. Et par cet acte il appert dud. exercice réel, parce que la communauté avoit convenu et promis payer lesd. gages. Cella est encores fortiffié par la requeste prézentée par led. Clément, ministre, au s^r d'Audon, général au comté de Foix, pour le payement desd. gages, avec l'appointement au pied, portant contrainte contre le receveur général des rentes des biens ecclésiastiques; ensemble la quittance dud. Clément au dos de lad. requeste, fait par led. Clément au s^r Capel, trésorier général, du mois d'octobre 1575, par où il faut inférer non seulement dud. exercice; mais qu'il estoit fait par lesd. habitans puisque leur ministre était payé des deniers publics destinés pour les ministres des communautés et non pour les ministres des seigneurs. Et par le contract de bail à prix fait baillé par lesd. consul et sindic dud. Saverdun aux nommés en icelluy pour faire et construire un temple, en lad. année 1575, appert que led. exercice a esté fait et estably aud. Saverdun par lesd. habitans, attendeu que les consuls et scindic s'obligèrent de payer led. temple. Et par l'estat des frais généraux et ordinaires qui devoient estre payés en lad. année 1575, il se justiffie que led. Clément, ministre de Saverdun, prenoit ses gages sur les deniers publics, de ce qu'il est compris aud. estat comme les autres ministres de Mazères et du Mas-d'Azil, au nombre desquels led. Clément est mis comme ministre de Saverdun. Le mandement du s^r Daudon et la quittance faite par led. Clément, ministre, pour partie de ses gages, avec le contrat de partage des biens y mentionnés, de l'année 1576, font voir que led. Clément, ministre, prenoit ses gages du revenu général et qu'il y avoit un temple, estant baillé pour coufront. Et du sinode tenu à Réalmont, le xi novembre 1576, et de celuy tenu à Mauvoisin, le xxviiie novembre 1577, une des années de l'édict, il résulte que led. Saverdun estoit une véritable église veu qu'ausdites assemblées led. Clément, ministre, y assista avec son ancien pour lad. église de Saverdun, et même à celuy de Réalmont son ministre fut confirmé à lad. église. Ce qui est fortifié par un mandement des consuls de Saverdun, par eux fait à un ancien de lad. ville, pour les frais de la députation à un colloque de Montauban en décembre 1577.

Et par l'*ordonnance* rendue par les officiers ordinaires dud. Saverdun, le xe septembre aud. an 1577, appert que led. exercice se faizoit au temple en lad. année, en ce qu'il est dit que les inquantz y mentionnés avoient esté faictz devant le temple de lad. ville, à l'issue du presche, preuve certaine dud. exercice. Et de la qualité d'icelluy et du compte rendu par les consuls de Saverdun, en 1578, résulte que led. exercice estoit pour les habitans seulement, de ce qu'il est passé en dépense certaine somme pour les gages dud. Clément, ministre; et par le testament et quittance de 1579, appert qu'en lad. eglise de Saverdun y avoit un consistoire, attendeu que le testateur légua aux pauvres et au consistoire de Saverdun 60 liv. qui furent payées au ministre et consistoire de lad. ville. De deux actes de 1580 rézulte dud. exercice fait aud. temple, parce que par le premier, le trésorier rendant compte à la communauté, il mit en dépense diverses sommes payées aud. Clément, ministre, au diacre et à l'advertisseur pour leurs gages de lad. année; et par l'autre, que les criées et inquants se faisoient au devant du temple. Et pareillement par autres inquants faits en 1582, au devant le temple dud. Saverdun, issue du presche, appert dud. exercice public et réel.

La continuation dud. exercice ne peut estre révoquée en doute, veu l'extrait du sinode tenu à Castres en 1585, auquel Me Gautier, ministre dud. Saverdun, et le consistoire, envoyèrent lettre d'excuse. Cette vérité est encore prouvée par les quatre quittances faites par led. Gautier, ministre, à raison de ses gages de 1586 et par un *mandement* fait par les consuls au proffit de l'advertisseur aussy pour ses gages, avec la quittance au dos; et par les actes du consistoire des années 1585, 86, 87, 88, 89, 90 et 1591 contenant baptesmes, mariages, délibérations et autres actes pour justiffier dud. exercice; et par l'*extrait* de la bénéficence accordée par Henry 4e, en 1592, aux ministres servant les eglises où est compris M. Dent, ministre de Saverdun, pour 200 liv., pour ses gages, appert que c'estoit un exercice de communauté parce que les ministres des fiefs n'ont jamais eu part aux deniers de la subvention qui ne fut accordée que pour les communautés.

Ce qui paroit aussy par le colloque tenu à Pamiers, en lad. année 1592, où fut délibéré, sur la réquisition du depputé de Mazères, que les eglises de Pamiers, Saverdun et Caumont serviront par tour lad. eglise de Mazères, marque certaine que cet exercice estoit des habitans de Saverdun. Et par l'*extrait de vente* du bien y désigné de 1593, résulte qu'il y avoit un temple ayant esté donné pour confront aud. acte. Cella même est justifié plus clairement par les actes du consistoire des années 1594 et 1595, passés dans led. temple, contenant baptesmes, mariages et autres actes dud. exercice, lequel a esté fait et continué ez années 1596 et 1597 par plusieurs et diverses fois comme est requis par l'édit de Nantes, ainsy qu'il appert par plusieurs actes remis, le premier estant un *attestatoire* fait en consistoire dans le temple de lad. ville en faveur de Jeanne Donet, du xix⁰ may 1596. Le second contient deux *mandemens* faicts par les consuls dud. Saverdun, les viii⁰ juillet et xv⁰ aoust 1596, au ministre servant ou à un ancien, pour les frais qu'ils avoient faits au colloque de Foix. Le troisième est un *certifficatoire* d'inquants, faits devant le temple dud. Saverdun, issue du presche, le xv⁰ xxii⁰ et xxix⁰ septembre 1596. Le quatrième contient deux autres *mandemens* faits par les consuls en faveur du diacre. Le cinquième est un *extrait du synode* tenu à Figeac en lad. année 1596 et 14⁰ mars, à la table duquel lad. église de Saverdun est nommée comme absente. Le sixième est le compoix fait aud. Saverdun en lad. année 1596, auquel le temple est souvent baillé pour confront aux pièces joignant. Le septième produit sont les *actes et registres* dud. consistoire de l'année 1596, contenant baptêmes administrés en lad. église.

Et pour l'autre année de l'édit, 1597, led. exercice est de même justiffié : premièrement par la saisie du 4⁰ febvrier 1597, dont coppie fut affichée à la porte du temple dud. Saverdun. — Plus par un mandement fait par les consuls de lad. ville en lad. année, le xvi⁰ febvrier, à M. Clément, ministre, pour les frais par lui faits au colloque tenu à la Bastide. — Encore par un receu fait par un ancien du consistoire de lad. ville, le xxx⁰ mars 1597, pour le pain et le vin qu'il avoit fourny pour la célébration des cènes. — De même par le roolle des fournitures faites par Martin, trésorier des consuls dud. Saverdun, dans lequel certaines réparations faites au temple de lad. ville sont demandées et admises par la clôture du iv⁰ mars 1597. — De plus par le sinode tenu à Castres au mois de may 1597, auquel ont assisté les s⁰ Durieu et Mazuer, pour les anciens de Saverdun, pour l'église d'icelluy, et aussy par les actes et registres des baptesmes administrés en lad. église en lad. année 1597.

La preuve dud. exercice est concluante.

Tous lesquels actes sont suffisans pour prouver que led. exercice a esté fait aud. Saverdun, esd. années, comme réel et non par privilège des fiefs. Et par les sinodes tenus à Puylaurens et à Millau, en 1598 et 1599, appert de la continuation dud. exercice en lad. ville en ce que Dupuis, ministre, y a compareu pour lad. église de Saverdun, comme il fit aussy en lad. qualité à l'assemblée tenue à Pamiers, en 1598, avec les consuls de lad. ville. Et les baptesmes administrés en lad. année confirment que led. M. Dupuits estoit ministre dud. Saverdun puisque lesd. baptesmes ont esté administrés par luy. — Et par la quittance faite par led. M. Dupuits, ministre de l'église de Saverdun, au sʳ Palot, commis au maniement des deniers de la bénéficence de la portion de Saverdun, suivant le département fait au colloque de Montauban, le ⅲᵉ mars 1601, résulte que led. exercice estoit aud. lieu pour lesd. habitans puisque le ministre de Saverdun estoit payé des deniers accordés aux autres ministres des communautés. — Et par les actes et délibérations du consistoire de lad. année 1601, cella se justifie encore, comme aussy qu'il y avoit un temple, par le compoids produit des années 1605 et 1614, qui donnent pour confront led. temple aux maisons joignans.

Cet exercice n'a jamais esté contesté ausd. habitans, au contraire le feu roy Louis XIIIᵉ les a confirmés à ce droit par sa réponse au second article du cayer que les depputés de lad. ville luy présentèrent le ⅩⅩⅣᵉ mars 1629, qui fut registrée au parlement de Toloze, le ⅱᵉ may suivant, ouy le procureur du Roy, ce qui n'auroit pas esté accordé, ny registré, si led. exercice eût procédé du droit de fief.

Et par le verbal de Mᵛ de Rabaudy et Descorbiac, conseillers et commissaires exécuteurs de la déclaration de Sa Majesté, de 1632, pour faire les consulats my partis aux villes et lieux où l'exercice de la R. P. R. se faisoit, rézulte d'icelluy en lad. ville, puis qu'ils en font mention en procédant à leur commission, et la procédure desd. sʳ commissaires a esté expressément confirmée par Sa Majesté, le ⅩⅩⅥᵉ febvrier 1653, comme appert de la réponce faite par sad. Majesté en faveur desd. habitans, sur autre cayer de pleintes qu'ils luy présentèrent, et par ce moyen led.

exercice ne leur peut estre contesté en aucune manière au prétexte
que led. exercice y a esté fait et continué en conséquence de
l'exercice personnel qui fut accordé, par l'article cinquième de
l'édict de 1570, à la dame Jeanne, reyne de Navarre. — Et par le
brevet donné en suite par le roy Charles IXe, le xxvie aoust de
lad. année, par les raisons suivantes :

La première, que l'extrait du susd. brevet remis par led. sindic
ne peut faire foy, pour avoir esté tiré d'autre extrait non signé, et
sans aucune formalité, par des notaires sans commission expresse.
— La seconde, que led. sindic ne fait pas veoir le registre dud.
brevet, au contraire par le verbal du s^r de Lahille, commissaire
pour l'exécution d'icelluy en 1571, remis par led. sindic, appert
que sur l'opposition formée devant luy par les habitans dud.
Saverdun, il fit renvoy de sa commission au Roy, et ainsy led.
brevet ny lesd. patentes n'ont pas esté exécutés. — La troisième,
que lesd. habitans ne s'establirent aud. exercice que deux ans
apprès la mort de lad. Reyne, comme rézulte des actes remis par
lesd. habitans et par les historiens rapportés par lesd. habitans.
— La quatrième, qu'estans certains que lad. dame mourut en 1572,
que lesd. habitans ne s'establirent aud. exercice qu'en 1574 et
1575, led. exercice a esté toujours fait jusques à présent dans lad.
ville, dans un temple de la communauté et non dans une maison,
ny chasteau que lad. dame y eût, estans soutenu par lesd. habitans
de la R. P. R., qu'elle n'y a jamais eu aucune maizon pour y faire
led. exercice. Et ne nous apparoissant pas que l'exercice aye esté
fait par privilège de fiefs, il faut conclure qui ayant été fait par
pluzieurs et diverses fois ez années 1577, 1596 et 1597, qui est un
véritable exercice desd. habitans.

De tout ce dessus et par les actes produits par lesd. habitans
de Saverdun, qui sont suffisans et en bonne forme, apparoissant
que led. exercice de la R. P. R. est bien estably dans lad. ville,
fondé sur le ixe article de l'édict de Nantes, confirmé par le roy
Louis le Juste, et attendeu que led. exercice a esté fait aud.
Saverdun aux années de l'édict, avant les années de l'édict et
apprès, et que led. droit est réel et non personnel comme est
justiffié par les susd. actes, nous dizons et sommes d'avis, sans
avoir esgard à la requeste et incistance dud. sindic à luy donnés

des fins d'icelle, qu'il y a lieu de maintenir lesd. habitans de la
R. P. R. dud. Saverdun, au droit et faculté de faire et continuer à
lad. ville led. exercice, avec deffences aud. sindic et autres qu'il
appartiendra de leur donner aucun trouble ny empeschement, sur
les peines [portées] par les édicts.

Fait à Montpellier, le 27e jour d'octobre 1667.

Signé : BEZONS et de PEYREMALES.

Collationné : TOURNIER.

(Archiv. de la Haute-Garonne : Évêché de Rieux.)

XIX.

1667. — 28 OCTOBRE.

L'EXERCICE DE LA R. P. R. DOIT-IL ÊTRE CONTINUÉ
A SABARAT ?

Enquête et procès-verbal du même genre que le précédent faits par
les mêmes commissaires.

SAVARAT. — *Les commissaires députés par le Roy pour l'exécution
de l'édit de Nantes en la province de Languedoc et pays de Foix.*

Entre le scindic du clergé du diocèze de Rieux, demandeur à
ce qu'il soit faict défences aux habitans de la religion prétendue
réformée du lieu de Savarat d'y faire à l'advenir aucun exercice de
leur religion, et qu'à cet effet le temple qui y est construit soit
démoly, d'une part;

Et les habitants de la R. P. R. dudit lieu, assignés et deffendeurs, d'autre.

Veu l'*exploict d'assignation* donné aux fins susdites auxd. deffendeurs, le 3e aoust dernier. — *Quittances* soubs seings privés des
sommes payées par ceux de la R. P. R. de Savarat au ministre,
ès années 1572, 96, 97, 1601 et 1609. — *Extrait* d'une transaction passée en 1577 entre les habitans de la R. P. R. de Savarat
et autres lieux et le nommé Prat. — *Copie des conventions,* passées
le dernier aoust 1583, entre les habitans des Bordes et ceux de
Savarat, par lesquelles il est, entre autres choses, porté que le
ministre dud. lieu des Bordes iroict prescher et faire les autres

fonctions de son ministère pour un quatrième d'année. — *Extrait* d'un registre informe contenant les baptesmes, mariages, faits aud. Savarat ès années 1585, 86 et suivantes, 96, 97 et autres jusques en 1656. — *Extrait* d'un contrat d'achapt, fait en 1588, duquel résulte que Jean Scon est qualifié ministre dud. Savarat. — *Lettres missices* escrites aux consuls et anciens de Savarat, en 1591, par ceux de Saverdun, portant remerciement de l'envoi dud. Scon. — *Extrait des lettres de bénéficence* de l'année 1592, desquelles résulte que M⁰ Scon y est compris pour Camarade et Savarat. — *Exploict des criées* des années 1596 et 1597, desquelles résulte que les inquantz mentionnés en iceux avoient esté faits devant le temple, à l'issue du presche. — *Testemens* de 2 juin 1593 et 6⁰ mars 1597, desquels résultent des legs faits par les testateurs aux pauvres, distribuables par les anciens de lad. R. P. R. de Savarat. — *Extrait des actes de colloque* tenu à Pamiès, en 1594, duquel résulte que Savarat avait esté taxé trois livres dix sols, dont Gabré en payeroit cinq livres dix sols pour les causes y contenues. — *Quittances* faites par les anciens dud. Savarat d'un légat fait aux pauvres du 6⁰ apvril 1597. — *Extrait de l'acte de l'assemblée mixte* tenue à Pamiés, le XII⁰ mars 1598, duquel résulte que Savarat avoit esté cottisé deux livres dans le tarif qui avoit esté fait. — *Requeste remonstratice* du demandeur et la production des deffendeurs, et tout ce que les parties ont remis et produit par devers nous.

Tout considéré :

Nous nous sommes trouvés partagés en opinions, sçavoir : Nous, de Bezous, commissaire catholique, disons que les habitans de la R. P. R. dudit Savarat ne rapportent aucuns actes des années de l'édict, justificatives du droit d'exercice de leur religion, et que, quand mesme ils en prouveroient l'establissement par de bons titres, il suffit, pour faire interdire l'exercice de lad. religion prétendue réformée, dans ces lieux scitués dans la comté de Foix, de prouver qu'il a esté pris par la force des armes de Sa Majesté, ce qui arriva au mois d'aoust de l'année 1625, que monsieur le maréchal de Thémines aiant posé le siège devant la place, et les habitans s'estans longtemps deffendus, s'enfuirent pendant la nuit au Mas d'Azilz après avoir mis le feu audit lieu de Savarat. Cette fuite des subjets rebelles et bruslement de leur lieu est un abandonnement qu'ils en ont fait et une renontiation à tous les droits et privilèges qu'ils pourroient avoir et par conséquent au droit d'exercice.

L'on justifie la prise et bruslement de ce lieu par l'*Histoire*, de Charles Bernardi, pages 477 et 478. Ceux de Savarat, dit cet auteur, mirent le feu chés eux comme n'espérant plus y retourner. Et cela se prouve encore par le *Mercure françois*, dans le XIe tome, page 906; par Jacques de Lascazes, qui a fait l'*Histoire* particulière du pays de Foix, pages 191 et 192; par Barthélemy Gramont, qui a fait l'*Histoire de France* depuis la mort d'Henry II, f° 618, et par Scipion Duplex, dans l'*Histoire de Louys le Juste*, page 267.

Et quoique par l'article quatrième de l'*Édict de grâce* de 1629, le feu Roy ait pardonné et aboli tous les crimes des rébellions commises par ses subjets de la R. P. R., et qu'il les ait déchargés de tous actes d'hostilité et levée d'armes, et qu'il n'en puisse estre fait aucune recherche, cela ne doibt estre entendu que pour la peine que méritoit leur rebellion et non pas une restitution de tous leurs droits et privilèges, n'en estant faite aucune mention dans cet article, et il est à remarquer que l'article XXII de cet édit restraint les personnes à qui le Roy faisoit grâce, et qu'il n'a conservé dans leurs privilèges que ceux qui estoient encore en armes et en estat de faire résistance, ce qui ne peut estre appliqué à ceux qui avoient esté pris par force et qui avoient esté vaincus. Aussi Sa Majesté ayant, en suite de l'édit de grâce de 1629, nommé des commissaires pour l'exécution d'iceluy, pas un des lieux pris par force n'a demandé le restablissement de l'exercice et en sont toujours demeurés privés, qui est une vérité si constante qu'elle n'a pu estre révoquée en doubte lhors du jugement du procès. Et de fait M. de Machaud, qui estoit pour lhors intendant dans la province de Languedoc et commissaire pour l'exécution dudit édit, non seullement en reffusa l'establissement, mais mesme fit chastier les ministres qui entreprirent de le vouloir faire, et donna une ordonnance contre Le Pouzin, en Vivarès, de laquelle jamais ceux de la R. P. R. n'ont réclamé, ni eu la hardiesse de prétendre qu'un lieu pris par force pût espérer d'avoir le droit d'exercice, et ce seroit vouloir récompenser le crime et couronner la rébellion; l'édit de 1629 n'estant fait qu'en faveur de ceux de la R. P. R. qui tenoient alors les places et qui les remirent à l'obéissance du Roy, ce qui est si véritable que le feu Roy ayant esté informé, estant à Valence, lorsque Sa Majesté alloit à Perpignau, que ceux de Soissons avoient voulu restablir l'exercice, elle leur en fit faire de deffences. La mort du feu Roy estant arrivée en 1643, la déclaration du mois de juillet donnée en faveur de ceux de la R. P. R. laissa les choses au mesme estat qu'elles estoient lhors du décès du feu Roy, et l'on refusa de respondre les requestes qui avoient esté pour lhors présentées pour oster l'exercice de beaucoup de lieux où il avoit esté establi, Sa Majesté ayant creu, par l'advis de la Reine régente sa mère, que le moyen de maintenir la quiétude dans son royaume estoit de laisser les choses au mesme estat que la prudence du feu Roy, son père, les avoit mises, et ceux de la R. P. R. mesme, dans le cayer qu'ils présentèrent, ne demandèrent autre chose que d'estre maintenus en la continuation des exercices qu'ils avoient. Et de fait, le feu s^r évesque de Castres ayant demandé au conseil que l'exercice de ceux de la R. P. R. fût osté des lieux de Castelnau de Brassac, Lamiate et le Teilh, par arrest contradictoire, on réduisit pour lhors l'instance à justifier si l'exercice s'y faisoit lhors de la mort du feu Roy ou non, si bien que ceux dudit Savarat et autres lieux pris par force n'ont point fait l'exercice de ladite R. P. R. depuis qu'ils ont esté pris jusques en 1653, qu'ils ne l'ont jamais demandé en exécution de l'édict, et que si dans quelqu'un de ces lieux on s'est émancipé de le vouloir faire, cette action a esté regardée comme un attamptat commis par des gens qui n'ont eu de la bonté du feu Roy que la vie et les biens, quelqu'uns même d'entre eux ayant esté punis de leur rebellion.

Les choses sont demeurées en cet estat jusques à la mort du feu Roy. En suite de la déclaration donnée au commencement de la régence rien n'a deu estre innové, de sorte que le titre de ceux dudit lieu de Savarat, et autres pris par force. n'est autre sinon l'entreprise qu'ils ont faite, pendant les mouvemens en 1652, de s'establir au préjudice de la loi que le vainqueur leur avoit donnée, de l'édict de 1629, de la volonté du feu Roy et de l'édit de 1643. Que si l'on dit que la foy de ces historiens n'est pas suffisante pour dire qu'ils ont esté pris par force, on respond que ce seroit à eux de rapporter leur capitulation, ainsi que tous les autres qui en ont eu en justifient, et que le scindic du clergé a offert de prouver la manière que cette place a esté prise, par témoins, ce qui auroict peu se faire aisément, cela n'excédant point la mémoire des hommes et y en ayant beaucoup qui y ont esté présens et dont il ne faut point d'autre preuve sinon qu'ayant fait l'exercice auparavant, ils l'ont cessé depuis ce temps-là, sans entrer aux synodes, colloques et autres assemblées de ceux de ladite R. P. R., et qu'il seroit d'une périlheuse conséquence si, estans décheus de leur droit par leurs crimes, ils croyent si restablir par un nouvel attamptat.

Et nous de Peyremalès, commissaire de ladite R. P. R., disons que par les *actes* remis, appert que l'exercice de lad. religion a esté fait audit lieu de Savarat avant les années de l'édit, aux années de l'édit et après, car par la *quittance* faite par Duciol (?) au collecteur de l'église de Savarat, de la somme y contenue pour la portion de lad. eglise des sommes imposées sur les eglises de la R. P. R. pour le payement des estrangers, il appert qu'en l'année 1572 ladite eglise de Savarat est appelée *église*, ce qui indique nécessairement un exercice de religion. Et par la *Transaction* du mois de décembre 1577, passée entre le nommé Prat et les consuls dud. Savarat, pour le fait y énoncé, il resulte que led. Savarat fut aussi qualifié du titre d'*église* et que, conjointement avec celles de Mazères et Saverdun, qui ont esté toujours au rang des véritables églises, elles auroient député ledit Prat à Montauban pour leurs affaires communes; et les conventions faites entre les consuls dud. Savarat et ceux des Bordes, le dernier aoust 1583, font voir clairement que ledit exercice a esté fait en ce lieu, en ce qu'à faute d'un ministre affecté, le s^r Austry, ministre, debvoit communiquer audit Savarat le quart de son ministère sur le lieu, à condition que lesdits habitans contribueront pour un quart de ses gages et fraix de synode et colloques, ce qui ne peut estre contredit, quoique l'acte rapporté ne soit signé d'aucun, puisqu'il se trouve paraffé et non contesté, et produit en bonne et deue forme au procès des Bordes par le scindic. Et il faut inférer de cet *acte* que ledit exercice y estoit puisque le quart du service y fut accordé.

Lesdites conventions sont encore censées fortifiées et ledit exercice prouvé par le *contract de vente* faite à Mr Scon, ministre dud. Savarat, le 16 may 1588. Or, estant nommé ministre, il faut conclure qu'il y avoict exercice ordinaire de lad. religion. Et par l'*extrait* des mariages et baptesmes administrés à ladite église de Savarat, tant par Mr Scon que Mr Austry, ministre, depuis 1585 jusques en 1656, il appert dud. exercice, et particulièrement des années de l'édict, lesquels actes d'exercice ne se faisoient pour lors sans prédication publique, suivant l'arresté du synode tenu à Lyon en l'année 1563. De la lettre du xx mars 1591 résulte que led. lieu de Savarat avoict un ministre et un concistoire réglé, d'autant que les consuls et anciens de Saverdun remercient les consuls et anciens de l'église de Savarat de leur avoir donné le s^r Scon, leur ministre, pour servir leur église, [en] son quartier, et le rendent suivant[1].

L'*arresté du colloque* et l'*extrait des patentes* du roi Henry 4e avec l'*estat* dressé en suite de la bénéficence qu'il accordait aux églises et ministres servans, font voir que ledit exercice estoit fait et estably aud. Savarat en 1592, en ce que led. s^r Scon est compris aud. estat pour 200 liv., et à suivre led. estat il est dit estre ministre dud. Savarat, et ce seul acte debvroit suffire pour maintenir lesd. habitants audit exercice puisqu'il s'y faisoit suivant l'intention du Roy.

De l'*extrait* du testement dudit Scon, ministre de Sabarat, du deuxième juin 1593, il conste qu'il y avoict un ministre et un concistoire par le légat de dix escus qu'il y a fait aux pauvres de lad. église, distribuables par les anciens et par le département, fait au colloque tenu à Pamiès, le 15 janvier 1594, lad. église de Savarat est cottisée pour treitze livres dix sols et est par conséquent véritable eglise, et aux années de l'édit par la quittance faite par ledit s^r Scon, ministre dud. Savarat, aux consuls dudit lieu, le dernier octobre 1596. de la somme de 60 liv. pour le premier quartier de ses gatges qui avoient commencé le xxiiii juin audit an, il est manifeste que led. exercice y est publiquement

---

[1] Phrase obscure qui signifie, peut-être, que les honoraires de ce ministre furent inscrits désormais dans le rôle annuel des dépenses de la communauté de Saverdun, à moins qu'on ne doive lire « servant ».

fait. Et les *exploits de saisie et inquantz* remis, faits ès années
1596, 97 et 1598, à l'issue du presche du matin, au devant la
porte du temple, sont des marques certaines et incontestables que
led. exercice y estoit establi et fait publiquement par plusieurs et
diverses fois audit Savarat, sans que lesdits exploits puissent être
débatus en aucune manière, puisque sur iceux les cours souverai-
nes et subalternes donnent leurs jugemens et interposent leurs
décrets sur les biens. Et par la *quittance* d'un légat pie fait par
les anciens dudit Savarat, le 7ᵉ apvril 1597, il appert qu'il y avoit
un consistoire réglé aud. lieu. Encore cela mesme est justifié par
le testement du 6 mars 1597, dans lequel est faict un légat aux
pauvres de lad. eglise, distribuable en présence des anciens de
l'eglise réformée dudit Savarat. Cette continuation d'exercice est
pareilhement justifiée par le *département* fait à Pamiès, le 15 janvier 1598, par une assemblée ecclésiastique où lad. église fut
cottisée, et par les deux *quittances* faites pour Mʳ Austry, ministre de Savarat, en l'année 1603, et par Mʳ Marsolan, aussy ministre dud. Savarat en 1609, pour leurs gatges.

La rébellion prétendue alléguée ne peut pas oster la force de
cette preuve, parce que, suivant mesme les historiens cités par le
scindic, les habitans dudit Savarat quittèrent la place aux armées
du Roy et se retirèrent ailleurs pour sauver leurs vies, et ainsi
ladite ville ne fut point forcée puisque les gens de guerre n'y
trouvèrent point de résistance. Et quand mesme il y en auroict eu,
les édits de pacification qu'il a plu au roy Louis XIII, d'heureuse
mémoire, d'accorder à tous ses subjets ès années 1626 et 1629, les
mettent à couvert de ce reproche, ne faisant aucune distinction de
ceux qui avoient esté forcés dans leurs villes par les armes du Roy
d'avec ceux qui n'avoient point résisté, ny ayant point d'exception
qui puisse faire perdre ledit droit, car si l'intention du Roy eust
esté d'excepter de l'abolition générale les villes et lieux pris par
force d'armes, il auroict fait expresse mention desd. lieux, comme
il a fait de Privas à son édit de 1629, et ainsi lesd. habitans de
Savarat doibvent jouir du bénéfice desd. édits par lesquels il est
accordé à ceux de lad. religion prétendue réformée que l'exercice
seroit rétabli et eux remis à leurs biens, et leur est remis et
pardonné toutes levées d'armes, entreprises et actes d'hostilité et

en sont déchargés, ensemble de tous soulèvemens, émotions populaires et autres choses généralement contenues ès articles 75 et 77 de l'édit de Nantes ; et les commissaires qui ont procédé devant nous à l'exécution de l'édit y auroient interdit l'exercice si ladite prise en eut deu priver lesd. habitans ; et les ordonnances et arrets qui pourroient estre allégués ne peuvent venir en aucune considération, ni faire préjudice auxdits habitants de Savarat, attendu que nous ne voyons pas les motifs sur lesquels ils ont esté rendus et en tant mesme qu'ils pourroient estre contraires aux édits ; en conséquence desquels, lesdits habitans ont fait et continué led. exercice, et partant apparoissant que led. exercice y a esté fait publiquement et suivant les édits, nous disons et sommes d'advis de maintenir lesd. habitans de Savarat au droit et faculté de faire et continuer led. exercice aud. lieu de Savarat, avec deffences aud. scindic et à tous autres qu'il appartiendra de leur donner aucun trouble ni empêchement, sur les peines portées par les édits.

Fait à Monpelier, le 28ᵉ octobre 1667.

Signé : BEZONS et de PEYRAMALÈS.

Collationné à l'original : FORNIER.

(Arch. de la Haute-Garonne : Évêché de Rieux.)

XX.

1630-1744.

LES ABJURATIONS DANS LE DIOCÈSE DE RIEUX.

Il n'est pas douteux que la révocation de l'Édit de Nantes (oct. 1685) n'ait provoqué, dans les milieux huguenots du diocèse de Rieux, comme ailleurs, des abjurations et des conversions peu sincères. Les récriminations de plusieurs recteurs de paroisses rivoises ne garantissent que trop la réalité de ce fâcheux résultat. On se tromperait cependant si on attribuait à la révocation du fameux Édit l'unique cause des conversions au catholicisme. Un mouvement partiel de retour s'était manifesté auparavant, alors que les moyens de répression violente et les sanctions pénales n'avaient pas encore été inventés et mis en œuvre. La persuasion douce et lente, qui aurait dû seule être employée et dont les effets auraient été stables et de bon aloi, aboutit à des conversions dès les premières années du dix-septième siècle. Voici pour le diocèse de Rieux la nomenclature des abjurations, assurément incomplète, telle que nos documents nous ont permis de la dresser.

1630, 3 avril. — Abjuration de Pierre Pérès, du Carla, en

présence du P. Alexandre Domayron, religieux de l'ordre de Saint-François, prédicateur à Lézat, et de M⁰ François Tissier, chanoine de Rieux.

1630, 7 avril. — Abjuration de Suzanne Cazadieu, fille d'Arnaud Cazadieu et de Guillaume Bordenave, du Carla. Témoins : MM. Pujol, recteur du Fossat; Dubourg, recteur de Cuq, et Ramond Maurin, prêtre.

1634, 2 juillet. — Abjuration de Jacques Rouch, du lieu de Clermont, accomplie en l'église Saint-Paul de Clermont et reçue par M⁰ Nicolas Decamps, bachelier en théologie, recteur de Campaigne, commissaire député par Jean-Louis de Bertier, évêque de Rieux. Témoins : Anthoine Tolza, recteur de Clermont : les consuls du lieu, noble Pierre d'Hautpoulh d'Ausillon, sʳ de Lamothe ; Pierre de Casteras, sʳ de Lagrausse : Pierre Rouais, notaire de Rimont, etc., etc.

1645, 18 avril. — Pierre Duvila, tisserand, natif de Sabarat, habitant de Montesquieu-Volvestre en 1645, abjure à Rieux, entre les mains de son évêque.

1647, 25 septembre. — Abjuration de Jean Bruguières, dit Cadaichou, du Carla, faite à Rieux, devant l'évêque.

1648, 25 juin. — Magdelaine Ribaute, native de Canalès, juridiction du Carla, préalablement instruite « des points de la « religion catholique, appostolique et romaine », abjure dans l'église Saint-Étienne d'Esplas. Témoins : M⁰ Etienne Dajac, recteur de cette paroisse, et Arnaud Courtade, recteur de Martignac.

1648, 20 juillet. — Pierre Barthe, du Carla, abjure à Rieux, entre les mains de son évêque.

1648, 14 septembre. — Abjuration de Jean Esmalh, du lieu de Camarade, mais fixé depuis un an à Bajou. Cérémonie accomplie en l'église de Bajou, après vêpres. Témoins : M⁰ Jean Missaut, bachelier en théologie, recteur de Bajou; Martin Delmas, recteur d'Artigat, et Pierre Tourré, recteur de Lanoux.

1648, 13 octobre. — Rachel d'Abraham abjure, à Noé, entre les mains d'Antoine de Fargues, vicaire du lieu, et est ensuite renvoyée à Saverdun, sa paroisse : « pour estre davantage instruite en « la croyance de l'Église catholique, apostolique et romaine, selon

« son désir, et à cette fin qu'elle fasse la confession auriculaire et
« communion en sa paroisse, par le ministère de son propre
« pasteur... »

1649, 30 mars. — Le P. Jean-François Pandelé, prieur des
Jacobins de Limoux, prêchant le carême à Saint-Ybars, déclare
que Jeanne Savignol, fille de Mauri Savignol, meunier, logée à
Canens, a fait abjuration de l'hérésie dans l'église de Saint-
Ybars. Était recteur de cette paroisse : Pierre Paredé. — Étaient
chanoines de la collégiale de Saint-Ybars : Pierre Rivalz et
Pierre Francazal.

1651, 16 avril. — Daniel Renom « tisseur de razes du lieu de
« Tonneux au diocèze d'Agen », abjure à Montesquieu-Volvestre,
en présence du curé, des consuls, etc.

1652, 16 mai. — En l'église de Daumasan, Mathieu Béret,
Magdeleine Lamothe, sa femme, et Guilhaume Béret, son fils,
abjurent l'hérésie entre les mains de Mre Bernard Boussac, bachelier en théologie et recteur du lieu. — Témoins : Arnaud Aressy et
Étienne de La Roche, vicaires de Daumasan : Bernard Estaque,
prêtre, etc.

1657, 6 mai. — Dans la chapelle de Larouzet, annexe de
Gensac, au diocèse de Rieux, Anne de Puifarre, « natifve de
« Nérac, au diocèse de Condom », abjure entre les mains du
P. Valérian Anouilh, religieux de l'Observance de Saint-François,
du couvent de Rieux. — Témoins : Jean Boffartigue, recteur de
Gensac ; Anne de Puifarre ; Cazaulx, vicaire ; Descavaignous,
Sentaigne, notaire.

1662, 26 octobre. — Dans le palais épiscopal de Rieux et en présence de Mre Guilhaume de Mulatier, prêtre, docteur en théologie,
prieur d'Aurignac en Comminges, vicaire général de Rieux, comparait Jean Faure, s^r de Pailhès, natif de Varilhes au diocèse de
Pamiers, lequel déclare : « Qu'il y a environ sept ans qu'estant
« chirurgien major au régiment de son Altesse de Candale, à
« Mesle, dans le Haut-Poytou, il se seroit laissé persuader par
« grande lascheté et peu de fermeté dans la religion catholique,
« apostolique et romaine, d'aller au concistoire, et là, faire
« promesse, en présence des ministres et autres personnes de la
« R. P. R., de vivre à l'advenir dans lad. R. P. R. et de signer

« dans un mois la profession de foy huguenote, ce que néanmoins
« il n'auroit pas exécuté, et de tant que du despuis il a plusieurs
« fois considéré le grand malheur dans lequel il s'estoit laissé
« aller par complaisance et l'estat de perdition auquel il s'estoit
« engagé, il se présente aud. s^r vicaire général pour demander
« pardon à Dieu et à l'Esglise de son péché, détestant son apos-
« tasie et protestant de vouloir vivre et mourir en la religion
« chrestienne, catholique, apostolique et romaine, suppliant led.
« s^r vicaire général le recepvoir et luy vouloir despartir le bénéfice
« d'absolution et le remettre dans le sein de l'Église, laquelle
« déclaration ayant esté acceptée par led. s^r vicaire général et
« acquiesçant à lad. supplication, il auroit à l'instant absous led.
« Faure de son crime et péché, ce faisant remis dans le sein de la
« sainte Église catholique et romaine suivant son désir, dont a esté
« dressé cet acte..., etc. » — Présents : Mre Jean-Christophe
Despezels, prêtre, docteur en théologie, vicaire du Fousseret;
Jacques Palenc, de Rieux, etc.

1663, 30 mai. — A Saint-Martin-Doydes, abjuration de Paul
Faurous, natif de la juridiction du Mas-d'Azil.

1667, 26 janvier. — En l'église des religieuses de Sainte-
Ursule, de la ville de Carcassonne, et devant Mre Simon de
Ribeyran [1], prêtre, docteur en théologie, archidiacre en l'église
cathédrale de Comminges, commissaire de l'évêque de Rieux,
comparaissent noble Pierre de Castet, s^r de la Bolvène, habitant
du Carla, âgé de cinquante-cinq ans environ, et Daniel Daram,
tisserand de Saverdun, âgé de trente-six ans : « Lesquels estant
« à genoux, teste descouverte, devant l'autel maige de lad. esglize,
« ont dict que despuis quelque temps, par inspiration divine, aiant
« recogneu les hérézies et faucetté de leur religion, désirant de
« quitter icelle et faire le salut de leur âme... ont faict et font
« abjuration perpétuelle à leur religion... ayant protesté estre
« marris d'avoir vescu sy longues années dans ceste fauce religion
« et demandé très instamment d'estre admis en la religion catho-

---

[1] Voy. au sujet de Simon de Ribeyran, qui devint vicaire général de l'évêque
de Comminges. Gilbert de Choiseul du Plessis-Praslin : *Approbations commin-
geoises des « Pensées de Pascal »* dans la *Revue de Gascogne*, 1899, p. 421, et
Le Testament de Jean de Ribeyran (*Ibid.*, 1903, p. 29).

« lique, apostolique, romaine, en laquelle ilz ont protesté vouloir
« vivre et mourir et observer ponctuellement les reigles d'icelle,
« et après qu'il leur a esté représenté les hérésies de leur religion
« et les vérittés de la Sainte Escriture, de l'Évangille et des
« sacremans, ont tous deux à l'instant, avec ferveur faict confes-
« sion de foy en lad. relligion catholique... avec protestation de
« vivre et mourir en icelle... mesme d'exposer leurs biens et leurs
« vies pour le soustien des vérittés de lad. relligion, et de donner
« bon exemple à ceux quy leur sont soubzmis et ainsin l'ont
« promis et juré, leurs mains mizes sur les Sts Évangiles de
« N^{re} Seigneur, et après avoir faict leur acte de contrition et receu
« l'absolution et bénédiction dud. messire de Ribeyran... » —
Témoins : Mre Pierre Reboutier, docteur en théologie, procureur
fiscal de l'évêque de Rieux; Guillaume Frémon, de Rieux, etc.,
Jean Born, notaire de Carcassonne.

1667, 19 février. — Dans le même lieu et en présence des
mêmes personnages que ci-dessus, abjuration de Jean de Castet,
écuyer, fils de noble Pierre de Castet, qui abjura le 26 janvier
précédent.

1677, 21 août. — Françoise (*alias* Jeanne) de Granier, fille de
Jacques de Granier, s^r du Claux, habitante de Rieutalhol [1], après
avoir été instruite dans la foi catholique par Mre Jean-Bernard
Pons, recteur de Gabre, abjure en ce lieu, en présence de Mre Jacques Labrunie, recteur de Camarade « et vicaire forain de la
congrégation [2] de Daumazan ». — Acte notarié d'abjuration dressé
le 7 septembre [3].

[1] Juridiction de Gabre.

[2] Vicaire forain du district ecclésiastique de Daumazan.

[3] Les procès-verbaux relatant les cérémonies d'abjuration dans le diocèse de
Rieux contrastent avec la description en style théâtral de ce que l'on a appelé
une grande scène d'abjuration. Je demande à mes lecteurs la permission de leur
citer un fragment de cette littérature assurément plus colorée que mes sèches
énumérations :

« On prépara une grande scène d'abjuration [après la révocation de l'Édit de
« Nantes]. Elle eut lieu sous la halle du Mas-d'Azil... C'est sous ce mercadal
« couvert, décoré, pour la circonstance, de draperies et de verdure comme un
« vaste reposoir (à côté du marché aux volailles, aux moutons et aux porcs), que
« devait avoir lieu la foire des âmes, le bazar des consciences. L'évêque Berthier
« vint de Rieux, l'intendant arriva de Perpignan, avec eux force noblesse du
« pays de Foix. Les dragons cernaient la place. C'était une solennité moitié

1677. — État de ceux qui ont fait abjuration de la R. P. R. dans le diocèse de Rieux, depuis le 1ᵉʳ janvier 1677, la plus part chefs de familles : Daniel et Marie Vintrou, Daniel et Marie Soulier, Bertrande Péchaude, Pierre Brouchaud, Françoise de Digne, Germaine de Cazaing, Daniel et Marie Marty, Daniel, Bernard et Pierre Abadie, Étienne, Pierre et Jacques Rous, Jacques Cros, Marie Decamps, David Loze, Paul et Bernard Verger, noble Michel de Bruguière, sʳ de Cabanac, Françoise de Grenier, Rachel Langlade, Jean Pons, Machicot, sa femme et ses enfants.

L'Estat des familles catholiques et de la Religion prétendue réfformée quy sont dans la paroisse de Camarade [1]*... 1683,* mentionne certaines autres abjurations :

« Hercules Vergé et sa femme Jeanne Gros, qui ont fait « abjuration, le mary depuy six semmaines et la femme depuis

« religieuse, moitié militaire. Les hérauts, à son de trompe, convoquèrent les
« nouveaux convertis. Ils arrivèrent, les nobles en tête. Leurs pères, soixante
« ans auparavant, délibéraient sur cette même place, en hauts de chausse et
« en pourpoint de buffle, appuyés sur leurs grandes épées, leurs faces fières et
« martiales, les fronts tondus comme des consuls romains. On vit venir des
« petits hommes généralement obèses, noyés dans des flots de dentelles et
« d'immenses perruques, coiffés de petits feutres triangulaires avec des rabats
« de procureurs et des rapières horizontales : fausses chevelures, fausses épées,
« fausses consciences. Sentenac, l'ancien de l'église [réformée] secrètement
« acheté, fut l'orateur. Il harangua l'évêque et l'intendant et leur dit que les
« habitants du Mas-d'Azil s'empressaient d'abjurer l'hérésie de Calvin pour
« rentrer dans le giron de la sainte Église romaine et dans la communion du
« plus grand monarque. Et là-dessus, l'évêque les introduisit dans l'église du
« Mas-d'Azil où ces étranges néophytes entendirent leur première messe et les
« fanfares vengeresses d'un *Te Deum*.

« Le malheureux pasteur Bourdin vit apostasier (*sic*) un grand nombre de ses
« parents : Salomon Dusson, juge mage du comté de Foix, représentant ses
« frères alors à la cour ou dans les armées, Falentin de Saintenac, ancien de
« l'église du Mas-d'Azil, les Miramont, les d'Escach, les d'Ulliet, les du Gabé,
« les du Pac de Marsolies. Du Gabé descendait d'un ministre de Camarade, et
« d'Ulliet de l'héroïque pasteur du siège [du Mas-d'Azil]. Une avalanche de
« faveurs fondit sur les Dusson. Samuel fut fait marquis de Bonnac, Bonrepaux,
« conseiller d'État, intendant de la marine, ambassadeur... Toutes ces grâces et
« pensions sont de l'année 1685; l'année de la révocation, comme on peut le voir
« dans Moreri, à l'article des Dusson. » — Voy. *Histoire du protestantisme français,* t. Iᵉʳ, pp. 64-65. — Cfr. *Bulletin du protestantisme français,* 1878.

[1] D'après ce document, il y avait à Camarade, en 1683, 89 familles de la R. P. R. comprenant 432 personnes, et 65 familles catholiques comprenant 327 personnes.

« deux ans ou environ, ont un garçon, Jean, aagé de 24 ans, quy a
« fait aussy abjuration de la R. P. R... »

« Paul Pons et Jeanne Durieu, mariés, ont plusieurs enfants ;
« mais n'en y a qu'un garçon catholique quy est Pierre Pons,
« aagé de 3 ans, parce que mary et femme ont fait abjuration de
« la R. P. R. depuis peu et les enfants qu'ils avoient désià sont
« en leur rang de huguenots. »

« Marie Vergé, veuve, qui a fait abjuration depuis deux ans... »

« Jean Dupont Brabet et Catherine Machicot ont fait abju-
« ration... »

« Marguerite Comenge, veuve de Raymond Guichou, a fait
« abjuration... »

Dans l'*Estat des familles catholiques de la paroisse de Sabarat* [1]...
1683, on relève les abjurations suivantes :

« Estienne Bernné et sa femme qui a abjuré l'hérésie depuis
« trois ans... »

« Jacques Daguain qui abjura l'hérézie il y a quatre ans ou
« environ... »

Pierre Faur, sa femme et sa fille ainée « ont abjuré l'hérézie il
« y a quatre ans ».

Un *Estat* semblable aux précédents, dressé, en 1683, pour la
paroisse des Bordes mentionne :

[1] Cet *Etat* indique 24 familles comptant 160 personnes catholiques à Sabarat,
en 1683, et 80 familles comptant 360 personnes de la R. P. R. — L'*Estat des
familles catholiques et de la R. P. R. quy sont dans la paroisse de Maurezin en
1683* note 218 catholiques (33 familles) et 84 huguenots (17 familles), sans
indication d'abjurations. — En 1683, Montfa, annexe de Camarade, a 260
catholiques (49 familles) et 31 huguenots (5 familles). — A la même date nous
trouvons Saverdun avec 835 religionnaires et 539 catholiques. (Cfr., pour
Saverdun, le *Dénombrement des nouveaux convertis* de cette paroisse en 1699,
ibid., L 46). A Sainte-Colombe les catholiques sont au nombre de 158 en 1683,
il y a 141 huguenots. — La statistique des Bordes, en 1683, fixe à 151 le chiffre
des catholiques et à 672 celui des protestants. Au Mas d'Azil on compte 1608
réformés et 528 catholiques. Dans la paroisse Saint-Félix des Salenques on
mentionne 107 catholiques et 130 huguenots. — (Voy. ces *Etats* aux Arch. de
la Haute-Garonne, évêché de Rieux, L. *Religionnaires*).

A noter, dans l'*Extrait du nombre des catholiques et de ceux de la R. P. R.
qui sont dans la juridiction du Carla*, cette particularité qui intéresse la famille
du célèbre Pierre Bayle, originaire du Carla : « Le sieur Baylé, ministre, a trois
« garçons dont les deux sont hors du royaume, l'autre est aussi ministre et
« marié, ont un valet âgé de douze ans et une servante. »

Paul Soulié et Anne Barguière qui « ont abjuré l'hérésie depuis
« un mois ».

*
* *

A partir du mois d'octobre 1685, date de la révocation de l'Édit
de Nantes, on constate une progression énorme dans les abjurations. La nomenclature des noms conduirait trop loin, contentons-
nous de relever les chiffres. Du 11 octobre de cette année au
12 novembre de l'année suivante :

La paroisse de Saverdun compte . . . .   903 abjurations.
Celle du Carla   674   —
Celle de Bajou   22   —
Celle du Mas-d'Azil   744   —
Celle des Bordes   504   —
Celle de Camarade, avec Mauvezin et Montfa.   259   —
Celle de Sabarat   196   —

Soit un total de . . . . 3.302 abjurations
en un an.

En joignant à ce chiffre le nombre approximatif des enfants
âgés de moins de seize ans qui sont censés avoir abjuré avec leurs
parents, on dira, en 1700, que les nouveaux convertis du diocèse
de Rieux atteignent le nombre de 4.359. Il faut convenir que
c'était la conversion en masse. Mais que valait ce *compelle intrare !*
On ne tarda pas à s'en apercevoir. A défaut d'autres sources de
renseignements, il serait permis d'en juger par les plaintes du
clergé, signalées au cours du présent travail, et par les mesures
répressives prises contre les *nouveaux mal convertis*. Mais nous
avons, en outre, pour élucider la question, un cahier bien instructif intitulé : *Estat du nombre de familhes de nouveaux catholiques
du lieu de Sabarat... comme aussy des chefs desdites familhes, depuis
l'année 1685 jusques à prézant* [1690]. Ce document fut envoyé à
l'évêque de Rieux par Mre E. de La Roche, recteur de Sabarat.
Une missive accompagnait le relevé : en voici le texte, il forme
un éloquent commentaire au cahier précité et éclaire avec sincérité
la question des abjurations dans le diocèse de Rieux, cinq années
après la révocation de l'Édit :

✝ *A Monseigneur, Monseigneur l'Illustrissime et Révérendissime
evesque de Rieux, à Rieux.*

« Monseigneur, affin d'obéyr à l'ordre que Vostre Grandeur
« m'avoit prescrit de vous envoyer le roolle que vous me marqués
« de vous le mettre en main, sans faute, mardy prochain, et ce à
« bon matin, je [j'ai] voulen aujourd'huy vous le faire porter par
« cest exprès. J'ay taiché de le dresser conformément aux termes
« de vostre lettre, que s'il n'est pas au point qu'il faut, vous n'avés
« qu'à me le faire cognoistre.

« Je suis marry de ce que je suis sy malheureux que d'avoir de
« paroissiens sy obstinés en leurs erreurs après la clémence et la
« douceur que Sa Majesté et Vostre Grandeur avés exercé en leur
« endroit. J'en ay un regret extrème, dans mon cœur, voyant que
« je travaillie en vain et que je presche aux sourds. Toute ma
« consolation est de ce que je fais tout mon possible à faire le
« deub de ma charge en les exortant à quitter leurs erreurs et
« embrasser la vérité. Attendant l'honneur de vostre réponse et de
« vos ordres, sy tant est que led. rolle ne soit pas dressé comme
« il faut, je suis avec un très profond respect, Monseigneur, vostre
« très humble et très obéissant prebstre et serviteur.

« E. de La Roche, recteur de Sabarat.

« A Sabarat, ce 9 juillet 1690. »

D'où provenait le découragement du recteur de Sabarat ? En
1683 sa paroisse comptait trois cent soixante huguenots. Du mois
d'octobre 1685 au mois de novembre 1690, il s'y produisit cent
quatre-vingt-seize abjurations ; mais, à la vérité, fort équivoques.
En effet, sur quatre-vingt-quatre familles de nouveaux convertis
passées en revue dans le cahier de 1690, quatre-vingt-deux familles sont caractérisées par une des observations suivantes : *Ladite
famille fait mal le devoir de catholique. — Ne se présentent pas à
Pasques. — Font rarement leur devoir de catholiques. —* Une
ancienne huguenote, soi-disant convertie, *fait sy mal le devoir de
catholique qu'elle n'a pas esté trois foix à l'église pour entendre la
messe. —* Les meilleurs convertis viennent parfois entendre la
messe, mais aucun ne remplit le devoir pascal. Quelques-uns
même manifestent leur attachement à l'erreur et se montrent

matins. La famille de Jean Bourianne *est des plus obstinées dans l'hérésie.* — Simon Rousse *ne mérite pas le titre de nouveau catholique, veu qu'il est le plus obstiné dans son erreur.* — La veuve de Vincens Roujas, nommée Sarah Villa, ses deux filles et son fils composent à Sabarat la *famille la plus obstinée à l'hérézie, veu qu'elle ne vient pas du tout à l'esglise...* Que reste-t-il de fidèle parmi les nouveaux convertis? Quelques écoliers que leur maître catholique amène à l'église et à confesse, et *deux* familles de nouveaux réunis sur quatre-vingt-quatre, je dis mal : *un homme* de soixante-quinze ans, Étienne Roujas, *qui ne manque jamais d'aller à la messe quand il est sur le lieu,* tandis que les siens *ne font que rarement le devoir de catholiques,* et la famille François Rouaix, dont les membres *ont confessé,* mais le fils, âgé de dix ans, a seul communié.

De pareilles constatations font toucher du doigt une des graves conséquences de la révocation de l'édit de Nantes dans une des paroisses mi-parties du diocèse de Rieux. En 1700, cependant, M. Rousselet, recteur du Mas-d'Azil, écrivant à son évêque, se montrait plus optimiste que son collègue de Sabarat :

« Les deux derniers dimanches, dit-il, il y a eu une si grande « foule de peuple dans mon église que plusieurs furent obligés de « s'en retourner pour ne pouvoir pas y entrer ; il est vrai qu'il y « eut très peu des principaux bourgeois, mais ils viennent les jours « ouvriers au sermon du soir, et mardi dernier l'église n'était « pleine que des messieurs et des demoiselles de la ville. »

Resterait à savoir si « une recrudescence de la persécution, « dont les assemblées présidées par le prédicant Gardel, dans les « bois de Gabre, avaient été le point de départ[1] », ne contribuait pas au zèle des nouveaux convertis du Mas-d'Azil.

Des *États* périodiques, semblables à celui de Sabarat, analysé plus haut, furent demandés aux évêques des diocèses plus ou moins huguenots, après la révocation de l'Édit[2]. A la lecture de

---

[1] Voy. *Histoire du protestantisme français.*

[2] Au mois de mai 1699, l'évêque de Rieux recevait à ce sujet une invitation significative : « Monsieur. — L'attention que le Roy donne tous les jours, à la « parfaite conversion de ses sujets, nouveaux convertis, et le zèle avec lequel il « tâche de les ramener autant qu'il peut, par les voyes de douceur, ont déter- « miné Sa Majesté, par Elle-même et sans aucune impression étrangère, à donner

ces documents, le pouvoir royal vit la posture ridicule où les religionnaires le plaçaient. Tandis que les évêques, effrayés du danger de sacrilège auquel on exposait les nouveaux réunis, hérétiques dissimulés, si on les poussait à la participation aux sacrements, oscillaient, zélés et incertains, le Roi et son conseil crurent trancher toutes difficultés à coup de sanctions pénales rigoureuses... Ce système permit aux religionnaires d'allonger de quelques noms et de quelques épithètes la liste des héros de leur martyrologe ; mais les anxiétés d'une situation redoutable ne diminuèrent pas d'un degré.

*
* *

J'ignore quel chiffre atteignirent les abjurations dans le diocèse de Rieux, au cours du XVIIIe siècle. Pour en établir le nombre, il faudrait parcourir avec les *États*, les *registres paroissiaux* dans lesquels les recteurs et vicaires avaient l'habitude de consigner ces sortes de cérémonies. Voici, du moins, celles qu'il a été possible de relever parmi les papiers de l'évêché de Rieux :

1735, 29 novembre. — Abjuration de Jean-Pierre Sol, négociant de Saverdun. — Cérémonie accomplie dans l'église de cette paroisse.

« la *déclaration* et l'*instruction* que je vous ay cy devant envoyé par ses ordres,
« et comme Elle désire d'être particulièrement informée des mesures que vous
« avez prises pour leur exécution, Elle m'a commandé de vous écrire de prendre
« la peine de me le faire sçavoir pour luy en rendre compte *et de me marquer,*
« *au moins de trois mois en trois mois, le progrez que vous ferez dans votre diocèze,*
« n'ayant rien si fort à cœur que de voir tous ses sujets réunis dans le giron de
« l'Église.
    « Je vous assure, Monsieur, que vous ne pouvez mieux faire votre cour à Sa
« Majesté, ny mériter sa protection et ses grâces, qu'en vous conformant exac-
« tement à tout ce qu'Elle vous a prescrit, et j'auray beaucoup de plaisir de
« contribuer à ce qui me donnera lieu de vous faire connaître que je suis véri-
« tablement, Monsieur, vostre très humble et très affectionné serviteur.
« CHASTEAUNEUF. — A Marly, le 16 may 1699. — M^r l'Évesque de Rieux. »
    Antoine-François de Bertier, destinataire de la précédente missive, avait
reçu, en 1689, cet autre billet : « Monsieur, le Roy désirant être informé de la
« conduitte que tiennent les nouveaux convertis auxquels il a été accordé des
« pensions ; je vous prie de vouloir bien me faire sçavoir si le s^r de Courbaut,
« qui est de votre diocèze, remplit tous les devoirs de la religion qu'il a
« embrassée, afin que je puisse être en état d'en rendre compte incessamment
« sur l'avis que vous m'en donnerés. Il me semble que luy ni sa famille ne font
« rien qui vaille. — Je suis, etc... DE LA BERCHÈRE. — A Montauban, ce
« 28 avril 1689. » — (Arch. de la Haute-Garonne : Évêché de Rieux.)

10

1736, 7 octobre. — Dans l'église de Martignac, juridiction du Carla, abjuration de Marie Freiche, de Canalès, juridiction dudit Carla, fille de Bernard Freiche et de Anne Ribaute.

1740, 13 mars. — Dans l'église de Niau, annexe de Nogarède, abjuration de Magdeleine Missaut, en présence du recteur Mʳᵉ Gély et du peuple assemblé pour entendre la messe.

1740, 25 juillet. — Pierre Loude, fils de Jean Loude et de Marie Forgues, du lieu de Camarade, abjure en l'église de Mauvesin. — Témoins : Mʳᵉ Decamps, vicaire de Mauvesin ; Coutanceau, recteur de Contrazy, etc.

1742, 21 janvier. — Marie Labail, fille d'Elie Labail et de Nanon Cottes, abjure en l'église du Mas-d'Azil, en présence du recteur Mʳᵉ Géraud Lapeyre.

1743, 2 janvier. — En l'église du Mas-d'Azil, Marie Fustier, fille de Bernard Fustier et de Jeanne Peyré, réitère l'abjuration faite par elle, le 30 décembre 1742, en l'église de Sabarat, devant Mʳᵉ Jacques Rufﬁat, recteur de Sabarrat.

1744, 21 juin. — Etienne Itité, chirurgien du Fossat, abjure en présence de son curé Mʳᵉ Jacques Lafont et d'autres témoins.

1744, 15 novembre. — Bernard Rouch, fils de Jean Rouch et de Françoise Commenge, abjure en l'église du Mas-d'Azil, en présence de Mʳᵉ Géraud Lapeyre, curé du Mas.

*
* *

Formule d'abjuration usitée dans le diocèse de Rieux :

« Jou N... d'un cor contrit et humiliat reconesqui et confessi
« devant la Très Sancto Trinitat et touto la cour célesto, et vous
« autrés quetz aïsi témoings, d'avé grandement peccat en crésen
« atz hérétiquos et à lours différentos hérésios, principalement à
« las de Calvin et Luter, mès aros que per la gracio de Diu, iou
« me reconesqui, jou abiurri, execri et anathématisi libroment,
« voloutarioment et sicerement, toutos las susditos hérésios et
« toutos autros, de quel nom et sorte que se sion. De plus jou
« consenti en toutos causos dambé la Sancto Gléiso de Romo et
« confessi de cor et bouco et prometti de garda toutiour sincère-
« ment d'aïsi en devant aquella fé que la Gléiso de Romo tén,

« gardo et predico et toutos aquellos susditos causos jou prométi
« et juri de fa.

« Plassio à Diu de m'y aïuda et aquestis Sanctis Evangelis
« que soun sius ! »

(Arch. de la Haute-Garonne : Évêché de Rieux.)

<hr>

XXI.

1670. — 29 OCTOBRE.

TENTATIVE D'ASSASSINAT CONTRE JEAN DEMPORTES,
HUGUENOT CONVERTI.

Cette tentative d'assassinat eut lieu, en pleine foire, sur le pont de la
ville des Bordes, en haine de l'abjuration du protestantisme, dans les
circonstances suivantes :

Extrait des Registres du Conseil privé du Roy.

Sur la requeste présentée au Roy, en son Conseil, par le sindic
du clergé du diocèse de Rieux, contenant que bien que le point
principal de la commission donnée par Sa Majesté, dans les
provinces, aux commissaires exécuteurs de l'édit de Nantes, soit de
restablir la liberté de l'exercice de la religion catholique, apostolique et romaine dans tous les lieux où il avoit esté interrompu
pendant les guerres, et aux sujets de Sa Majesté de la R. P. R. de
se convertir à la religion catholique quand Dieu leur inspire un
si pieux dessein, il estoit vray néantmoins de dire que les
catholiques des lieux des montagnes de Foix, au diocèse de Rieux,
où les huguenots sont en plus grand nombre, n'avoient encore pu
jouir parfaitement de cette liberté d'exercice, ny ceux parmi les
huguenots que Dieu inspire de changer de religion, de la seureté
de leur vie, au cas qu'ils suivent un sy pieux mouvement. Que
cela avoit donné lieu au suppliant de porter diverses plaintes sur
les insultes qui sont commises journellement, par les huguenots, contre les églises, les personnes des ecclésiastiques et des
nouveaux convertis, principalement aux lieux du Mas-d'Azils
et des Bordes dont (*sic*) par le support que les huguenots trouvent en la chambre mi-partie séante, de Castelnaudary, et leur

esloignement des personnes à qui Sad. Majesté commet son authorité dans les provinces, les ayant rendus plus insolens, ils seroient venus jusques à ce point de meschanceté que d'entreprendre de faire un chastiment exemplaire d'un pauvre homme nommé Jean Demportes, qui s'estoit converti dans la ville du Mas-d'Azils, qu'ils avoient assassiné le 29e octobre dernier, au lieu des Bordes, pour empescher, par l'exemple de ceste punition, un grand nombre de personnes qu'on sçait estre dans les dispositions de se convertir dans lad. ville du Mas-d'Azils où ils n'ont encore souffert d'habiter qu'à trois ou quatre familles des pauvres catholiques de leur dépendance, affin qu'ils assistent par forme aux conseils de la ville, ce qui auroit donné lieu au sr de Bezons, commissaire député par arrest du conseil, du 16 février 1671, qui auroit eu connaissance d'une infinité d'excès commis par lesd. huguenots, de faire informer de ce dernier par Me Jean Lannes, magistrat royal en la judicature de Rieux.

Et comme il luy eust paru, par lad. information et plainte dud. Jean d'Emportes, que venant de faire son abjuration à Rieux, il auroit esté maltraicté par les srs de Gottes, du Mas-d'Azils, en hayne de sa conversion, et peu de jours après il auroit esté attaqué et assassiné en pleine foire et sur le pont de lad. ville des Bordes, le 29e octobre dernier, par François et David Cavé, père et fils, dud. Mas-d'Azil; Pierre et Jean Dupias, de lad. ville des Bordes, anciens et principaux huguenots desd. villes, et autres en nombre soixante. Lesquels armés d'espées et bastons l'auroient sy fort blessé, en divers endroicts, qu'il fust laissé mourant sur la place, et frère Rivet, religieux bénédictin dud. Mas d'Azil, qui s'y rencontra, leur voulant remonstrer leur faute, exceddé de plusieurs coups, criant à haute voix contre led. d'Emportes : *Au révolté ! Au révolté ! pour avoir pris une religion qui ne valoit rien, ny ceux qui la soustenoient,* et autres paroles séditieuses et injures deffendues par les édits sur peine de la vie. »

La connaissance de ce fait avait été confiée par Mr de Bezons au sr Lannes, mais les intéressés recoururent à la Chambre de l'édit, de Castelnaudary. Le Roi évoqua ensuite le tout à son conseil, pour statuer ce que de droit.

(Arch. de la Haute-Garonne : Évéché de Rieux).

XXII.

1677-1680.

Les Huguenots du Mas-d'Azil et les Écoles catholiques.

En réponse à une requête du syndic du diocèse de Rieux et de
Mre Bertrand Salin, recteur du Mas-d'Azil, M. de Foucault, commissaire royal en la généralité de Montauban, avait rendu, le 29 juin
1677, une ordonnance obligeant indistinctement les habitants du Mas
à contribuer à la construction d'une maison curiale et à l'entretien d'un régent catholique, aux gages de 150 livres par an. Les consuls
huguenots du Mas-d'Azil se pourvurent contre cette ordonnance
(renouvelée d'ailleurs, le 26 mai 1678), et adressèrent requête à
MM. de Foucault et de Bar, seigneur et baron de Villemade, députés
royaux pour l'exécution des édits et déclarations « concernant le
« faict de la religion ». Ils soutenaient qu'en vertu de l'édit de
Nantes et de l'article 36 de la déclaration de 1669, réformant
l'article 59 de la déclaration de 1666, « obtenue par surprise par le
« clergé de France », les religionnaires étaient dispensés des contri-
butions qu'on voulait leur imposer au Mas-d'Azil. Ils ajoutaient :
« Les supplians payent, en leur propre et privé nom, leurs régents,
« et ne prétendent point que les catholiques y contribuent en rien. »
Cette pièce fut communiquée aux consuls catholiques du Mas-d'Azil.
Malgré la bonne volonté et les ordonnances des commissaires,
l'affaire traîna en longueur, et en 1680 les catholiques du Mas-d'Azil
étaient encore privés de leurs « petites écoles ».
Les documents qu'on va lire nous mettent au courant des négociations
engagées à ce sujet.

1. — Requête du syndic du clergé de Rieux pour l'établissement
d'une école catholique au Mas-d'Azil (1677).

*A Mgr Foucault, chevalier, conseiller du Roy en ses conseils... et
commissaire départy par S. M. pour l'exécution de ses ordres en
la généralité de Montauban.*

Supplie humblement le scindic du clergé de Rieux disant qu'en
la ville du Mas d'Asils, en Foix, qui est dans led. diocèse de Rieux,
les habitans faisant profession de lad. R. P. R. se trouvant en
plus grand nombre que les catholiques ont empêché jusques à
présent l'establissement d'un régent catholique pour l'instruction
de la jeunesse, et de tant, Mgr, qu'il est important de corriger cet
abus et d'y pourvoir par l'establissement d'un régent catholique,
conformément aux déclarations du Roy, arrests de son conseil,
l'usage universel et vos précédentes ordonnances, attendu que
toutes les communautés sont censées catholiques dans ce royaume,

plaira à voz grâces, Mgr, ordonner que par tout le jour après la signification, les consulz modernes dud. Mas d'Asil assembleront la communauté pour deslibérer sur le fondz nécessaire et annuel aux fins du paiement de la somme de 150 livres pour les gages d'un régent catholique qui sera nommé ou approuvé par Mgr l'évêque de Rieux, lequel régent faira son séjour et résidance en lad. ville du Mas d'Asil, et en deffaut, lesd. consuls seront constraints à peine de 100 livres d'amande en leur propre et privé nom, et ferés justice.

B. COMPAING.

Veu la présente requeste, nous ordonnons que, dans le jour après la signification de la présente ordonnance, les consuls dud. Mas d'Azil fairont assembler la communauté pour deslibérer sur les fins et conclusions de lad. requeste, à peine de 100 livres d'amende, etc.

FOUCAULT.

Ordonnance signifiée, le 21 août 1677, à Antoine Soula, premier consul du Mas-d'Azil.

(Arch. de la Haute-Garonne : Évêché de Rieux.)

2. — DÉLIBÉRATION DU CONSEIL DE VILLE AU SUJET DE L'ÉTABLISSEMENT
D'UNE ÉCOLE CATHOLIQUE.

L'an 1677 et le 22 du mois d'aoust, le conseil politique de la ville du Mas d'Azils ayant esté assemblé par l'ordre des s^{rs} Soulla, Garaut et.... consulz de lad. ville, dans la maison dud. Garaut, lecture a esté faicte de la copie d'une ordonnance de Mgr l'Intendant, rendue sur la requeste du scindic du clergé de Rieux, pour l'establissement d'un régent dans lad. ville, laquelle leur fust hier intimée à la réquisition dud. scindic, laquelle ordonnance porte que pour tout le jour après la signification, les consuls assembleront la communauté pour délibérer des fons nécessaires pour le payement de 150 liv. pour les gages d'un régent qui sera nommé et approuvé par Mgr l'évêque de Rieux, sur quoy lesd. s^{rs} consuls ont prié la compagnie de vouloir délibérer :

M. le recteur, opinant le premier, a esté d'avis qu'en obéissant à lad. ordonnance on imposeroit à la prochaine cotize la somme de 150 liv. pour le payement des gages d'un régent qu'il plaira à Mgr de Rieux commettre pour l'instruction de la jeunesse du lieu, attendeu que c'est l'usage de toutes les communautés qui portent seulement le nom de ville, d'avoir un régent payé, et payé aux despens d'icelles, qui tienne les petites escoles dans lesquelles on n'enseigne pas seullement à lire, escrire et l'arithmétique, mais encore le latin et les humanités ; que celle-ci est la seule du diocèse privée de ce secours faute duquel plusieurs personnes se trouvent hors d'estat de pousser leurs enfans dans les charges politiques, judicatures et emplois ecclésiastiques, qu'il n'y a pas dans le royaume de gages de régent plus modiques que de 50 escus portés par lad. ordonnance, que cet establissement estant conforme auxd. déclarations du Roy et arrests du Conseil, estant déjà fait ou se faisant journellement dans toutes les villes demy parties de la généralité de Montauban, il ne laissait pas de se faire, quand mesme il y auroit quelque opposition de la part de ceux de la R. P. R., estant avantageux à toute la communauté et à eux mesme puisque leurs enfans y peuvent apprendre les humanités sans pouvoir estre induitz ny poussés à changer de religion, conformément aux arrêts et desclarations de Sa Majesté, lequel avis a esté suivy de François Gailhart, Gabriel Maury, Bernard Soulla, Estienne Bordeneuve, Pierre Masse et moy soubsigné secrétaire catholique.

Et le s^r Pierre Dutilh, faisant profession de la R. P. R., en a formé un contraire qui est, qu'attendu la misère de la communauté, il ne fallait pas se charger d'un plus grand frais et que, enfin, il ne vouloit pas de régent; mais qu'on fit élever ses enfants à ses despens, lequel avis feust suivi des s^{rs} Roques, Saint-Michel, Durieu, Derouch, Phile et Mousson, faisant aussi profession de la R. P. R., et ainsi il y a eu partage et n'a plus esté procédé sur ce subject.

Lesdits de la R. P. R. ont esté requis par moy de vouloir signer lad. délibération, ce qu'ils ont tous refusé et les catholiques ont dit ne savoir, non plus que le premier consul, à l'exception du s^r Gailhart qui l'a signée avec led. s^r curé et moy, qui en ay tiré le présent extraict mot à mot, au Mas, ce 27e septembre 1677, à la réquisition du scindic du clergé.

BARTIER, secrétaire.

(Arch. de la Haute-Garonne : Évêché de Rieux.)

3. — NOUVELLE REQUÊTE DU SYNDIC DU CLERGÉ DE RIEUX.

A Monseigneur de Foucault, chevalier, etc..., intendant de justice,
police et finances en la généralité de Montauban.

Supplie humblement le syndic du diocèse de Rieux disant que
en conséquence de vostre ordonnance du 29ᵉ juin dernier répondue
sur la requeste du suppliant, deüement signifiée aux consuls de la
ville du Mas-d'Azil, lesd. consuls auroient fait assembler le
conseil politique de lad. ville pour délibérer et pourvoir à faire
un fonds de 150 liv. pour le payement des gages d'un régent
catholique qui sera approuvé par le seigneur évesque de Rieux
pour l'instruction et l'éducation des enfans tant catholiques que
de la R. P. R., suivant les déclarations du Roy et arrests de son
conseil, dans laquelle assemblée les voix auroient esté partagées
en telle sorte qu'il n'auroit esté rien conclu à cause que ceux de
la R. P. R., dont ladite assemblée estoit composée en partie, ne
voudroient pas qu'il y eût aucun régent catholique, ce qui cause
un grand préjudice au public, d'autant que faute de régents la
jeunesse de lad. ville croupit dans l'ignorance.

Ce considéré, plaise à vos grâces, Mᵍʳ, vuider led. partage
intervenu en lad. assemblée, et ce faisant... ordonner que, conformément auxd. déclarations et arrests, il sera estably dans lad.
ville du Mas-d'Azil un régent catholique, qui sera approuvé par
Mᵍʳ l'evesque de Rieux, pour instruire la jeunesse tant catholique
que de la R. P. R., conformément aux édits du Roy, auquel sera
donné pour ses gages, chaque année, la somme de 150 liv. paya-
ble de trois en trois mois, à l'advance, qui sera imposée sur tous
les contribuables de la communauté, et ferés justice.

Suit une ordonnance conforme à la requéte, signée par M. de Foucault : Rieux, le 20 mai 1678. — Cette ordonnance fut signifiée le
10 août suivant par Jean Frons, « baille de la ville du Mas d'Azils pour
Mᵍʳ l'abbé dud. lieu [1] », aux consuls du Mas représentés par le « sʳ Langlois, un d'iceux. »

(Arch. de la Haute-Garonne : Évêché de Rieux.

[1] Le syndic du clergé de Rieux était censé avoir élu domicile légal, pour cette
signification d'ordonnance, dans la maison du recteur du Mas-d'Azil, dont le
vicaire, en 1678, se nommait Jean Fortaué.

4. — Autre requête du syndic du clergé de Rieux (1679-80).

A Mgr Foucault, consciller du Roy, etc.

Supplie humblement le scindic du clergé du diocèze de Rieux disant que le Roy auroit, en l'année 1661, commis M. de Besons, intendant en la province de Languedoc, pour juger les contraventions à l'édit de Nantes, coniointement avec le s^r de Peyremales, non seulement dans lad. province de Languedoc, mais encore dans le pays de Foix, où ilz auroient rendu diverses ordonnances sur les matières en question, et despuis Sa Majesté auroit accordé une pareilhe commission et juridiction à M^r d'Aguesseau, à présent intendant dans lad. province, qui l'exerce journellement, ayant mesme subdélégué le s^r Astorg, advocat en Parlement, pour cette nature d'affaires dans led. pays, néantmoins les habitans de la R. P. R. de la ville du Mas d'Azil, qui est dans le diocèze de Rieux et pays de Foix, ayant despuis longtemps empéché qu'on n'impozât dans le lieu le salaire nécessaire pour l'entretien d'un régent catholique, cela auroit causé un grand préjudice à l'Esglise et aux habitans catholiques dud. lieu.

Or, c'est ce qui auroit obligé le suppliant de présenter requête devant vous, par laquelle il demandoit qu'il feut enjoint aux consulz de lad. ville d'assembler la communauté pour délibérer sur l'imposition du fondz nécessaire pour l'entretien d'un régent catholique, sur laquelle vous auriez ordonné que les consulz feroient assembler la communauté pour délibérer sur les fins de lad. requeste, en exécution de laquelle ordonnance la communauté ayant esté assemblée le 22 aoust 1677, les habitans auroient esté partagez, et ce partage ayant esté porté devant vous, Monseigneur, vous l'auriez vuidé en faveur des catholiques, le 20 may 1678. et ordonné qu'il seroit imposé annuellement sur tous les contribuables de lad. ville, en la manière accoutumée, jusques à la somme de 150 livres, pour l'entretien d'un régent catholique qui seroit approuvé par M^r l'Évesque de Rieux pour enseigner les enfans des habitans catholiques et de la R. P. R. de lad. ville, suivant et ainsi qu'est porté par les édits et déclarations du Roy, laquelle somme seroit payée aud. régent de trois en trois mois, en exécution de laquelle les habitans de lad. R. P. R. n'auroient pas

rendu l'obéissance qui luy est deue, et au contraire, mettant tout
en usage pour embarrasser cest affaire, ilz auroient présenté
requeste devant vous et devant le s^r baron de Villemade, commissaire député par S. M. pour l'exécution de l'édit de Nantes dans
la province de Guienne tant seulement, et qui par conséquent n'a
aucune sorte de juridiction dans le pays de Foix, et par cette
requeste remplie de plusieurs faits faux et contraires à la vérité,
ilz demandent rétractement des deux ordonnances par vous
rendues, et ce faizant d'estre deschargez de l'imposition ordonnée
pour l'entretènement d'un régent, et non contents encore de cela
ilz auroient vouleu joindre à cette demande la prétention du curé
de lad. ville du Mas d'Azil concernant la maison presbitérale, qui
n'a aucune connexité avec celle-cy, et d'autant que les contraventions à l'édit de Nantes, dans le pays de Foix, ne peuvent estre
jugées que par ceux à qui S. M. en a accordé la commission, ce
que le suppliant est nécessité de mettre en avant par ce qu'il ne
dépend pas des particuliers de proroger la juridiction au préjudice
de ceux auxquelz S. M. l'a accordée, et que c'est la seule raison
pour laquelle les suppliantz recourent devant vous que pour pouvoir faire impozer le sallaire d'un régent, d'autant qu'il ne peut
estre fait dans le pays de Foix aucune imposition sans vos ordres
et que le suppliant a raison d'espérer de vostre justice, Monseigneur, qu'il y a lieu de confirmer vos précédentes ordonnances et
d'ordonner, conformément à icelles, que le salaire dud. régent sera
imposé annuellement en la mesme forme que les autres impositions qui se font dans le lieu, parce qu'il est certain que dans
toutes les villes il y doit avoir un régent pour enseigner d'escripre
et lire les enfans et qu'il faut que le régent soit entretenu aux
despens de la communauté, et comme par la volonté du Roy
contenue dans ces édits et déclarations toutes les communautez
sont réputées de la religion du prince et par conséquent catholiques, il faut nécessairement que le régent entretenu par la
communauté soit catholique, ce que S. M. a ordonné par sa déclaration de 1666 quy ne demeure point expressément révoquée, pour
ce regard, par la déclaration de 1669, laquelle au contraire
présuppose en l'article 18 qu'il y doit avoir dans les communautés
des précepteurs catholiques, puisqu'il est dit dans cet article qu'en

cas ceux de la R. P. R. auroient des preuves que les précepteurs catholiques voudroient contraindre leurs enfans à changer de religion, les pères, mères, parens et tuteurs pourroient s'en plaindre au magistrat, ce qui ne peut estre entendu que des précepteurs entretenus aux despens du peublic et non pas des précepteurs particuliers que ceux de la R. P. R. pourroient avoir dans leurs maisons contre lesquels il seroit inutille de se plaindre au magistrat, parce qu'ilz se pourroient faire justice eux-mêmes en les congédiant de leurs maisons.

A ces causes, M. de Foucault est supplié de confirmer ses précédentes ordonnances, ce qu'il fit à Montauban, le 27 février 1679.

***

Le 31 décembre suivant, les consuls du Mas-d'Azil reçurent, en la personne de l'un d'entre eux, Mr de Falentin, notification de la décision de Mr de Foucault, et le 22 janvier 1680, par le ministère de Pierre Dutilh, tailleur d'habits, leur syndic, ils en appelèrent de Mr de Foucault au Roi et à son Conseil. Les particularités de cet appel se trouvent relevées dans une lettre que M. de Foucault reçut quelques jours après.

5. — MISSIVE A M^r DE FOUCAULT.

Monseigneur. Je vous envoye la copie d'un *Acte d'appel* au Conseil, que les huguenots de ce lieu icy ont faict à M. le scindic du clergé, soubs le nom d'un tailleur fort misérable qu'ils disent avoir créé scindic, que j'ay trouvé céans en arrivant ce soir à Peychies [1].

Vous remarquerés, s'il vous plait, Monseigneur, que l'acte est du 22me après midy et l'exploit du lendemain, où il est dit qu'on a parlé à moy au Mas, et que ie partis d'icy le lundy 22e, à huict heures de matin, pour aller à Rieux, où ie restay la nuict. Le lendemain je m'en allay à Peychies, d'où j'arrive tout présentement. On pourra, ce me semble, Monseigneur, embarrasser le baile et le notaire, qui sont tous deux huguenots, pour la fausseté de l'*exploit :* le baile pour l'avoir signé, et le notaire pour avoir fait la copie de l'*acte* et de l'*exploit*. — J'attendray, Monseigneur, les ordres qu'il plairra à Votre Grandeur de m'envoyer et les exécuteray avec toute

---

[1] Peyssies, canton de Carbonne (Haute-Garonne).

l'exactitude possible, et seray toute ma vie, avec toute sorte de respect et de soumission, Monseigneur, etc... — LAPERRADE.

Au Mas, le 26 de l'an 1680.

(Arch. de la Haute-Garonne : Évéché de Rieux.)

XXIII.

1678. — 11 JANVIER.

PROTESTATION DU RECTEUR DES BORDES CONTRE UNE RELAPSE.

Le 11 janvier 1678, aux Bordes, en Foix, sénéchaussée de Pamiers, diocèse de Rieux, devant notaire, comparait Me Laurent Vignier, docteur en théologie, curé des Bordes : « lequel ne « pouvant avoir la présence d'Izabeau Chiquote, femme à Pol « Dedieu, habitante de la ville des Bordes, luy a signiffié qu'il y a « environ dix à douze années que lad. Chicote auroit abjuré « l'hérésie de la religion dont elle avoit vescu, et du despuis « proffessé la religion catholique, appostolique, romaine, jusques à « présent, et despuis dix moys ou environ que lad. Chicote, par un « mespris extraordinaire, auroit abandonné lad. religion et repris « celle du calvinisme, faisant journellement des actions publiques « de ceste religion, allant au presche, et aultres actions qui « marquent évidemment le mespris qu'elle faict de celle de l'Églize « romaine, n'ayant pas satisfaict au devoir de la paroisse à la « dernière feste de Pasques, ny acisté du despuis aux divins « offices qui se célèbrent en l'églize romaine desd. Bordes...

« A raison de quoy led. s^r Vignier, pour satisfaire au debvoir de « sa charge et pour procurer en tant qu'il luy est possible le salut « de l'âme de lad. Chicote et qu'elle ne tombe dans le risque « d'encourir les peines portées par les éditz et déclarations du Roy « contre les relaps, a sommé et requis lad. Chicote de vouloir « satisfaire au devoir de la paroisse en venant à chasque feste de « Pasques et aultres, suivant que les véritables catholiques, appos-« toliques et romains [le font], pratiquer le sacrement de « pénitence et autres cérémonies qui sont exercées dans icelles et « ne point retourner au presche, ny faire des actions quy puissent

« induire ni prouver qu'elle reste dans lad. religion préthendue
« réformée, luy déclarant que si elle ne satisfait pas au précepte de
« l'Église romaine qu'il portera plainte de sa prévarication et de
« la faire déclarer véritable relapse et, comme telle, coulpable des
« peines portées par les éditz et déclarations du Roy... » Témoins :
M͏ᵉ Nicolas Lanta, prebtre de Campagne et Jean Laforge, faiseurs
de peignes, habitant des Bordes. — Gaugnières, notaire.

Acte signifié le 11 janvier susdit à lad. Chicote par Pierre Charrié,
« baile pour M. le comte de Rabat ». — Reçu au contrôle des registres
du Mas-d'Azil le même jour.

(Arch. de la Haute-Garonne : Évêché de Rieux).

XXIV.

1678. — 22 AVRIL.

A PROPOS DE LA CONVERSION DE M. DE GOTY.

La présente lettre, dont le destinataire nous est inconnu, roule sur la
prétendue conversion de noble Pierre de Goty, seigneur de Roque-
brune et habitant du Mas-d'Azil. Ce haut personnage avait réussi à
échapper, au mois de janvier et de mars 1678, aux poursuites de
Jean Rougé, huissier-audiencier du viguier de Toulouse, armé
contre lui d'une sentence du Parlement. Impossible de « le prendre
« et capturer prisonnier », car il avait fui. Impossible également de
faire « saisie et annotation » de son mobilier, car le logis était fermé.
L'huissier s'était contenté de faire prévenir, à son de trompe et cri
public, Pierre de Goty d'avoir à se constituer prisonnier en la
conciergerie de Toulouse. Il préféra se confesser au curé de Trame-
saigues [1] et communier. Dans l'abbaye de Boulbonne on doutait de
la sincérité de sa conversion.

1. — LETTRE DE L'ABBÉ DE BEAUMONT SUR M. DE GOTY.

✝ Bolbonne, ce 22 avril 1678.

Monsieur. — Il y a trois ou quatre jours que M͏ʳ le curé de
Saverdun me rendit vostre dernière chez luy mesme où j'estois
allé pour y faire la révérance à Monsieur le juge-mage de Pamiès
vostre ancien disciple. A mesme, Monsieur, je fis prier le bon
M͏ʳ le curé de Trames-Aigues de venir à Bolbonne pour sçavoir de
sa bouche la vérité de l'histoire dont vous souhaittez estre
esclaircy, qui est telle que ce prétendu converti, aprez avoir esté

[1] Aujourd'hui commune du canton de Sainte-Gabelle (Haute-Garonne).

refusé à confesse de nos deux confesseurs, s'en alla trouver à la parroisse, qui est quasi auprez de nos murailles, led. s^r curé (qui estoit ce matin obéré par le nombre de ses pénitens), se met au confessionnal et dit qu'il estoit son paroissien comme estant au lieu de Rouissou depuis assez longtemps. Ce bon curé, sans autre réflexion, l'entendit de confession et le communia, et aprez la messe se retira, sans passer chez nous, aud. lieu de Rouissou où une sienne belle sœur hérétique fait son ordinaire demeure.

Voilà, Monsieur, la vérité de ce qui s'est passé au sujet de ce brave converti auquel led. s^r curé n'a pas voulu donner certifficat parce qu'il a appréhendé qu'il s'en voulut servir à autre usage qu'à celuy de cette rencontre. Vous aurés de la peine à retenir dans le giron de l'Église cette méchante brebis à moins de le presser un peu et le menasser de l'indignation de Monseigneur qu'il appréhende mortellement. Dieu veuille, de sa grâce, luy désiller les yeux et à moy me faire celle de vous pouvoir faire connoistre que je suis tousiours avec fort attachement, Monsieur, vostre très humble cousin et très obéissant serviteur.

L'abbé DE BEAUMONT.

*
* *

A la suite de cette missive, il est intéressant d'entendre M. de Goty lui-même assurant la sincérité de sa conversion et son vif désir d'en convaincre l'évêque de Rieux.

2. — LETTRE DE M. DE GOTY SUR SA CONVERSION.

✝ A Bouisson, le 14 d'avril 1678.

Monsieur. — Par la grâce de Dieu je fis, comme je vous avois dit, mes Pâques à Notre-Dame de Tramesaygues, dans laquelle parroisse notre maison de Bouisson est. M^r le recteur me receut sans peine à la confession et à la communion parce que pas un de M^{rs} les religieux de Boulbonne n'avoient pas pouvoir pour cella de M^r l'évêque de Mirepoix et ainsi me renvoyèrent à M^r le curé. Je m'en trouve fort content et fort soulagé. J'ay voulu, M^r, vous le faire savoir par ce garçon que je vous envoye exprès et vous prier de le dire à Monseigneur de Rieux, et cella parce que je ne puis pas avoir l'honneur de vous voir de quinze jours ou trois semaines estant obligé de m'en aller dès demain à Moupeiller

et à Narbonne pour une affaire qui m'importe beaucoup que j'ay
avec deux hommes de ce pays-là, nommés Mrs de Pinel et
Cantegril.

J'aurois bien voulu, M^r, vous envoyer le certificat de M^r le curé ;
mais il n'a pas ozé me le donner, de peur de se faire un affaire,
que je ne luy eusse remis plutôt un congé de M^r le curé du Mas.
Vous verrés comme il s'en deffend par la lettre qu'il m'a escrit que
je vous envoye. Je voulois bien aussi vous le faire escrire par
M^r l'abbé Mulatié, supérieur de Boulbonne, et comme aussy je
passais les festes de Noël chés eux, et que je venois de l'églize
lorsqu'on me vint dire qu'on avoit esté chés moy de la part de
Monseigneur de Rieux pour me prandre ; mais je ne l'ay point veu
parce qu'il est absent. Mais, M^r, pour l'amour de moy et pour ma
satisfaction seule, je vous conjure de prendre la peine d'en escrire
un mot à mond. s^r Mulatié, et il vous rendra savant de tout à la
première commodité.

Après tout cella, M^r, je prétans, avec l'ayde de Dieu, d'aller de
mieux en mieux et faire connaitre à Mgr de Rieux qu'il m'a fait
du tort en croyant ce qu'il a creu. Vous m'y ayderés, s'il vous
plait, et vous me fairés justice d'estre persuadé que je suis vérita-
blement, Monsieur, votre très obéissant serviteur.

GOTY.

(Arch. de la Haute-Garonne : Évêché de Rieux.)

———

XXV.

1680. — JUIN.

PLAINTES DU SYNDIC DU CLERGÉ DE RIEUX CONTRE LE
S^r DE GRATENS.

Ces plaintes visent un des descendants de Jean-Charles Du Frère,
seigneur de Hardosse, près Andiran[1], et de Magdelaine de Saint-
Geniès, au sujet desquels on consultera avec beaucoup d'intérêt la
Généalogie des maisons Du Faur de Saint-Jory et de Pibrac[2].

---

[1] Aujourd'hui Lot-et-Garonne.

[2] Travail en cours de publication, demandé à M. Sylvain Macary, archiviste
des notaires, à Toulouse, par M. Raoul Du Faur, comte de Pibrac.

*A Monseigneur d'Aguesseau, conseiller du Roy en ses conseils,
Président au Grand Conseil, maistre des requestes ordinaire de
son hostel, Intendant en Languedoc et commissaire départi dans
lad. province pour l'exécution des édits et déclarations du Roy,
touchant les affaires de la R. P. R.*

Supplie humblement le syndic du diocèse de Rieux et vous
remonstre que le s^r de Hardosse, faisant profession de la religion
prétendue réformée, seigneur de Gratens dans le présent diocèse, a
fait aposer une littre et ceinture funèbre, avec ses armes, en
l'église parroissiale dud. Gratens et un banc dans le chœur d'icelle
et prétend jouir de ces droits honorifiques comme s'il estoit
catholique, ce qui est injurieux à l'église et défendu par la
déclaration du Roy du XXVIe décembre 1656, art. 5, qui porte en
propres termes que les seigneurs de la R. P. R. ne pourront user
d'aucuns droits honorifiques dans les églises, sépultures, bancs et
littres, demeurant lesd. droits en surséance tant qu'ils seront de
lad. R. P. R., et par plusieurs arrêts rapportés dans l'ordonnance
de Mr Voisin, intendant d'Anjou, du 28e juin 1671, insérée dans
le dernier recueil imprimé par ordre du Clergé touchant les affaires
de ceux de la R. P. R.

Ce considéré, Mgr, il vous plaise ordonner que lad. littre ou
ceinture funèbre et armes que led. s^r de Hardosse a fait apposer à
lad. église de Gratens seront ostées et blanchies par luy trois jours
après la signification de vostre ordonnance, et au défaut d'iceluy
par le supliant aux despens dud. s^r de Hardosse et que le banc
sera mis et osté hors de l'église, avec défences d'en mettre à
l'advenir à peine de 3000 liv. d'amande, sauf son droit lorsque luy
ou ses successeurs feront profession de la religion catholique,
apostolique et romaine, et ferez justice.

Le 12 juin 1680, M^r d'Aguesseau étant à Rieux donna une ordonnance conforme à la présente requête.

(Arch. de la Haute-Garonne : Évêché de Rieux.)

XXVI.

1680. — JUILLET.

LE SYNDIC DU CLERGÉ DE RIEUX ET LES NOTAIRES HUGUENOTS DE CE DIOCÈSE.

En 1680, le syndic du clergé rivois tenta de faire interdire leurs fonctions aux notaires huguenots de ce diocèse. M. de Foucault rendit même une ordonnance conforme qui souleva des réclamations unanimes dont plusieurs semblent fortement motivées.

1. — REQUÊTE DU SYNDIC.

A Mr de Foucault, conseiller du Roy en ses conseils, etc.

Supplie humblement le scindic du clergé de Rieux et vous remontre que quoyque par les Ordonnances, édits et déclarations du Roy ceux qui font profession de la R. P. R. ne puissent estre pourveus d'aucuns offices de judicature ou de notaire, s'il n'y a clause expresse dans les provisions que non obstant leur religion ils y seroient admis, néantmoins dans les lieux du Mas d'Azil, Saverdun, le Carla, Lasbordes, Sabarath et Camarade, diocèze de Rieux et pays de Foix, la plus part de ceux qui font la fonction de notaires sont de la R. P. R., sans qu'ils ayent des provisions de Sa Majesté, ou si aucuns en ont obtenu ils ont dissimulé la religion dont ils font profession, et d'autant qu'il est très préjudiciable à la religion catholique que les notaires, singulièrement dans les petits lieux, soient de la R. P. R. parce qu'ils suppriment les actes concernant les droits des ecclésiastiques, et dans les testaments des catholiques illitérés les marques de leur religion comme l'intercession de la glorieuse Vierge et des saints, le[s] détournent de faire legs pieux et n'en donnent aucune connoissance aux esglises en faveur desquelles ils sont faits, et que d'ailleurs S. M. n'entend pas que une fonction aussi importante que celle de notaire soit exercée esd. lieux par ceux de la R. P. R., puisqu'elle vient de les exclure, par divers arrêts, des consulats et entrée au conseil de ville, et qu'il est notoire que par le dernier règlement pour a[f]fermes, ceux de lad. R. P. R. sont pareillement exclus de toutes leurs fonctions de directeur, commis ou arrentiers en icelles ce qui est bien moins considérable que le

11

notariat, et qu'enfin les catholiques des susd. lieux sont hors d'estat de trouver un notaire lorsqu'il s'agit des inthérest de la religion, à quoy il seroit nécessaire de pourvoir.

A ces cauzes il vous plaira, Monseigneur, d'ordonner que tous les soy disant notaires desd. lieux du Mas d'Azil, Lasbordes, Sabarath, Le Carla et Camarade et autres de nostre département aud. diocèse, faisant profession de la R. P. R. remettront dans huitaine par devers vous leurs provisions et actes de réception, pour ceux qui n'y auront pas la clause de religion estre déclarés interdits de leur fonction dès à présent, et à l'esgard des autres ez provisions desquels il sera fait mention de leur religion, estre par vous prescrit un brief dellay dans lequel ils traiteront de leurs offices et pratique en faveur des catholiques, et fairés bien.

Suit une ordonnance conforme à cette requête, donnée par M. de Foucault, à Montauban, le 7 juillet 1680. Par les soins du syndic du clergé de Rieux, la décision de l'intendant fut signifiée, le 24 juillet, à Hugues Rousseloty et Jean Despias, notaires des Bordes[1], à Paul Anglade et Gédéon Doumeng, notaires du Mas-d'Azil[2]; le 25 juillet, à Michel Dutil et Pierre Latapie, notaires du Carla[3], enfin à Jean Dessombs, notaire de Saverdun[4].

(Arch. de la Haute-Garonne : Évêché de Rieux.)

2. — OPPOSITION DES NOTAIRES.

Les notaires visés par M. de Foucault se pourvurent contre son ordonnance. Rousseloty, notaire des Bordes, exposait à l'intendant qu'il devait être maintenu en son office comme un des notaires réservés en conséquence de l'édit du mois d'avril 1664. Pierre Latapie déclarait qu'il avait été classé, en 1645, parmi les notaires

---

[1] Domicile du syndic du clergé fixé, pour cette signification d'ordonnance, chez maitre Jean Bonnefons, curé des Bordes.

[2] Domicile fixé chez maître Rousselet, curé du Mas-d'Azil.

[3] Domicile fixé chez maitre Dominique Abolin, archiprétre du Carla. — En 1617, l'archiprétré « villae muratae de Carlario » vaquait par résignation de M⁵ Jean Morel. Le 10 janvier de cette année, il fut conféré à Vital de Saint-Gaudens, prêtre du diocèse de Rieux, qui n'en demeura pourvu que quelques mois : « Parrochialem ecclesiam archipresbyteralem nuncupatam Sancti Joannis « du Carla... ad presens *propter homicidium qualificatum* Vitalis de Saint- « Gaudens ultimi possessoris vacantem... » — Voy. Arch. des notaires de Toulouse : *Livre des Tittres de M. de Lézat* [Bertrand de Bertier, abbé de Lézat], *vicaire général de M. l'évesque de Rieux, ad ann.*

[4] Domicile pris chez M⁵ François Duclos de Gaspart, recteur de Saverdun.

réservés, tandis que son collègue Pierre Dutil fut obligé de délaisser sa charge en faveur d'un catholique. Dans sa réclamation, Jean Dessombs, âgé de soixante-huit ans, représente « qu'il se « trouve un des deux notaires réservés dans la ville de Saverdun, « et son collègue est catholique, et ont tous deux payé la taxe de « l'hérédité pour en jouir héréditairement, et par arrest du conseil « du dernier octobre 1665, quy vous est cogneu, il est ordonné « que les notaires, procureurs, huissiers et sergents qui font pro- « fession de la R. P. R., lesquels ont esté ou seront retteuus et « réservés par l'*Estat de réduction* arresté aud. conseil, feront « l'exercice et fonction de leurs charges leur vie durant sans estre « tenus de prendre des *Lettres de provision* de S. M. dont elle les a « dispensés, et comme le suppliant fait profession de lad. R. P. R. « et qu'il se trouve dans le nombre des réservez pour lad. ville de « Saverdun, conioinctement avec Mᵉ Pierre Martin, qui fait profes- « sion de la religion catholique, apostolique, romaine, et que « mesme du despuis un autre notaire catholique nommé Mᵉ Jac- « ques Faure a esté estably, etc. » Le notaire de Saverdun ajoute que depuis quarante ans il remplit sa charge « sans aucun repro- « che, avec la probation tant des catholiques que de la religion... » Traduit autrefois par le syndic du clergé devant le subdélégué de l'intendant, il fut confirmé dans son office avec menace de 500 liv. d'amende pour qui l'inquiéterait. Enfin il joint à son dossier les pièces justificatives de ses assertions.

(Arch. de la Haute-Garonne : Évêché de Rieux.)

XXVII.

1682. — 24 Avril.

Le temple du lieu des Bordes doit-il être démoli?

Curieuse enquête faite aux Bordes pour résoudre cette question, suivie du sentiment du commissaire royal à ce sujet. — Cf. nᵒˢ XVIII et XIX relatifs aux temples de Saverdun et de Sabarat.

L'an 1682 et le 24ᵉ jour du mois d'avril, dans le lieu de Camarade, à une heure après midy de ce jour d'huy, au logis et maison de Jean Bazin, scis aud. lieu de Camarade, où estant, par-devant nous Estienne de Malenfant de Gencien, conseiller du Roy en ses conseils, juge-mage, lieutenant général civil-né en la sénéchaussée de Pamiés, et commissaire en cette partie par arrêt du conseil d'État, du 21e février dernier précédant, 1682; à la requête de Mr le procureur général de Sa Majesté au parlement de Tolose, à l'encontre de Me Jean Bonnefous, prebtre et curé du lieu des Bordes, Pierre Vieu, ministre de la religion prétendue réformée du temple dud. lieu, et Jean Baron, Fauroux et Pol Dumas, anciens du consistoire faisant pour tous les habitans de la religion prétendue réformée du susd. lieu des Bordes.

A compareu Me Guilhaume Destoup, procureur du Roy en la sénéchaussée de Pamiés, substitut de Mr le procureur général de Sa Majesté au parlement de Tolose, nous a dict que par arrest du conseil d'Estat du 21e février dernier, enregistré au Parlement le 2e mars suivant, il a esté ordonné qu'à la dilligence du sgr procureur général aud. Parlement, il seroit par nous procédé, comme lieutenant général, en présence des curés des paroisses et des ministres de la religion prétendue réformée et anciens des consistoires des temples de ceux de la R. P. R., au mesurage et vérification pour sçavoir si les temples de lad. R. P. R. sont dans la distance de cent pas des églises paroissielles, et s'ils se trouvent dans la distance de cent pas qu'il soit par nous procédé et nommé un lieu et endroict où les temples doivent estre rebattis et construits, et donner nostre advis du temps qu'il faudra donner à ceux de la R. P. R. pour rebattir de nouveau leur temple dans le lieu qu'il sera par nous désigné, pour icelluy veu et rapporté à la cour de parlement aud. Tolose estre ordonné ce que de raison, lequel arrest led. sgr procureur général luy auroit envoyé pour l'exécution d'icelluy. Et de tant que le temple de la rellgion prétendue réformée du lieu des Bordes, scitué dans le distroict de nostre sénéchaussée, est dans le cas de la démolition portée par led. arrest du conseil d'Estat...

Nous auroict requis faisant pour et au nom dud. seigneur procureur général de vouloir accepter la présente commission et nous transporter au lieu des Bordes pour l'exécution dud. arrest, auquel effect Me Jean Bonnafous, prebtre et curé dud. lieu, le ministre et anciens du consistoire du temple de la rellgion prétendue réfor-

mée dud. lieu des Bordes soient assignés pour comparoir par
devant nous pour estre procédé à l'exécution d'icelluy, offrant de
faire signifier led. arrest à toutes les parties.

Sur quoy, nous, dit commissaire, après avoir veu et leu led.
arrest du conseil d'Estat du 21ᵉ février dernier, et trouvé que nous
estions commis pour l'exécution d'icelluy comme lieutenant
général civil-nay en la sénéchaussée de Pamiés, avons donné acte
aud. Mʳ Destoup aud. nom de sa présente comparution, dire et
réquisitionner, et y faisant droict avons receu et accepté lad.
commission avec honneur et respect et offert procéder à l'exécution dud. arrest, ce faisant nous transporter tout présantement, ce
jour d'huy 24ᵉ du présent mois d'avril, à 2 heures après midy, au
lieu des Bordes, auquel effect, à la dilligence du sᵍʳ procureur
général, led. arrest du conseil d'Estat, commission et arrest de
l'enregistrement aud. parlement de Tolose sera signiffié aud.
Mᶜ Bonnefoux, curé dud. lieu des Bordes, au ministre et anciens
du consistoire du temple de la R. P. R. dud. lieu des Bordes, et
assignation leur sera donnée par devant nous à comparoître à
mesme jour, lieu et heure que dessus, en la maison et logis de
Pierre Dupias Brugies, scise aud. lieu, pour voir procéder à
l'exécution du susd. arrest et conformément à icelluy, sinon qu'il
sera passé outre tant en absence que présence ainsy qu'il appartiendra...

[Le 24ᵉ avril] a compareu Mᶜ Guilhaume Destoup, procureur
du Roy, [qui requiert exécution de lad. commission, et aussitôt se
présente Mᶜ Jean Bonnafous, curé de Bordes, qui déclare :] que
tout ce qu'il a à dire pour le changement du temple de ceux de la
R. P. R. n'est que par provision et en attendant qu'il ayt pleu au
Roy faire juger le partage pendant en son conseil pour les droits
d'exercice de ladite R. P. R., aud. lieu des Bordes, et soubs cette
protestation et réservation expresse, il nous auroit encore dict que
le temple de lad. R. P. R. dud. lieu n'est pas esloigné de
cinquante six pas de l'église parroissielle, qui est à l'enceinte et à
l'extrémité dud. lieu du costé du midy, comme il se vériffiera par
le mesurage qui en sera faict, ainsy estant dans le cas de l'arrest
du conseil que nous exécutons il doit estre démoly, et en cas il
seroit permis ausd. religionnaires de le rebastir pour y faire leurs

exercices jusques à ce qu'autrement ayt esté ordonné, cella doit estre faict à l'endroict qu'il leur sera marqué où ils ne puissent pas scandaliser les catholiques, ny incommoder l'exercice de leur religion, ny le service divin, offices, et ses fonctions curiales. Et partant nous a requis le mesurage de l'église qui est à l'enceinte et à l'extrémité dud. lieu jusques au temple de lad. R. P. R.

Ont comparcu Pierre Vieu, ministre de la religion prétendue réformée, Pol Dumas, marchand, Jean Baron, Fauroux, anciens du Consistoire du lieu des Bordes, faisant pour tous ceux de la R. P. R. dud. lieu, lesquels... nous ont dict qu'ils sont justement opposans à la requisition et indiquation que Mr de Bonnafous, prebtre et curé des Bordes, nous a faict de vouloir procéder au mesurage de la distance qui est du temple avec l'église paroissielle desd. Bordes, ayant indiqué pour l'église paroissielle les masures d'une chapelle qui est aux masures du château, laquelle n'est pas l'église paroissielle; au contraire, la véritable église paroissialle desd. Bordes a esté toujours et est à présent l'église Saint-Jacques, patron dud. lieu, qui est au bout du pont dud. des Bordes, et le temple se trouve à l'endroit dict *La porte paichère*, d'une extrémité de ville à l'autre, dans laquelle église le s^r curé fait le service et fonctions curiales actuellement, à l'entour de laquelle église est le cimetière des catholiques. Ceux de la R. P. R. ont esté dépossédés de laquelle portion dud. cimetière, par arrest du conseil, depuis 1669. Mais comme led. s^r curé a veu que l'église parroissielle et le temple de lad. R. P. R. ne sont pas dans le cas porté par l'arrest que nous exécutons et qu'il y a plus de cinq cents pas de distance, n'estant pas au veu l'un de l'autre, la ville estant au milieu, il a requis de faire led. mesurage aux masures de lad. chapelle du château, auquel ils sont très justement opposans, et vouloir faire procéder au cannage et mesurage à prendre de lad. église parroissielle Saint-Jacques jusques au temple, suivant led. arrest, laquelle est la véritable église paroissielle.

Et ne sert de rien d'alléguer que led. temple desd. Bordes a esté basty depuis l'édit de Nantes, attendeu que pour led. temple et maintenue d'exercice de la religion P. R. messieurs de Bezons et de Peyramalles, com^{res} exécuteurs dud. édit de Nantes, ont fait partage, lequel pend à juger au conseil, et que la réquisition qui nous a esté faicte est fort inutile n'estant pas un faict de nostre commission. Et quant à la demande de la cloche, icelle appartient en particulier à ceux de lad. religion P. R. qui l'ont faict faire à leurs frais et dépans depuis environ vingt ans, et n'est pas posée sur aucune tour ni muraille de la ville estan à un patteu [pâtus] d'un particulier, comme aussy il n'est pas parlé dans led. arrest du conseil d'aucune cloche; nous requérant n'avoir aucun esgard aux réquisitions dud. s^r curé.

Led. Mr Bonnafous répliquant... *primo*, que ceux de la R. P. R. ne peuvent pas nier que depuis l'année 1625 que le lieu des Bordes fut pris de force par M^r le mareschal de Thémines, commandant l'armée du Roy, ils n'ont point eu de temple jusques l'année 1642 qu'ils commencèrent de bastir celluy dont est question, à cinquante six pas de l'église, qu'ils appellent masures et où pourtant on a toujours faict le service divin et parrochial depuis l'année 1629. — *Secundo*, que ce qu'on a basty hors la ville n'est proprement qu'une chappelle qui n'a jamais esté consacrée, joignant le cimetière, où on fait le service depuis peu par provision jusqu'à ce que l'on ayt entièrement rebasty l'église dont la meilleure partie des murailles est en estat, après quoy cette chapelle ne servira que pour déposer les corps morts avant de les mettre au cimetière qui est fort esloigné de l'église, et le chemin très rude lorsqu'il fait mauvais temps. — *Tertio*, que comme c'est l'arrest du conseil du 24e janvier 1642 qui sert de fondement à celluy que nous exécutons présentement, et que les religionnaires ne peuvent nier qu'ils ont commencé la batisse de leurs temples environ le 20e juillet de mesme année, ainsy qu'il paroist par l'acte de protestation faict contre lad. entreprise par Mr de Guillem lors curé dud. lieu.

Il est évident qu'ils méritent châtiments pour avoir entrepris, sans aucune permission, de bastir un temple dans un lieu d'où leurs rebellions les avoient chassés, mais encore de l'avoir basty si proche de l'église où s'estoit fait de tout temps et se faisoit actuellement le service divin et parrochial, contre les nouvelles deffances du susd. arrest du 23e janvier. qu'il n'ignorent pas, et la protestation susdite retenue par de Villa, n^re de Montesquieu.

C'est pourquoy nous a requis de charger nostre présent procès-verbal de ce dessus et de la remonstrance qu'ils nous a fait qu'il n'est pas juste, et seroit même honteux à la religion catholique, que le temple des religionnaires reste dans l'endroict le plus éminant de la ville et que l'église de la religion du Roy et de l'Estat soit bannie hors de la ville et au delà de la rivière... Nous requérant... que le mesurage soit faict depuis la muraille de l'église paroissielle, qui est à l'enceinte et à l'extrémité dud. lieu, jusques à celle dud. temple de lad. R. P. R.

Led. Mr Destoup faisant pour et au nom dud. seigneur procureur général, répliquant, nous a dict qu'il n'est point présentement question si la cloche près du temple de la R. P. R. et de laquelle les relligionnaires se servent appartient aux catholiques ou si eux l'ont fait faire, et comme l'arrêt que nous exécutons du 21ᵉ fevrier dernier ne dit rien de tout cela, c'est bien mal à propos et inutilement qu'ils allèguent des choses dont led. arrest ne fait aucune mention et dont nous n'avons pris, ny n'entendons prendre, quant à présent, pour ce regard, aucune connaissance. Et quant au mesurage que nous devons faire, nous ne sçaurions nous dispenser qu'il ne soit fait depuis l'église scituée dans la ville jusques au temple de la R. P. R. par plusieurs considérations et que nous prenons des raisons des parties : *Primo*, c'est l'endroict de l'église dud. lieu que les relligionnaires ont abbatue et démolie. — *Secundo*, les masures et les murailles paroissent avec une petite église qui feut réédiffiée, où les fonctions curiales se sont toujours faites jusques depuis peu de temps que le curé et les catholiques ont esté contraintz de l'abandonner n'estant point en sureté, et les religionnaires estant en grand nombre, comme ils sont encore, les troubloient incessamment dans l'exercice de leur religion. — *Tertio*, la persécution des religionnaires fut si grande en ce temps-là qu'après qu'ils eurent osté au curé tous les moyens de faire les fonctions curiales, l'avoir chassé de cette église, ils l'empeschèrent de trouver un autre endroit dans la ville pour y en bastir une autre, si bien que les catholiques et le curé firent bastir provision-nellement une chappelle à l'escart au delà de la rivière où il n'y a aucune maison aux environs, exposée dans un lieu champétre, cependant que ceux de lad. R. P. R. ont leur temple scitué dans les déppandances de l'église dont ils ont basty une grande partie de leur temple de la démolition d'icelle. — *Quarto*, ne pouvant estre contesté que ce ne soit encore l'église matrice dud. lieu, il n'y a point de doubte que ce mesurage ne se doive faire depuis lad. église réédiffiée sur les démolitions de l'ancienne église jusques au temple de lad. R. P. R. — *Quinto*, le nombre des fidèles augmentant tous les jours, le curé et les fruits prenans se trouvent en obligation de délaisser lad. église provisionnelle laquelle est maintenant fort petite pour contenir les catholiques et de faire continuer au même lieu et mesme endroict la bâtisse de l'autre église scituée en lad. ville, et comme il est constamment vray que l'église doit rentrer dans tous ses droicts qu'elle n'a pu perdre pendant les hostilités, troubles et mouvemens des guerres civilles excitées par ceux de la R. P. R. et qu'il est important de sçavoir plus tost si led. temple doit estre desmoly, auquel cas la continuation de la bâtisse de lad. église se pourroit faire, ce qui ne se peut mieux justiffier que par le mesurage et distance qu'il y aura de lad. église au temple, autrement si on venoit à continuer la bâtisse de lad. église et que led. temple subsistât à l'endroit où il est, lad. église resteroit inutile aux catholiques par ce que lesd. religionnaires interromproient l'exercice de leur religion et ce seroit encore un scandale pour eux et pour le curé qui seroit empêché à tout moment de faire avec tranquillité le service divin, offices et fonctions curiales en lad. église; si bien que led. mesurage y doit estre fait quoique led. Vieu et anciens du concistoire ayent ozé dire que l'autre église au delà de la rivière est la seule paroisse, qui est une pure allégation, parce que c'est une église bastie par accident et depuis peu, dans lequel endroict on ne peut point montrer preuve ny vériffier qu'il y ayt eu auparavant aucune église, chapelle, ny oratoire, ny construite sur le fondement d'aucune église ny austre bastiment, par conséquent l'indication qui nous est faite par led. Me Bonnefous, curé, du mesurage de lad. église au temple est juste, et l'opposition desd. religionnaires inutille, d'autant plus, *Sexto*, qu'il n'empêche point, sans faire aucun préjudice au droict desd. parties, icy présentes, que autre mesurage ne soit pareilhement fait de l'autre église scituée au delà de la rivière jusques au susd. temple de lad. R. P. R., ce qu'il nous auroit aussi requis en exécution du susd. arrest et qu'il soit passé outre au fait de nostre commission...

(Sur quoi le commissaire procède à la mensuration :)

Et tout incontinant, nous d. commisaire, estant sorty du logis et maison dud. Dupias Brugies suivy desd. parties, accompaigné des consuls et de grand nombre d'habitans dud. lieu des Bordes, après que led. Me Bonnafous nous a eu indiqué l'église sise dans lad. ville, où il y a de vieilles murailles et une petite chappelle où le service divin ne si fait point, et les habitans de lad. ville nous ayant aussy indiqué en l'absence desd. Vieu, Dumas et Baron, lesquels s'estoient retirés, le lieu et endroict où le temple de lad. R. P. R. est situé, aurions publiquement et en présence dud. Me Destoup aud. nom, et dud. Bonnafous, curé, et d'une infinité de peuble dud. lieu, fait mesurer avec une perche ou demy canne de longueur de quatre pans, depuis la murailhe de l'église ou chappelle jusques à la muraille du temple de lad. R. P. R. et trouvé y avoir de distance de lad. église au temple 56 demy cannes deux pans, faisant 56 pas et un demy pas, chaque pas de 4 pans, et pour nous mieux esclaircir aurions nous mesme mesuré la distance de lad. église ou chapelle jusques aud. temple, à pas communs et non géométriques, et trouvé n'y avoir de distance que 56 pas et 2 pans d'un lieu à un autre.

Et à l'instant, nous d. commissaire, après que led. Me Bonnafous s'est retiré sans avoir vouleu nous indiquer l'église scituée au delà de la rivière dud. lieu, les consuls et habitans qui estoient avec nous l'ayant indiquée, aurions publiquement, en présence dud. Mr Destoup, Vieu, Dumas, Baron et des habitans de lad. ville, fait mesurer avec la mesme perche ou demy canne, de longueur de quatre pans, avec laquelle nous venions de faire faire le mesurage de l'autre église aud. temple, sçavoir depuis la muraille de l'église située au delà de lad. rivière où nous aurions fait commencer led. mesurage et continué jusques à l'entrée du pont, et à suite tout le long du pont et la grand rue montant toujours par la ville, et fait continuer et tourner led. mesurage du costé gauche, et par une autre rue jusques à la muraille dud. temple de lad. R. P. R., et trouvé y avoir de distance de lad. église aud. temple deux cens quarante demy cannes de quatre pans chacune, faisant 240 pas communs et ordinaires, et pour vérifier encore lad. distance aurions nous mesme mesuré la distance de la susd. église aud. temple à pas communs et non géométriques, depuis la murailhe de lad. église à celle du temple, et trouvé y avoir de distance d'un lieu à autre 240 pas tant seulement.

Le même jour, à quatre heures de l'après midi, M⁰ Destoup, au nom du procureur général du parlement de Toulouse, requiert le commissaire de désigner l'endroit « où le temple de la R. P. R. « doit estre rebatty ». M⁰ Bonnefous parle dans le même sens; mais les ministre et anciens du consistoire font opposition, assurant que leur temple n'est pas dans les conditions voulues pour être démoli. M⁰ Destoup soutient la thèse contraire par les arguments et preuves déjà énoncés et il conclut en ces termes : « C'est parce que l'église des catholiques feust ruynée et démolie par les relligionnaires, où, sur les memes ruines, on y auroit basty une petite église qui est sur pied dont ceux de la R. P. R. trouvèrent moyen de chasser les catholiques et priver le curé de faire aucune de ses fonctions, ny de pouvoir faire bastir dans lad. ville aucune autre eglise ny oratoire parce que presque tous les habitans dud. lieu estoient tombés dans l'hérésie et changé de religion par deslibération prise en corps de communauté, ce qui obligea le curé et les catholiques de transporter par provision une église au dela de la rivière; mais aujourd'huy que le nombre des fidelles augmente et que l'église où se font provisionellement les offices se trouve petite pour y contenir les catholiques, il est juste, dans cette occasion, que la religion et le culte soient rétablis dans l'endroict où l'église est scituée, dans l'enceinte de lad. ville, lieu espacieux et propre pour l'agrandissement d'une grande et belle église... »

Le commissaire quitte alors le logis du sʳ Dupias Brugiès, et, quoique les ministre et anciens du consistoire se refusent à le suivre, se met en quête d'un lieu convenable pour l'édification d'un nouveau temple. Accompagné des sʳˣ Destoup et Bonnefous et d'un grand nombre d'habitants, il examine plusieurs endroits, et, tout considéré, il déclare :

Nous aurions trouvé à propos qu'il n'y avoit aucun lieu et endroict au dehors dud. lieu qui convienne mieux, et pour la scituation, à ceux de la R. P. R. pour rebâtir et construire de nouveau leur temple, qu'un pred appartenant à Jean Hiot, de contenance de trois mesures, pred scis au terroir appelé *le fons del camp del Soleilhac*, confrontant led. pred, orient, couchant et septentrion, terres du s^r Dugabe; midy, les communaux de la Debèze; ny un endroict aussy plus propre et commode pour les catholiques que le susd. lieu... parce que l'endroict et le lieu où nous l'avons désigné ne peut donner aucun trouble, ny causer aucun escandalle à leur religion, estant esloigné de leurs maisons et grands chemins où le curé et ses vicaires peuvent porter le viatique, faire les processions et les fonctions curialles sans empêchement aucun de ceux de la R. P. R...

Et à mesme temps, nous susd. commissaire..., ayant meurement considéré que le temple de lad. R. P. R. dud. lieu des Bordes, qui est présentement sur pied, est de petite estendue et les murailles d'iceluy sans sculpture, ornement, ny embelissement, nostre advis seroit donner trois mois aux anciens du consistoire et habitans de la R. P. R. dud. lieu des Bordes pour rebattir et construire leur nouveau temple au lieu et endroict que nous leur avons désigné...

Signé : DESTOUP, procureur du Roy;

de MALENFANT, commissaire.

Collationné par nous conseiller secrétaire du Roy, maison et couronne de France, audiancier en la chancellerie de Languedoc.

De PANEBEUF.

(Arch. de la Haute-Garonne : Évêché de Rieux.)

XXVIII.

1683. — 22 AOÛT.

LE CURÉ DE CARBONNE ET LES LEGS FAITS AUX PAUVRES DE LA R. P. R.

Le 22 août 1683, à Carbonne, diocèse de Rieux, maitre Simon Boussac, recteur de Carbonne et syndic du clergé de Rieux, voulant obtenir que les legs faits aux pauvres de la R. P. R. fussent unis aux hôpitaux, s'adresse à Charles Bourdin, ministre, et aux anciens du consistoire de la ville du Mas-d'Azil, « iceux absens et comme s'ils estoient « présens », et leur dit et remontre :

« Qu'ils ne peuvent ignorer que par la déclaration du Roy, du

« 30me novembre dernier, il est ordonné que tous les legs faits
« aux pauvres de lad. R. P. R. ou aux consistoires pour leur estre
« distribués, soient délaissés aux hospitaux des lieux où sont lesd.
« concistoires dans un mois après la publication d'icelle déclara-
« tion, à la charge que les pauvres de la R. P. R. seroient reçus
« dans lesd. hospitaux indistinctement des catholiques, sans y
« pouvoir estre constrainctz par force ou violance à changer de
« religion, et quoyque led. arrest ayt esté publié et enregistré au
« parlement de Tholose desià le XXIX de décembre de lad. année
« dernière, néanmoings lesd. ministre et anciens dud. concistoire
« du Mas d'Azil n'ont pas daigné faire led. délaissement des biens
« et rentes qu'ils possèdent de lad. qualité, concistant entre autres
« en une maison dans laquelle réside led. s^r Bourdin, un pred
« ayant appartenu à Salamon Dusson, qu'il afferme annuellement
« à 18 liv., une vigne acquise de l'argent du légat fait par feu
« Baricave, ministre, tenue à rente par le nommé Vignaux, autre
« vigne [léguée] par feue Marguerite Dambouix, donnant 8 liv.
« de rente annuelle, et encore la rente que payent les héritiers de
« François Alssiat de la somme de 1.000 liv. léguée par led. feu
« Alciat, ce qui est une contravention manifeste et mespris de
« lad. déclaration... » D'où sommation faite par le syndic du
diocèse, au consistoire du Mas-d'Azil, d'avoir à exécuter l'ordonnance royale relative à l'union des biens des pauvres, à l'hôpital.
Signé : « Boussac, *recteur de Carbonne, et scindic du clergé de
« Rieux;* Arnaud Picollet, *notaire royal de Carbonne, etc.* ».

Cet acte fut signifié à Charles Bourdin et aux anciens du consistoire
du Mas-d'Azil, le 24 août 1683.

(Archives de la Haute-Garonne : Évêché de Rieux.)

XXIX.

1687. — 21 juillet.

Mauvais propos de « nouveaux convertis ».

La déposition qu'on va lire relate quelques-unes des facéties injurieuses
que les religionnaires « nouveaux convertis » se permettaient contre
le culte catholique. Par de tels propos ils fournissaient contre eux-
mêmes des armes redoutables. — Notre petit dialogue est pris sur
le vif.

L'an 1687 et le 21ᵉ jour de juillet, à Campagne, païs de Foix, diocèze de Rieux, sénéchaussée de Pamiés, par devant moy, notaire royal des Bordes et témoings, a compareu en personne le sʳ Guilhaume Estaque, premier consul de Sabarat, lequel a dict que ce jour d'huy, environ les 8 h. du matin, estant il dans la maison de Michel Saint-Martin, habitant dud. Sabarat, y seroit survenu les nommés Izaac Manès et Izaac Ballongue, nouveaux convertis, accompagnés de quatre ou cinq d'autres aussy nouveaux convertis, lequel Manès s'adressant au comparant luy auroit dict : *Invitte moy à la feste Sᵗᵉ Anne*, qu'est la feste localle dudit Sabarat, et le comparant luy auroit reparty : *qu'il l'invitât plustot à la feste de Sᵗ Jaques, qu'est la feste localle des Bordes, et qu'après il l'inviteroit.* Et après ledit Manès, profanant l'honneur et le nom de ses sainct et saincte, luy auroit encore dict : *qu'il l'invitât plus tot et qu'il mit Sᵗᵉ Anne devant Sᵗ Jaques et il verroit qu'il la suivra comme faict un cheval une caballe* [une jument]. Et led. Ballongue prenoist plaizir à ses parolles et faizoit de rizées.

Sur quoy led. comparant lui auroit dict : *qu'il avoit un grand tort de faire comparaison des sainctz avec les bestes.*

Et d'aultant que ce sont des parolles injurieuses aux sainctz et que tel discours mérite punition exemplaire, led. comparant, tant pour la descharge de sa conscience que pour le deub de sa charge, en a volu dresser son présent verbal pour servir en temps et lieu où et par devant qui il appartiendra, et a requis à moy, notaire, le luy rettenir.

Concédé ez présences de Bernard Guilhamotte, fils à feu Jean; Jean Suttra, Jeanne et Bernard Lasserre, tisserant, habitans dud. Campagne, soubsignés.

B. GUILHAMOTTE; SUTRA; B. LASSERRE; BARON.

Veu le présent verbal, nous, commissaire subdélégué par Mᵍʳ l'Intendant, ordonnons que les nommés Manès et Ballongue seront pris au corps et conduits, en bonne et seure garde, dans les prisons les plus prochaines des lieux des Bordes et Sabarat.

Donné à Pamiés, le 24 juillet 1687.

De MALENFANT, *conseiller subdélégué.*

(Arch. de la Haute-Garonne : Évéché de Rieux.)

XXX.

1697-1744.

ASSEMBLÉES DE RELIGIONNAIRES DANS LE DIOCÈSE DE RIEUX.

La plus célèbre de ces réunions au XVIIe siècle, dans le diocèse de
Rieux, est celle que présida le prédicant Gardel dans les bois qui
avoisinaient le Mas-d'Azil, du côté de Camarade, de Sabarat et de
Gabre. Dénoncé et condamné par contumace à être pendu sur la place
publique du Mas-d'Azil, Gardel évita le supplice : il s'était réfugié
en Allemagne. Plusieurs de ceux qui furent convaincus d'avoir
assisté à la réunion furent condamnés aux galères à vie [1], par jugement du 23 octobre 1697. — D'autres assemblées, tenues en 1735,
1744, etc., préoccupèrent les délégués du pouvoir royal. On trouvera
dans les pièces qui suivent l'effet que produisit la constatation de
ces réunions de religionnaires et les précautions que l'on prit contre
les délinquants.

Le prédicant dont il s'agit dans le premier de nos documents se
nommait Galatin. Il était originaire de Saint-Girons, ancien doctri-
naire converti à la réforme. Le lieutenant de la maréchaussée
auquel il est fait allusion s'appelait Dalomont.

1. — MISSIVE DE M. DE JAILLAIZ AU SUJET DES ASSEMBLÉES DE RELIGIONNAIRES.

A Perpignan, le 22 août 1735.

Monsieur. Il y a quelque temps qu'on parle, dans le pays de
Foix, de prédicant, d'assemblées de religionnaires et de leurs
mouvements. J'ai eu l'honneur de vous en informer et je vous ai

---

[1] Voyez leurs noms au chapitre V de l'*Histoire du protestantisme français*,
pp. 237-241. « L'âme du mouvement religieux dans les communautés qui avoi-
« sinent le Mas-d'Azil fut Gardel, menuisier du Mas. Ce prédicant, qui n'avait
« reçu que bien peu d'instruction, avait néanmoins une connaissance appro-
« fondie des Écritures... On parle de sa piété... Il convoque bon nombre
« d'assemblées religieuses dans les bois qui avoisinent le Mas, soit du côté de
« Camarade, soit du côté de Sabarat, soit enfin du côté de Gabre... L'une
« d'entre elles fut découverte, ce fut celle qui avait été convoquée à la verrerie
« de la Bade, terre de Gabre, 31 août 1697. [Deux cents personnes y assis-
« taient.] Gardel remplit les fonctions de prédicant. Le lendemain, les agents de
« l'intendant, informés de ce qui s'était passé la veille, se mettent à l'œuvre,
« font rapidement leur enquête, et de Broglie, lieutenant général, s'empresse de
« déclarer de prise de corps tous ceux qui avaient pris part à l'assemblée.
« Gardel, qui ne se faisait nullement illusion sur le sort qui l'attendait en sa
« qualité de prédicant, se réfugia en Allemagne, d'où il venait tous les ans pour
« voir sa femme et pour convoquer et présider de nouvelles assemblées... Il fut
« condamné par contumace à être pendu à une potence qui devait être dressée à
« cet effet sur la place du Mas-d'Azil. Il fut assez heureux pour pouvoir,
« pendant plusieurs années, venir voir sa femme. Malheureusement, ce bonheur
« ne lui fut pas accordé longtemps, car le 18 mars 1703, de Bâville déclare
« qu'il sera arrêté et conduit dans les prisons de Toulouse, et procès lui sera
« fait et parfait, etc. » (*Ibid.*)

marqué, par ma lettre du 4 mai dernier, que je ne voyais aucune preuve certaine ni sur ces assemblées, ni sur le prédicant, qu'on disait seulement qu'il y avait des assemblées et que vraisemblablement il y avait un chef; mais qu'on ne s'accordait ni sur le lieu ni sur les circonstances. Cependant j'envoyai dès lors, par précaution, une brigade de maréchaussée au Mas-d'Azil où elle est encore. La chose devient à présent plus sérieuse, et il me revient de plusieurs endroits que les assemblées sont réelles et qu'elles se tiennent à une lieue du Mas-d'Azil, dans la juridiction de Gabre, paroisse située en Languedoc. J'en ai donné avis à M. de Bernage et j'ai l'honneur de vous envoyer ci-joint les copies des cinq procès-verbaux qui m'ont été adressés par mes subdélégués et par le lieutenant de la maréchaussée; leur lecture vous fera connaître, monsieur, que ces gens là se sont assemblés en grand nombre les nuits des 30 au 31 juillet et du 4 au 5 de ce mois.

Quoique dans le nombre de ceux qui sont nommés dans ces procès-verbaux l'on ne remarque aucune personne de considération, et que ce sont tous des gens du bas peuple suivis de femmes et enfants, je crois néanmoins qu'on ne doit rien négliger pour dissiper cette canaille dont on m'assure que la plus grande partie est armée. Ces mouvements peuvent tirer à conséquence, le pays de Foix est voisin de la partie du Languedoc qui confine aux Cévennes; s'il y a de l'intelligence entre les religionnaires de ces deux provinces, comme on peut le présumer, ils seraient en état de se donner la main et je tiens qu'il convient mieux d'y remédier plus tost que plus tard.

L'insolence avec laquelle on a été à ces assemblées me paraît une marque que ces gens là lèvent le masque. Nous n'avons point de troupes en Roussillon, les quartiers de celles qui sont en Languedoc sont fort éloignés du pays de Foix, et les trois brigades de maréchaussée qui y font leur résidence ne sont pas en état de la continuer.

J'ai hésité jusques à présent sur le parti que l'on pouvait prendre en cette occasion : j'ai pensé qu'il serait d'une dangereuse conséquence, dans la conjoncture présente des affaires, de faire un éclat et qu'il était seulement question d'observer les mouvements de ces gens là qu'il fallait laisser en repos tant qu'ils n'agiraient pas ouvertement contre les ordres du Roi ; mais je crois qu'aujourd'hui il convient d'en agir autrement, et que si l'on demeurait dans le silence ils en deviendraient plus hardis et plus téméraires. Dans ce point de vue j'ai donné ordre au lieutenant de la maréchaussée de faire en sorte d'arrêter le prédicant et les trois particuliers du Mas-d'Azil que l'on dit avoir été le chercher à Montauban. Ils sont nommés dans le procès verbal des consuls dud. lieu du 5 de ce mois. Si on peut les attraper je les ferai interroger afin de faire en sorte de découvrir quelque chose des projets de ces gens là.

Il me paraît bien à propos de les faire désarmer ; mais peut-on faire cette opération sans troupes, et trois brigades de maréchaussée pourront-elles y parvenir ? Je mande cependant au lieutenant de la maréchaussée d'y procéder autant qu'il croira pouvoir le faire sans exposer sa petite troupe.

Les assemblées illicites avec port d'armes sont de la compétence des prévots, ce lieutenant m'a demandé la permission d'informer de celle-ci. Je lui ai marqué que cette procédure me paraissait, quant à présent, prématurée et je ne vois pas qu'elle pût produire un grand effet. Il faut quelque chose de plus fort pour arrêter les gens de cette espèce, et j'estime que deux escadrons de cavalerie ou de dragons, logés dans les paroisses du Mas d'Azil, Camarade, les Bordes, le Carla, Saverdun et Mazères, feraient plus d'effet que toutes les informations qu'on pourrait faire. Cette troupe contiendrait les religionnaires et rassurerait les anciens catholiques, et il me paraît que c'est le seul objet auquel on doit s'attacher pour conserver la tranquillité dans ce pays là, d'autant mieux que nous ne voyons point que les religionnaires, qu'on dit être armés, aient fait aucun désordre. Il n'a été encore question que de ces deux assemblées dont j'ai la preuve et où il paraît qu'il ne s'est trouvé que de la populace.

J'informe M. Dangervilliers de ce que j'ai l'honneur de vous marquer, afin de le prévenir sur les troupes que je propose d'envoyer.

Je suis avec respect, Monsieur, votre très humble et très obéissant serviteur. JAILLAIZ.

(Arch. nationales : TT 322.)

12

2. — Assemblées de religionnaires a Sabarat.

En 1735 le curé de Sabarat se plaignait : 1° Qu'on faisait quelques petites assemblées, en cette paroisse, dans la maison de Jean Saint-Polit, jeune, de Jeanne Capère et de Rachel Bouriane; — 2° que le dimanche, pendant les offices. les nouveaux convertis se réunissaient chez Étienne Commes pour y chanter des psaumes et faire des lectures; — 3° qu'au moment des vêpres les enfants se réunissaient sous un ormeau, planté devant la maison Commes, et que la femme de ce dernier leur enseignait le catéchisme et les faisait chanter et prier; — 4° que Paul Doumenc et son fils Étienne se trouvaient au nombre des plus entêtés et tombaient sous le coup de presque toutes les déclarations et de tous les édits relatifs aux religionnaires, qu'en particulier ils avaient assisté aux assemblées de la Coudère; — 5° que Paul Rouaix, Courtade, Gagnelé et Jean Lafont étaient, parmi les habitants de Sabarat, ceux qu'on devait considérer comme les principaux nouveaux convertis, qu'ils étaient désignés à la sévérité de l'intendant.

(Arch. de l'Ariège : F. Religionnaires.)

3. — Ordonnance contre les assemblées de religionnaires.

Informé de la tenue de ces assemblées illégales, M. de Jaillaiz publia, le 16 septembre 1735, une ordonnance dans laquelle il disait : « Nous faisons très expresses inhibitions et deffenses à « tous particuliers de quelque état, qualité et condition qu'ils « puissent être, d'assister auxdites assemblées, d'y envoyer les « enfants et domestiques. et de les favoriser en aucune manière. « Leur défendons pareillement de découcher de leurs maisons sans « une permission, par écrit, des consuls du lieu de leur domicile, « qui ne pourront la donner qu'en connaissance de cause, le tout « aux peines portées par les ordonnances et règlements de Sa « Majesté. En conséquence, ordonnons auxdits consuls et autres « officiers des villes et paroisses dud. pays de Foix où il y a des « nouveaux convertis. de faire des patrouilles la nuit dans lesd. « villes et lieux, d'arrêter prisonniers ceux qu'ils trouveront « attroupés au nombre de trois et au dessus, de visiter leurs mai-

« sous pour reconnaître ceux qui seront absents et de les arrêter
« prisonniers à leur retour, dont ils dresseront le procès-verbal [1] ».

(Arch. de l'Ariège : F. Religionnaires.)

4. — ASSEMBLÉES DES RELIGIONNAIRES SURVEILLÉES PAR LA MARÉCHAUSSÉE.

Environ quatre mois avant de rendre la présente ordonnance, l'Intendant de la Généralité de Montauban avait établi une brigade de maréchaussée dans le diocèse de Rieux, afin d'y surveiller les réunions des religionnaires. A cette occasion, il dressa le *Mémoire instructif pour le chef de la brigade de maréchaussée établie au Mas-d'Azil*. Voici le texte de ce document, daté du 22 juin 1735 :

La raison de l'établissement de la brigade de maréchaussée au Mas-d'Azil étant fondée sur le recensement des religionnaires qui sont notamment audit lieu, à Las Bordes et à Sabarat, il convient, pour arrêter les progrès qu'ils pourraient faire, de pratiquer ce qui suit :

1. — Le chef de la maréchaussée communiquera à tous les habitans, et notamment aux hôtes et cabaretiers desdits lieux, l'ordonnance de Mr Siret, subdélégué à Foix, et s'il est averti qu'il est arrivé quelque étranger chez quelque habitant, il se transportera chez lui pour lui demander qui il est, d'où il vient et où il va, et s'il trouve qu'il soit suspect au repos public, il l'arrêtera sur les lieux et en donnera avis à M. Siret sur copie du procès-verbal qu'il dressera dans ce cas.

2. — Lorsqu'il verra ou saura, pendant le jour ou de nuit, des assemblées particulières en public ou chez quelque particulier, des gens de la religion, il se transportera parmi eux pour les séparer, en les avertissant que si à l'avenir ils sont surpris assemblés, ils seront arrêtés.

3. — Agissant de concert avec MM. les consuls, procureurs du Roy et principaux habitans catholiques, il observera et fera observer les mouvements desdits religionnaires et s'ils tendent à quelque assemblée générale, auquel cas il postera les cavaliers et les

---

[1] En outre, le 2 novembre 1735, M. de Jaillaiz prescrivit le désarmement de tous les religionnaires du pays de Foix. Des compagnies de gens d'armes furent envoyées à Mazères, Saverdun, les Bordes, le Carla. Quatre compagnies de grenadiers furent logées et nourries, aux frais des religionnaires, au Mas-d'Azil, aux Bordes, à Gabre (Arch. de l'Ariège : *loc. cit.*).

consuls et habitans pour tâcher de découvrir où l'on s'assemblera.

4. — Si on vient à découvrir où on s'est assemblé, la brigade ira vers cette assemblée avec un nombre suffisant d'habitans que les consuls donneront, pour la dissiper ou arrêter les principaux qui alors seront conduits de suite dans la *Tour ronde* du château de Foix.

5. — Étant ordinaire que les assemblées des religionnaires se forment dans la nuit, il est du bien du service de faire faire une patrouille dans la ville, chaque nuit, composée d'un cavalier et de quatre habitants que les consuls fourniront selon les ordres qui leur ont été donnés.

Enfin, si comme il est arrivé pendant deux années de suite, quelque prédicant se présentait et qu'il pût être arrêté, à quoy la brigade donnera toute son attention conjoinctement avec les consuls et habitants catholiques, il sera conduit de suite dans la *Tour ronde* du château de Foix.

Tout ce qui vient d'être dit ne regardant que la ville du Mas-d'Azil et étant encore nécessaire et du service de veiller sur la conduite des religionnaires des lieux des Bordes et Sabarat[1], la brigade fera une tournée chaque semaine auxdits lieux, d'où elle peut revenir le même jour, où étant, elle s'enquêtera à cet égard avec MM. les curés et consuls, et si lors de la tournée il se trouvait quelque assemblée formée, la brigade agira comme il a été dit à l'égard du Mas-d'Azil, et le brigadier informera, dès son retour, Mr Siret de ce qu'il aura fait dans sa tournée et de tout ce qui se passera au Mas-d'Azil.

Au surplus, le brigadier avertira MM. les curés et consuls des Bordes et Sabarat, s'ils venaient à découvrir qu'il s'est formé quelque assemblée ou quelque disposition pour cela, de l'en informer sur le champ par un exprès, auquel cas il marchera

---

[1] Des assemblées très nombreuses de religionnaires sont signalées à Gabre, le 11 septembre 1744 : le ministre qui présidait la réunion venait des verreries de Pointis, où il avait logé quelque temps. Une assemblée également nombreuse eut lieu aux environs du Carla, le 12 septembre. Trois cents personnes étrangères au pays se rendirent au Carla, demandant un guide pour les conduire au lieu où l'assemblée devait se tenir. (Voy. Archives de l'Hérault, C 426.)

d'abord avec sa brigade pour la dissiper de la manière qu'il a été dit ci-dessus.

(Arch. de l'Ariège : F. Religionnaires.)

XXXI.

1698. — 1ᵉʳ AVRIL.

L'ÉVÊQUE DE RIEUX ET LES « NOUVEAUX RÉUNIS ».

Antoine-François de Bertier, évêque de Rieux, propose à son neveu David-Nicolas de Bertier, premier évêque de Blois (1697-1719), les moyens propres, selon lui, à amener la conversion des protestants. Les idées qu'il expose dans l'intimité de sa correspondance sont un nouveau témoignage des controverses, des graves préoccupations du moment et des conséquences que produisait, dans le royaume, la révocation de l'édit de Nantes. D'ailleurs, l'évêque de Rieux, bien autorisé pour donner un avis en la matière, allait avoir peu après une occasion officielle de communiquer à la Cour les vues qu'il avait déjà manifestées à son neveu.

LETTRE DE L'ÉVÊQUE DE RIEUX A L'ÉVÊQUE DE BLOIS.

A Rieux, le 1ᵉʳ avril 1698.

C'est, mon cher seigneur et neveu, après avoir demandé à Dieu qu'il préserve votre cœur de prendre des racines au pays où vous êtes et de le conserver tout dégagé pour celuy de votre établissement, que je vous souhaitte, dans cette fête, la même grâce par cette lettre. Tout semble vous promettre à Blois un grand succès pour l'œuvre de Dieu, mais vous trouverés que le ministère épiscopal est tout plain de mécomptes, car pour vous parler de celui qui me touche le plus à l'heure qu'il est, qui n'auroit pas creu que, la paix faite, nos églises seroint remplies de nouveaux catholiques ? Cependant c'est tout le contraire, car il s'est répandu un bruit que le Roy, sur les instances de milord Portland[1] et par l'avis de quelques évêques, vos bons amis, et de quelques abbéz, entre autres de l'abbé Renodot[2], s'estoit déterminé à laisser les n[ouveaux] catholiques dans la liberté de vivre chez

---

[1] John-William Bettinck, comte de Portland, pair d'Angleterre et ambassadeur de France (1648-1709).

[2] Eusèbe Renaudot (1648-1720), petit-fils du célèbre fondateur de la *Gazette de France*, Théophraste Renaudot.

eux à leur manière, pourveu que leurs enfans, jusques à l'aage de 14 ans, aillent à l'église et à l'école. Ce bruit confirmé par le silence de la Cour a rendeu les principaux de la secte si hardis qu'ils menacent le petit peuple qu'ils voient porté aux devoirs de la catholicité, avec cette insolence qu'ils se promènent devant l'église pour voir ceux qui entrent. Sur quoi il faut observer que les vieux piliers du consistoire sont devenus plus puissants par un effet tout contraire à l'intention du Roy lorsqu'il a accordé aux plus proches parentz les biens des réfugiés dans les païs étrangers. Car, comme ces réfugiés sont d'ordinaire des particuliers des familles qui primoient dans le consistoire, ceux qui restent, enrichis des biens des absens, ont eux seuls ce qui étoit divisé en plusieurs personnes, avec la disposition de marier des filles riches des réfugiez morts dont ils font le prix du faux zèle de quelque autre huguenot, car nous n'en voyons plus qui s'alient avec des catholiques.

Si la piété du Roy ne détruit l'autorité de cette cabale qui roule dans chaque lieu sur trois ou quatre têtes, elle aura le déplaisir de voir reculer la grande œuvre de la conversion de ses sujets huguenotz, pour laquelle on présume qu'elle a fait le sacrifice de tant de places que ses ennemis n'étoient pas en état de luy enlever en vingt ans de guerre.

Car, n'en déplaise à nos confrères plus éclairés en bien de choses, mais qui n'ont pas l'expérience des évêques du Languedoc, ce qui reste de l'huguenotisme n'est plus une affaire de dogme et Calvin n'est plus celuy qu'il faut combattre : il ne s'agit que d'une cabale fomentée par les lettres des ennemis de l'État et soutenue par l'usure et l'impureté, vices ordinaires parmi les gens qu'on appelle n[ouveaux] catholiques. Les moyens de détruire ces mistères d'iniquité sont infaillibles pourveu qu'on n'attende pas à s'en servir :

1º Révoquer l'édit qui donne les biens des réfugiez absents ou morts dans les pays étrangers aux plus proches parens, hors qu'ils soient anciens catholiques, et que le Roy les donne à temps, à vie, ou pour toujours, aux officiers et soldatz qui se sont signalez dans la dernière guerre. C'est ce que pratiqua St Louis contre les hérétiques albigeois et qu'on appella des *assises*. C'est ce que l'on fait

en Irlande contre les catholiques, et un moyen infaillible d'affaiblir les chefs de la secte, de fortifier le nombre et la force des
véritables catholiques dans les petits lieux, et de retenir dans le
royaume un grand nombre de bonnes gens que la misère fait
passer dans les pays étrangers ou se porter à des extrémitez,
jusques à voler sur les grands chemins, car nous ne voyons autre
chose.

2e moyen. — Releguer deux ou trois chefs de la cabale en des
diocèses où il n'y a pas eu [de] huguenotz et dans les lieux où
l'évêque diocésain marquera qu'il y a de meilleurs curez, et les
reléguer un peu loin. Par exemple, les diocèses de Narbonne,
Carcassonne, Saint-Papoul, Alet, Pamiès, Comenge, Couserans,
peuvent servir pour des chefs de parti de Provence, Dauphiné et
Basse-Guienne, et on peut trouver en Normandie et dans la fron-
tière de Flandres où loger nos *discoles*[1], et enfin, s'il y a quelque
diacre ou qui fasse maitier de dogmatiser, l'envoyer dans la
Nouvelle France.

3e moyen. — Depuis l'abjuration générale on s'est relâché de la
deffance aux huguenotz d'exercer les fonctions de médecin, apoti-
quaire ou chirurgien, et nous éprouvons que ces gens là, à la
faveur de leur emploi, ayant l'entrée et l'accès libre auprès des
malades, sont ceux qui les détournent d'écouter le curé et les
fortifient dans leur obstination jusque là qu'on tient fort probablement que la plus part ont été faits diacres par les ministres qui
ont rodé *incognito* tout le royaume pendant la guerre. Il importe
donc de renouveler cette première deffance à l'égard des n[ou-
veaux] catholiques sur des plus grièves peines, hors qu'ils portent
tous les ans à l'intendant de la province ou à leurs subdélégués
des certificats des évêques qu'ils vivent en bons catholiques,
fréquentans les sacremens de l'Église.

Si à ces trois moyens on ajoute une déclaration du Roy par
laquelle Sa Majesté témoigne que son intention est qu'on punisse
par des amendes tant les anciens que les n[ouveaux] catholiques
qui n'iront pas touttes les fêtes et dimanches entendre la messe,
(supposé qu'on veuille radoucir l'injonction en la rendant générale), le Roy aura la consolation, que je crois la plus sensible qu'il

[1] Réfractaires.

puisse avoir, que l'huguenotisme sera fini en France avant de trois ans.

Vous voyés bien que mon intention est aussy éloignée que ma pratique l'a toujours été, d'obliger des indignes à recevoir les sacremens. Vous savés, mon cher neveu, quelle horreur j'avois de ces profanations publiques des divins mistères et que ce diocèse en a été exempt; mais je raisonne bien différemment des autres devoirs extérieurs de la catholicité à l'égard des gens qui ont fait et signé une abjuration, bien que peut-être plusieurs ne l'ayent pas fait sans quelque contrainte. Et je raisonne sur les préjugés des conciles, des papes et des pères rapportés par Gratian, c. 23, qq. 4 et 6, et singulièrement de ce qui se passa du temps de Sisebulis [1], roy des Visigots au commencement du septième siècle où le 4e concile de Tolède [ayant] pesé la différence à peu près semblable à l'hipotèse des nouveaux catholiques, dit : *Oportet ut fidem quam etiam vi et necessitate susceperant, tenere cogantur, ne nomen Domini blasphemetur et fides quam susceperunt vilis et contemptibilis habeatur.*

Le concile de Sévile tient le même langage. St Augustin rapporté au même lieu, c. 23, q. 4, c. 37, nous apprend que l'origine des peines pécuniaires contre les hérétiques vient de Constantin, c'est-à-dire qu'elles ont commencé aussy tost que l'Église a esté libre dans l'exercice du culte de Jésus-Christ, et on voit dans le code Théodosien que la peine était d'une livre d'or, et c'est à ces peines que St Augustin attribue la conversion de sa ville : c. 23.

Si l'on veut descendre au temps des conciles de Latran, sous Alexandre III, can. 27 [2], qui cite St Léon, et des papes et autheurs qui ont suivy, il y a de quoy répondre à ceux qui appliquent au fait présent les défances des anciens canonistes de célébrer les divins mistères devant les hérétiques et tout ce qui se pratiquoit à l'égard des cathécumènes.

---

[1] Sisebut. — Voy. pour l'explication de ce passage, le *Mémoire* de l'évêque de Rieux, ci-après, n° XXXII.

[2] Il faut lire ici *canon* 27 et non *l'an* 27 sous peine de n'y rien comprendre. Voy.: *Bulletin de la Société ariégeoise*, t. III, p. 293, où la *Lettre* de l'évêque de Rieux a été publiée par M. Barrière-Flavy.

Nous ne vivons plus sous ces loix, témoin la procession générale du Sʳ Sacrement et la manière dont on le porte journellement aux malades. Et s'il y eut jamais d'occasion où l'épiscopat extérieur, dont Constantin se disoit le ministre, doive être appliqué, c'est dans cette rencontre où l'autorité du Roy semble s'être rendue garante envers Dieu de l'abjuration de ses sujets.

Je souhaite de tout mon cœur pour la gloire de ce grand prince, de qui notre famille vient de recevoir de si grandes grâces en votre personne, de pouvoir changer dans l'inscription que j'ay mise sous son buste à la porte de cette ville : *Post extinctam calvinianam haeresim,* au lieu de *domitam*[1]. — Il me semble cependant, mon cher seigneur et neveu, que je vous écris cette fois bien long tout ce qui me vient en pensée; mais ma lettre tombe en main amie et charitable pour le bon oncle qui est toujours tout à vous.

Antoine-François, évêque de Rieux.

(Arch. de la Haute-Garonne : Évêché de Rieux.)

[1] Voici, en entier, l'inscription dont M. de Bertier cite quelques mots : Post domitam Calvini haeresim et pacis leges armis victricibus datas Hispanis, Anglis, Batavis, Totivsque Germanici Coetvs conivratis cvm Caesare principibvs, Antonivs Franciscvs Berterivs, Rivorvm Episcopvs, conspirantibvs civivm votis posvit anno domini 1698. — (Voyez *Foix et Comminges,* par M. Ernest Roschach.)

Une intéressante allusion aux discordes qui agitaient le diocèse de Rieux en 1676 se lit dans l'épître dédicatoire des *Commentaria Ioannis Maioreti, antecessoris tolosani, in libros quatuor institutionum iuris canonici Ioannis-Pauli Lanceloti, perusini, antecessoris meritissimi,* ouvrage imprimé à Toulouse, en 1676, chez la veuve d'Arnaud Colomiez. Jean Majoret parle ainsi à Antoine-François de Bertier : *Tua Dioecesis... portat adhuc contumaces arenas mixtas frumento, populum inquam habet divisum, haereticum scilicet et fidelem, sed ita verbo et exemplo utrique praesides, ut te totum unicuique impendere videaris, ambulantes in luce primus et antesignanus, ut alter Moyses ducis ad patriam, sedentibus in tenebris opportunè et importunè instas, increpas et monstras viam. Gestat quidem etiam nunc et in imo sinu colluctantes sentit Jacob et Esaü Ecclesia Rivensis, sed Rebecca felicior tua pietate et vigilantia laboranti, ut ita dicam, obstetricantibus, brevi utrumque Deo parturiet; haec de te sperare jubet indefessa illa sollicitudo, qua evicisti, ut nemo amplius in illo Reipublicae Christianae tractu pereat, nisi qui prudens et sciens, quod pro monstro est, sponte se obcaecaverit.*

XXXII.

1698. — 6 août.

Mémoire de l'évêque de Rieux sur les « Nouveaux réunis ».

En 1698, Louis XIV, fort embarrassé des conséquences qu'avait produites
la révocation de l'édit de Nantes (oct. 1685), consulta divers intendants
de provinces et plusieurs évêques, soit du nord, soit du midi de la
France, sur la conduite à tenir à l'égard des huguenots qui après avoir
abjuré l'hérésie étaient retombés dans le calvinisme[1]. Les *Mémoires*
dressés à cette occasion, sur lettre du cardinal de Noailles, archevêque
de Paris, remplissent un volume édité récemment[2]. A notre point de
vue spécial, nous remarquons dans ce recueil le *Mémoire* de l'évêque
de Rieux, Antoine-François de Bertier, dont le diocèse comptait alors,
au dire de M. de Bâville, 4.115 nouveaux réunis. Nous transcrivons
ici cette pièce telle qu'on la lit aux archives de l'évêché de Rieux. En
trois ou quatre endroits notre version diffère, légèrement il est vrai,
de celle que M. Jean Lemoine a publiée pour les « Archives de
« l'histoire religieuse de la France »; mais elle offre cet avantage, qui

---

[1] On les appelait *nouveaux réunis, mal convertis, nouveaux convertis, nouveaux
mal convertis*.

[2] Voyez *Mémoires des évêques de France sur la conduite à tenir à l'égard des
réformés*, publiés par M. Jean Lemoine. (Paris, Alph. Picard, 1902 ; 1 vol., in-8°,
XLVIII-412.)

« Monseigneur, — avait écrit le cardinal de Noailles. — sur ce que j'ai
« représenté au Roi qu'il est nécessaire que les évêques soient consultés sur le
« dessein que Sa Majesté a de régler et de rendre uniforme la conduite qu'on
« doit garder présentement à l'égard de ce qu'on appelle *réunis*, elle m'a ordonné
« de vous en écrire de sa part pour vous demander votre sentiment sur la
« manière qu'on doit prendre avec eux. Envoyez-moi donc, s'il vous plaît, le plus
« tôt que vous pourrez, un mémoire où vous marquerez en détail toutes les
« choses que vous croirez utiles pour les convertir ou du moins pour les retenir
« dans leur devoir. Tout le monde est d'accord qu'il faut employer l'autorité
« pour empêcher les assemblées et tout ce qui leur est déjà deffendu par les édits,
« mais point tous pour les faire approcher des sacrements. Ainsi, la difficulté se
« réduit principalement à savoir s'il faut les forcer d'aller à la messe et aux
« instructions et jusqu'à quel point il faut pousser l'autorité sur cela. Tous les
« bons évêques qui sont ici ne peuvent approuver qu'on les contraigne d'aller à
« la messe, parce que c'est une chose contraire aux règles de l'Église. Ce serait
« un scandale pour les bons catholiques, par les irrévérances que les faux réunis
« commettraient infailliblement dans nos églises et un nouveau crime pour eux,
« capable d'éloigner encore la grâce de leur conversion. Il ne paraît pas de
« difficulté à les faire venir aux instructions. Il n'y en peut avoir que sur la
« manière. Mais je vous en dis trop, vos lumières et votre zèle vous en feront
« connaître plus qu'à moi. J'attends donc avec impatience ce que vous nous
« apprendrez sur cela et je vous prie, etc... Louis-Ant., *arch. de Paris*. »

Une note de M. de Bertier nous donne la date de la réception de cette missive
et de la réponse qu'elle provoqua : *Cette lettre estoit sans datte et on la receut
le 28 juillet. [Mémoire] envoyé le 6 août 1696.*

lui est particulier, de donner, soit en marge, soit au bas des feuillets, les réflexions et remarques que M. de Bertier ajouta au texte, au lendemain de sa réponse officielle à la demande du Roi.

Mémoire en réponse de la lettre écrite de la part du Roy, par Monsieur l'Archevêque de Paris, à Monsr l'Évêque de Rieux[1].

C'est aux docteurs à découvrir et à combattre les hérésies, c'est aux évêques à les condamner et aux princes chrétiens à les abolir[2]. Il y a un siècle et demi que les docteurs catholiques ont fait connaître la fausseté des dogmes de Calvin avec tant d'évidence que tout homme qui cherche la vérité ne peut la méconnaître. L'autorité de l'Église les a condamnés dans un concile général, tous nos rois, depuis ce temps-là, ont agi pour détruire cette secte autant que l'état de leurs affaires le leur a permis. La piété du Roi y a travaillé avec plus de succès, et, désirant employer les moyens les plus efficaces pour l'abolir entièrement dans ses États, il fait l'honneur à ses évêques de les consulter dans cette conjoncture où la gloire de ses victoires affermit également la paix avec ses ennemis et la soumission de ses sujets. Rien n'est plus saint que le dessein du Roi, rien n'est plus dans l'ordre que sa déférence pour les ministres de Jésus-Christ, et jamais conjoncture ne feut plus favorable que celle-cy.

L'on propose sur cela trois questions auxquelles on répondra dans ce mémoire :

1° S'il faut obliger les nouveaux réunis d'aller à la messe ;

---

[1] « Depuis cet écrit composé et envoyé, j'ay reçu l'*Histoire de l'Inquisition et son origine*, imprimée à Cologne, en 1693, où touttes les matières suivantes sont traitées. » — Note de M. de Bertier.

[2] « La connaissance du droit en matière d'hérésie appartient aux deux dépositaires de la foy, mais comme ce droit ne consiste pas au simple examen d'un dogme en thèse ; mais en l'examen du dogme tel qu'il est enseigné par un tel, cette connoissance comprend les ouvrages et la personne qui enseigne. Ainsi les apôtres qui ont veu élever tant d'hérésies de leur temps, les ont sans doute combattues et condamnées en la personne de leurs autheurs, comme saint Jean dans son *Apocalypse* les Nicolaïtes, et à leur exemple les conciles qui ont condamné les hérésies soubs le nom de leurs autheurs. Au reste ce n'est pas seulement aux évêques assemblés qu'il appartient de condamner les hérésies et les hérétiques : il paroît par la condamnation que fit Théophile, patriarche d'Alexandrie, de la doctrine d'Origène, dans la seconde *Épître paschale*, et son jugement feut confirmé par le cinquième concile général tenu à Constantinople soubs Justinien premier. » — Note de M. de Bertier.

2° Jusqu'à quel point il faut pousser l'autorité sur cela;

3° Moyens qu'on croit utiles pour les convertir ou du moins pour les retenir dans leur devoir.

Je ne dois pas oublier que M. l'archevêque de Paris marque dans sa lettre que de saints évêques qui sont à Paris ne peuvent approuver qu'on contraigne les nouveaux réunis d'aller à la messe : 1° parce que c'est chose contraire aux règles de l'Église ; 2° que ce serait un scandale pour les bons catholiques par les irrévérences que les faux réunis commettront infailliblement dans nos églises, et un nouveau crime capable d'éloigner la grâce de leur conversion.

Mais ces grands prélats me permettront que, sans prétendre balancer leurs lumières avec celles des évêques de Languedoc, lesquels, ayant examiné cette question pendant les derniers États, furent tous (à deux près) d'un autre sentiment, ils me permettront, dis-je, qu'après l'exemple de saint Augustin, lequel avoue que, surmonté par l'expérience de sa propre ville et d'un grand nombre d'autres converties par la crainte des lois, il quitta son premier sentiment (le même que ces prélats tiennent aujourd'huy), j'espère que leur condescendance écoutera l'expérience de dix-neuf évêques qui ont plus de cent mille nouveaux réunis dans leurs diocèses, et les raisons sur lesquelles ils croient qu'il importe d'obliger les nouveaux réunis d'aller à la messe, dont voicy les trois principales.

Première raison, qu'en se départant à l'égard des nouveaux réunis de les obliger d'aller à la messe, c'est se dédire et révoquer tout d'un coup ce que le Roi a fait dans le temps de leur réunion, et leur donner lieu de publier, comme ils font avec hardiesse, que le Roi n'entend pas que ses édits subsistent (adresse ordinaire aux hérétiques, qui fit que saint Augustin, écrivant à Donat, proconsul d'Afrique, le priait de faire bien connaître aux donatistes que les édits des empereurs contre eux subsistaient dans toute leur force, parce qu'ils publiaient, comme font présentement les nôtres des édits de Sa Majesté, qu'ils étaient annulés). En effet, si parmi un grand nombre d'édits et de déclarations l'on compare seulement avec ce qu'on propose la déclaration du 29 avril 1686, qui porte que si aucuns de ceux qui auront fait abjuration de la R. P. R. venant à tomber malades, refusent de recevoir les sacrements de

l'Église, et déclarent qu'ils veulent persister et mourir dans la
R. P. R., au cas que lesd. malades viennent à recouvrer la santé,
qu'ils soient condamnés, à l'égard des hommes, à faire amende
honorable et aux galères perpétuelles avec confiscation des biens,
et à l'égard des femmes et filles, de faire amende honorable, et
être enfermées, avec confiscation de leurs biens, et quant aux
malades qui auront fait abjuration et qui auront refusé les sacrements de l'Église et déclaré qu'ils veulent persister et mourir
dans la R. P. R., et seront morts dans cette malheureuse disposition, le procès sera fait aux cadavres ou à leur mémoire, en la
manière et ainsi qu'il est porté par les articles du titre XXII de
l'ordonnance du mois d'août 1670 sur les matières criminelles, et
qu'ils soient traînés sur la claie et jetés à la voirie, et leurs biens
confisqués. Si l'on compare, dis-je, le dispositif de cette déclaration
qui porte engagement, sous des peines, aux nouveaux réunis de
recevoir les sacremens, avec la liberté où l'on propose de les
laisser, ne paraîtra-t-il pas que c'est passer d'une extrémité à
l'autre [1], d'une manière, si j'ose penser ce qu'on dirait à l'avenir,
qui n'est pas assez suivie pour porter le nom auguste d'un si
grand législateur, et ne serait-ce pas autoriser dans le royaume,
par cette tolérance, un corps de gens sans religion, pires devant
Dieu et devant les hommes que dans le temps où ils avaient des
ministres, des temples et une figure de culte chrétien ? Peut-on
attendre un succès solide d'une résolution si opposée à une règle

---

[1] « Si la sagesse de ceux qui... [*laissé en blanc*], et le zèle de mon cœur pour
« la gloire du Roy ne me servoient de caution, je n'ozerois écrire ce que je crois
« infaillible : que les ennemis de la gloire du Roy et les protestans ne manque-
« ront pas de se servir de ce nouvel édit pour démentir tant d'éloges, de haran-
« gues et tout ce que l'on a mis dans les inscriptions publiques à l'honneur du
« Roy pour avoir éteint le calvinisme, et compareront cet affaiblissement de
« sévérité avec les inscriptions de Néron et de Dioclétien où ils se faisoient
« honneur d'avoir éteint le christianisme, ce qui estoit faux. » Après un renvoi
à Baronius (*Ann.*), l'évêque ajoute : « Les inscriptions susdites devoient estre
« en tout plein d'endroits de l'Empire romain ; mais les seules qui restent, qu'on
« sache, sont en Espagne :
   « NERONI... OB PROVINCIAM LATRONIBUS ET HIS QUI NOVAM GENERI HUMANO
« SUPERSTITIONEM INCULCANT, PURGATAM. — DIOCLETIANO... AMPLIFICATO PER
« ORIENTEM ET OCCIDENTEM IMPERIO ROMANO ET NOMINE CHRISTIANORUM DELETO
« QUI REMPUBLICAM EVERTEBANT. — DIOCLETIANO... SUPERSTITIONE CHRISTI
« UBIQUE DELETA, CULTU DEORUM PROPAGATO. » — (Note de M. de Bertier.)

si solennellement établie, et enfin les nouveaux réunis se tiendront-ils pour dit qu'ils doivent devenir bons catholiques, qu'ils n'ont plus de changement à attendre de leur première religion si, dans le temps de la paix où l'autorité du Roi est la plus absolue, ils voient qu'on mollit, ou du moins qu'on tient une conduite si flottante, et n'est-ce pas discréditer tout ce que le Roi a fait et fera désormais à leur égard?

La deuxième raison, c'est qu'on ne peut espérer aucun fruit de l'obligation qu'on prétend imposer aux enfants d'aller à la messe et aux instructions jusques à un certain âge, si on exempte les parents de les y conduire et de leur donner l'exemple d'assiduité, car qui ne sait que les enfants sont les singes de leurs parents, qu'ils sont censés être de la religion de leurs pères, et qui ne voit que si les parents sont obligés d'envoyer leurs enfants à la messe, sans y aller eux-mêmes, ils leur formeront une idée d'aversion pour nos divins mistères, qu'ils leur proposeront tous les jours dans le secret de leur famille, comme un bonheur, l'aage qui doit finir la nécessité qu'on leur impose? Quel remède à ce poison domestique dont les parents auront nourry leurs enfants? Au lieu que si les parents sont obligés d'assister à la messe avec leurs enfants, ils ne pourront plus blâmer ce qu'ils auront pratiqué journellement en leur présence. L'expérience nous fait connaître que depuis quelques années [1] qu'on s'est contenté d'obliger les enfants de venir à l'église et à l'école, l'on voit que le terme de l'aage marqué par les ordonnances des intendants des provinces [2] est aussi le terme de la catholicité de ces enfants, et si l'on me répond qu'on exceptera de cette tolérance les enfants qui seront élevés dans les exercices de la religion catholique, je conviens qu'on ne peut s'en dispenser par plusieurs raisons et suivant le préjugé du quatrième concile de Tolède [3], composé de soixante-deux évêques, qui statua que les juifz que l'autorité du roi Sisebut avait contraints d'embrasser le christianisme, ayant été baptisés et [ayant] participé aux sacremens, seroient forcés d'y rester, mais je demande : pourquoi ne pas commencer à le faire par ceux qui

---

[1] « Par l'édit de janvier 1685. » — (Note de M. de Bertier.)
[2] « Jusques à seize ans. » — (Note de M. de Bertier.)
[3] « *Conc. Toletanum,* tenu l'an 57 ». — (Note de M. de Bertier.)

sont dans le même cas, je veux dire les enfants qui, n'ayant jamais profané la sainteté de leur baptême par la communion huguenote, feurent reçeus sans faire abjuration, l'an 1685, que se fit la générale, et qui ont vécu dans la participation des sacrements de l'Église, jusques à ce que l'aage les a mis dans la malheureuse liberté de ne plus vivre en catholiques? Cependant, les enfants dont je parle ont présentement environ vingt-sept ans, ils font le plus grand nombre des nouveaux réunis et sont eux-mêmes pères de famille. Faut-il donc entrer dans un triage sans exemple pour abandonner à leur perte des gens d'un aage plus avancé qui seront, comme nous venons de remarquer, les corrupteurs domestiques des bonnes dispositions de leurs enfants, et sont d'autant plus dignes de compassion qu'il leur reste moins de temps pour se convertir?

Troisièmement, quoyque ce *Mémoire* ne soit pas un lieu à rapporter en détail les *Constitutions* des premiers empereurs, depuis Constantin, et des autres princes chrétiens, contre les hérétiques, et les peines dont ils se sont servis pour réduire par la crainte à l'unité catholique (ce qui en comprend tous les devoirs) ceux qu'on ne pouvait pas ramener par la raison, il est nécessaire de remarquer que les peines ont été différentes suivant l'impiété des hérésies, les conjonctures des temps, l'obstination des sectaires et qu'ils étaient turbulans; les plus légères et les plus communes estoient les pécuniaires, par exemple l'amende de dix livres d'or, la rélégation et la confiscation des biens [1]. Il y a aussi des loyx qui ont condamné des hérétiques à une perpétuelle infamie, qui les ont déclarés inhabiles de recevoir des dons et des successions, de disposer de leurs biens, d'être receus en témoignage, et qui les privoient généralement de tous les droits que les loyx ou la coutume donnent aux hommes. L'on voit, dans d'autres loyx, la peine de la déportation (particulière aux romains), mais on ne peut nier que les empereurs n'aient ordonné très souvent des peines corporelles et capitalles contre les hérétiques, et qu'à

---

[1] A ce passage M. de Bertier cite, à la marge, plusieurs textes des Novelles : [*Haeresis*], écrit-il, *erat publicum crimen quia quod in religionem divinum committitur, in omnium fertur injuria. — Ideo quilibet admittitur ad accusandum usque ad quinquennium,* etc.

l'exemple des empereurs, beaucoup de grands et pieux princes
n'aient étendu ces peines au dela de la vie des criminels, et
ordonné, avec beaucoup plus de sévérité que n'a fait la déclaration
de Sa Majesté, du 29 avril 1686, dont on a parlé, de faire le
procès à leur mémoire [1].

Si plus de septante constitutions sur cette matière, depuis
Constantin le Grand, dans l'intervalle de cent neuf ans, sous neuf
empereurs orthodoxes, et ce qu'ont pratiqué les rois goths contre
les Ariens, Charlemagne contre les Saxons, et saint Louis contre
les Albigeois, sont des préjugés qui justifient la douceur de ce que
le Roy a statué à l'égard des prétendus réformés, il n'y a qu'à lire
les conciles, les épîtres des papes et les ouvrages des saints pères
contemporains pour voir que ce sont leurs sermons qui ont donné
lieu à ces loyx, et qu'après que l'Église a eu condamné les hérésies,
elle a excité le zèle des princes orthodoxes pour les abolir. L'on
trouve ces loyx dans les actes des conciles où l'on a applaudi et
loué les princes qui en étaient les autheurs, on voit dans ceux
d'Afrique, qu'on a prié par lettres et par députés les empereurs
d'en renouveler l'usage parce qu'on avait discontinué de les faire
observer. Les anciens papes s'en sont servis, comme saint Prosper
dit du pape Boniface qu'il se servoit, contre les Pélagiens, non
seulement des édits apostoliques, mais aussi des royaux, et si l'on
examine le droit canonique [2] depuis sept cents ans, l'on trouvera
que l'on est allé bien plus avant, et qu'on estoit bien éloigné de
désapprouver que la puissance séculière obligeât, par les peines les
plus sévères dont nous avons parlé, les chrétiens qui appartiennent à l'Église par le baptême à y rentrer, ce qui comprend,
comme j'ay déjà observé, par une conséquence nécessaire, tous les
devoirs de la catholicité. Je sçai qu'on oppose d'ordinaire à ce que
je viens de dire en faveur des loyx et des peines contre les hérétiques, le scrupule de saint Augustin écrivant à Donat, proconsul

---

[1] « Calvin ayant fait brûler Servet à Genève, l'an 1553, publia un livre pour
« justifier son procédé, où il fait voir que les princes et magistrats avoient droit
« de punir de mort les hérétiques. Il dit dans le titre : *Iure gladii exertendos esse*
« *hæreticos.* » — Note de M. de Bertier suivie de plusieurs citations empruntées
aux Novelles.

[2] M. J. Lemoine écrit dans *Mémoires des Évêques de France.* p. 169. droit
catholique.

d'Afrique, sur ce qu'il avait fait mourir les donatistes, parce que
cette punition avait été attirée par la délation des ecclésiastiques,
et le regret de saint Martin d'avoir reconnu pour légitime le
concile de Trèves, où l'on avait rétabli dans la communion
ecclésiastique Itacius, qui avoit poursuivi la condamnation à
mort de l'hérétique Priscillien; mais outre qu'il s'agit dans ce
Mémoire de donner son avis à un prince auquel Dieu a mis le
glaive en main, l'on voit d'abord que le fondement du juste
scrupule de ces deux grand saints fut qu'il s'agissait, dans l'un et
dans l'autre cas, de la mort des hérétiques, punition que les
personnes ecclésiastiques ne doivent jamais poursuivre, et jusques
où l'on ne croit pas qu'il faille pousser l'autorité, ce qui répond à
la deuxième question de ce *Mémoire*.

Les peines qu'on proposera parmi les moyens de convertir les
hérétiques sont bien éloignées de cette sévérité; on désire, au
contraire, comme disait saint Augustin, *que les crimes soient
châtiés de manière* [1] que les criminels puissent se repentir, et l'on
croit avec ce saint docteur qu'il ne faut employer que des tribula-
tions salutaires et médicinales, et qu'elles suffiront pour parvenir
à la fin que la piété du Roy désire avec tant d'ardeur [2].

Au reste, on ne croit pas qu'il faille craindre que les faux

[1] Ces sept mots ne figurent pas dans l'ouvrage cité : *Mémoires des évêques de France*, p. 169.

[2] « *On peut ajouter à la fin de la huitième page :* Après cela je conviens que
« ce n'est pas par la violence que les évêques doivent travailler personnellement
« à ressusciter la foy éteinte de leurs diocésains et que ce moyen, de même que
« l'application du bâton d'Élisée sur l'enfant mort de la Sunamite, ne convient
« pas à la douceur de leur ministère, et que leur partage doit être de se pencher
« par la compassion sur ces enfans mortz par l'infidélité, à mettre la bouche sur
« leur bouche, en les instruisant charitablement, tête à tête, à mettre les
« yeux sur leurs yeux et les mains sur leurs mains, en observant les routes dans
« lesquelles ils s'égarent et entrant dans tous leurs besoins spirituels, et que
« c'est ainsi que les évêques doivent travailler à rendre la vie à ces enfans de
« leur sollicitude pastorale, et que le grand nombre qui partage leurs soins ne
« doit pas affoiblir leur charité en particulier, comme Joseph : *Flevit super
« singulos eorum, singulis manus imponens.* Mais comme nous venons de dire, il
« ne s'agit pas icy de donner conseil à des évêques, mais au plus grand des
« Roys qui sent qu'il est comptable à Jésus-Christ de la puissance qu'il luy a
« donnée, et de ne pas souffrir qu'on blasphème dans ses Estats contre les plus
« saints mystères qu'il a institués sur la terre... Les évêques successeurs des
« apostres pescheurs des hommes, en ayant fait une grande pêche de plusieurs
« milliers dans la mer de l'hérésie, c'est à luy [au roi], comme au chef des

réunis commettent des irrévérences dans nos églises, parce que la crainte des peines, assez puissante pour les ramener à l'Église, les y contiendra à plus forte raison dans le respect. Nous les y avons veus accoutumés, et il ne faut pour s'en asseurer sinon qu'il plaise au Roy de donner ses ordres aux magistrats, qui ont la police dans les paroisses, de punir par amendes et par prison leurs immodesties, et aux Intendants de ces provinces plus sévèrement, suivant l'exigence des cas, pour être asseurés qu'ils n'y en commettront pas, et on ne peut pas dire que la nécessité qui les mènera à l'église les rende moins criminels, de même que lorsque les confessions et communions pascales sont sacrilèges, le péché n'en est pas moindre parce qu'elles sont commandées, et que l'homme de la parabole du festin de l'Évangile, surpris sans avoir sa robe nuptiale, ne fut pas moins sévèrement puni pour avoir été forcé d'y entrer. Mais comme on ne doit pas obmettre ce qu'on a allégué que la contrainte d'aller à la messe est contraire aux règles de l'Église, il serait à souhaiter qu'on eût marqué précisément quelles sont ces règles de l'Église, pour s'y rendre avec plaisir, si elles le sont en effet, ou pour répondre à la difficulté, mais ces règles ne nous paroissant pas, on se contentera de dire que si l'on entend par les règles de l'Église l'usage de la primitive qui défendoit de célébrer les divins mystères en présence des infidelles et des catéchumènes, il est certain que cette rigidité, qui a diminué à mesure que le culte de la religion chrétienne a été plus étendu et plus affermi, que cette rigidité, dis-je, est totalement changée depuis l'entière destruction des restes du paganisme, que ce « mystère de notre foi », appelé ainsi par excellence, n'est

« chasseurs des bêtes farouches, intraitables, et qu'on ne peut apprivoiser, de les
« poursuivre...

    « On me reprochera la parole de Julien l'Apostat (*épist. 13*), où il se vante
« qu'il traite les Galiléens avec tant d'humanité et de clémence qu'on ne fait
« violence à qui que ce soit. On n'entraine personne dans les temples et nul n'a
« sujet de se plaindre d'avoir reçeu malgré luy aucune injure ou aucun mauvais
« traitement : mais... [en blanc.]

    « Les petites peines dont on use, [sont] semblables à l'incommodité de la
« famine qui fit rentrer en luy même l'enfant prodigue. — (Luc, xv.)

    « C'est conforme à la loy de l'Église d'oster les enfans aux parens mécréans
« pour les élever au christianisme : Can. *Judaeorum*, c. 28, q. 1 du IV Conc. de
« Tolède. » — (Notes de M. de Bertier.)

plus un secret qu'on n'explique qu'aux initiés, et que cet heureux changement, qu'on peut appeler le triomphe du christianisme paroît par la liberté qu'on laisse d'entrer dans nos églises et d'assister à la messe sans s'enquérir de la religion de ceux qui y viennent, et par la cérémonie de porter publiquement l'Eucharistie aux malades et en procession à découvert dans les lieux où la religion catholique est la dominante, bien qu'on soit asseuré que tous ceux qui la voient n'y croient pas.

Si l'on entend par règles de l'Église les canons qui désiroient que ceux qui assistoient aux divins mystères y participassent, d'où les nouveaux convertis concluent que c'est choquer l'ancienne discipline de l'Église que de les obliger d'assister à la célébration d'un mystère sur la vérité duquel, leur foi n'étant pas affermie, ils n'y doivent pas participer, l'auteur de ce *Mémoire*, pour ne pas le charger davantage, n'entre pas dans la dispute, plus curieuse qu'utile, si les canons ont jamais été parfaitement en vigueur, ni à faire voir que l'assistance à la célébration des saints mystères et la participation n'ont pas été aussi unies dans la discipline des premiers siècles qu'on le suppose, il luy suffit, pour garantir son sentiment du reproche qu'il est contraire aux règles de l'Église, de dire qu'on ne peut pas contester que la grecque et la latine n'obligent pas tous ceux qui entendent la messe de communier, et que ce seroit même contre les règles de l'Église qui ne veulent pas que les grands pécheurs qui offrent le sacrifice de la messe pour l'expiation de leurs crimes s'approchent d'abord de la sainte Table. Au reste, ceux qui pratiquent les nouveaux réunis savent qu'il faut mieux présumer des dispositions du commun d'entre eux, que les principaux de la cabale ne veulent le persuader. L'on sçait par expérience que ces chefs de party, devenus plus riches par les biens de leurs parens qui ont quitté le royaume, emploient les menaces et toutes sortes d'artifices pour empêcher les bonnes gens de suivre la foy de leur évêque et de leur curé de même qu'ils suivoient la doctrine de leurs ministres. Et à l'égard des principaux, fussent-ils plus difficiles, du moins ne déroberont-ils pas à Dieu, assistant aux divins mystères comme des démons, l'honneur que leur confusion lui rend lorsqu'ils voient les têtes couronnées et des millions de chrétiens prosternés devant ce mystère redoutable de notre religion contre lequel ils ont blasphémé tant de fois. Il faut même espérer que la force de l'exemple, les prières du corps de l'Église et la grâce attachée aux filets de la doctrine apostolique [1] enfermera heureusement les poissons, quelque répugnance qu'ils aient de s'y laisser prendre.

Moyens principaux.

1° Il faut supposer que la difficulté que font les nouveaux réunis de faire le devoir des catholiques n'est pas une affaire de religion, mais une pure cabale [2]. Il paroît que ce n'est pas une affaire de religion, parce que l'on a vu pendant la guerre que les réfugiés ont été luthériens, zwingliens et épiscopaux, suivant les lieux où ils se sont trouvés, bien que les autheurs de ces sectes et leurs professions de foy soient opposées en des points essentiels, de manière qu'il est visible que le système présent de la religion des réunis est qu'ils ne sont pas catholiques romains [3]. Il paroît encore que la difficulté ne vient pas d'un motif de conscience, puisque l'on a veu et qu'on voit tous les jours que lorsque les chefs de party ont besoin d'un certificat de leur curé, de leur catholicité, pour acquérir quelque charge, ils ne balancent pas de venir à l'église faire les fonctions de catholiques jusqu'à ce qu'ils ont obtenu le certificat. On ne voit point de conseiller dans les Parlemens qui façonne d'aller aux processions où leur compagnie va en robe rouge, et de prêter serment tous les ans, à la Saint-Martin, sur la passion figurée de Jésus-Christ, bien que leurs auteurs se récrient contre cette forme comme étant une idolâtrie. Aucun ne refuse de prêter le serment de docteur dans les universités, de même que les catholiques. Ils recourent tous

---

[1] Dans les *Mémoires des évêques*, on a imprimé : doctrine *chrétienne* (p. 171).

[2] « C'est ainsi que la P. R. a pris son origine et les auteurs protestans sont « obligés de convenir qu'en France, en Angleterre et en Allemagne l'introduc- « tion de l'hérésie a esté l'ouvrage de l'ambition et de la politique des grands, « de même qu'en Hollande celuy du désespoir causé par la domination tiran- « nique des Espagnols dans le Pays-Bas, ce que les Flamans firent bien « connoitre par l'inscription des médailles qu'ils frappèrent en 1574 : *Plus tôst* « *rien que papiste !* Mais sans aller plus loin que nos nouveaux réunis dont il s'agit. » — (Note de de M. de Bertier.)

[3] « Que toute religion leur est bonne excepté la véritable. » — (Note de M. de Bertier.)

dans leurs procès aux censures de l'Église, et signent, dans leurs contracts de mariage et testamens, les clauses de style qui supposent la catholicité des parties. Enfin, il ne faut que rappeler le souvenir de la facilité avec laquelle tout le parti a abjuré le calvinisme, il y a treize ans, et combien de fois depuis ils ont dit qu'ils se résoudroient à être catholiques suivant l'événement de la guerre, pour connoitre qu'ils sont retenus par le libertinage et par des motifs temporels. La difficulté qu'il faut surmonter étant donc une résistance [1] de cabale et non pas une affaire de religion, il ne faut que détruire la cabale.

Cette cabale roule dans chaque lieu où il y avoit exercice sur un consistoire secret qui fait savoir ses résolutions par des avertisseurs [2] comme il y en avoit du temps qu'ils avoient des exercices ; il faut donc exiler dans chaque lieu et envoyer le plus loin qu'on pourra, ainsi que le pratiquoient les premiers empereurs chrétiens contre les hérétiques, quelques uns de ces vieux piliers de consistoire, et les plus opiniâtres aux colonies françaises [3]. Et d'autant que la fonction des avertisseurs tient du crime de ceux qui font les assemblées, Sa Majesté pourra les condamner, par une déclaration un peu détaillée, aux mêmes peines.

Le second moyen c'est qu'il faut révoquer la dernière déclaration du Roy, par laquelle les biens des réfugiés que Sa Majesté avoit premièrement unis à son domaine, ensuite appliqué aux hospitaux, sont donnés, en dernier lieu, aux plus proches parents des réfugiés, parce que cette déclaration cause deux grands inconvéniants :

Premièrement, en ce qu'elle donne lieu d'entretenir un commerce préjudiciable à la Religion et à l'Estat, entre ces parents et les réfugiés. C'est ce commerce qui a donné cours à tant de fausses nouvelles contre le service du Roy pendant la guerre, et dont on verra bientôt des suites plus dangereuses, puisque nous apprenons

---

[1] Phrase corrigée, telle qu'on la lit ici, par M. de Bertier; mais après l'envoi de son manuscrit à la cour. — Cf. *Mémoire des évêques* (p. 171.)

[2] Dans le *Mémoire des Évêques* (p. 172) on a imprimé : *avertissements*.

[3] « Pourquoi ne punira-t-on pas, sur le préjugé du Saint-Paul contre Bar Iesu « [*Actes des Apôtres*, XIII]. ces gens qui comme ce faux prophète ne cessent « jamais de pervertir les voyes droites du Seigneur? Et ce n'est pas une dureté. « mais un moyen d'empêcher de nuire, que d'exiler. » — (Note de M. de Bertier.)

que ces réfugiés doivent venir, à la faveur de la paix, faire leurs comptes avec leurs proches, de même qu'un marchand va faire ses comptes avec son associé dans un autre royaume. Quelles maximes contraires au service du Roy et au bien de l'Estat ne répandront pas ces gens naturalisés dans d'autres pays pleins de l'esprit républicain !

Le second préjudice, c'est que les nouveaux réunis, qui sont enrichis des biens des réfugiés, en sont devenus plus puissants dans les communautés, et ce sont néanmoins ces chefs de parti qu'il faut affaiblir pour détruire la cabale. Cela ne se peut qu'en pratiquant ce que fit saint Louis contre les Albigeois[1], de donner les biens des hérétiques déclarés, tels que sont les réfugiés, aux officiers qui se sont signalés pendant la dernière guerre; ces dons, qui sont appelés, dans les chartes de la Chambre des comptes de Paris, *des assises*, estoient accordés seulement en jouissance à vie ou en pur don passant aux successeurs. De quelque manière que la prudence du Roy en dispose, cela affoiblira les chefs de parti, fortifiera le nombre des anciens catholiques dans les communautés, rompra le commerce entre les réfugiés et leurs parens, et déchargera les finances du Roy des pensions qu'il leur donne, sans quoi ils sont réduits à la mendicité.

On peut alléguer, pour cause de ce qu'on prive les parents des biens des réfugiés, qu'estant notoire qu'ils leurs prêtent le nom pour les faire jouir de leurs biens et éluder en cette manière les peines ordonnées par Sa Majesté, ils sont fauteurs de l'hérésie, et comme tels déchus de la grâce de Sa Majesté, et seroient punissables des mêmes peines selon le droit[2].

Le troisième moyen c'est qu'ayant été défendu, par déclaration du Roy, du 6 août 1685, de recevoir aucun médecin faisant profession de la R. P. R., il plaise au Roy de défendre aux nouveaux réunis de faire la fonction de médecin, apothicaire et chirurgien, ny de tenir boutique sans permission par écrit des intendans des provinces, qui ne les accorderont, absolument ni à temps, que sur

---

[1] « *Vide Baluzium in fine Concil. Galliæ Narbonensis.* » — Annotation de M. de Bertier.

[2] A la marge, M. de Bertier appuie son sentiment de ce texte des Novelles : *Eisdem quoque pœnis subdimus eos qui contra rectam christianorum fidem impium istis patrocinium praestiterint.* — *Novella 114, cod. Theod. : de Haereticis.*

le certificat de l'évêque diocésain que ces particuliers ont fait continuellement toutes les fonctions de catholiques, du moins depuis plus d'un an. On a une fâcheuse expérience qu'à la faveur de l'entrée et de l'autorité que ces professions donnent auprès des malades, ces gens, dont on présume que plusieurs ont reçeu l'imposition des mains des ministres, les détournent de mourir catholiques.

Enfin on ne balance pas de dire, suivant qu'on l'a expliqué dans ce *Mémoire*, qu'on ne peut se dispenser d'obliger par des peines pécuniaires tous les nouveaux réunis, sans distinction, d'aller à la messe et aux instructions, d'y conduire leurs enfans et d'assister encore avec modestie aux divins mystères, sous peine de prison, auquel effet les intendants des provinces commettront dans chaque lieu ou dans chaque diocèse un ou plusieurs subdélégués pour l'exécution de ces ordres, parce qu'il est certain que des consuls et officiers des lieux ne font rien exécuter contre les nouveaux réunis à cause qu'ils sont les plus riches et les plus puissants de la communauté, et fort souvent leurs créanciers.

(Arch. de la Haute-Garonne : Évêché de Rieux.)

1. — Notes de l'évêque de Rieux sur son mémoire.

Le *Mémoire* officiel de l'évêque Rieux se termine aux mots qu'on vient de lire. Après l'envoi de ce texte, notre prélat ajouta les réflexions suivantes qui découvrent davantage sa pensée intime sur le grave sujet mis en délibération. L'écriture fine, pressée et à peine formée de M. de Bertier remplit la marge et le milieu resté libre du dernier feuillet du *Mémoire* :

L'autheur d'un traité traduit de l'anglois : *De la raison humaine,* prétend que la liberté de professer telle religion qu'on voudra est le seul moyen de conserver la paix dans l'Esglise. — Exemple de la paix dans laquelle les premiers chrétiens vivoient avec les païens sur les affaires de la religion.

Sed contra : 1° Ce sentiment conduit à l'indifférence des religions *et patitur tela quibus confoditur Socinus.*

2° Si cette indifférence est permise autant qu'il paroît qu'elle seroit utile pour cette prétendue paix extérieure, pourquoy les apôtres ne l'ont-ils pas enseignée et pratiquée, au lieu qu'ils ont fait le contraire, défendu toute communication avec les hérétiques, etc... — Ce que Dieu dit dans l'Apocalypse contre les Nicolaïtes.

3° C'est faire consister la paix de l'Esglise dans l'impunité d'une profession libertine de tout ce qu'il plait à chacun de tenir sur la religion. — Ce moyen de conserver la paix, ridicule dans l'Église. — Exemple de ce qui arriveroit dans un Estat où l'on pratiqueroit de même pour les crimes.

4° Puisque l'Estat ne peut subsister s'il n'y a des peines contre ceux qui attaquent l'honneur et les biens de[s] particuliers, il sera permis d'abandonner en proie à l'ignorance, à l'inquiétude, à l'orgueil, l'honneur de Jésus-Christ et de son Église !

5° On ne peut pas trouver mauvais qu'un prince suive la loy de Dieu pour le gouvernement de son Estat. Moyse (*Deuteronôme*, XIII, 9) vouloit qu'on fit mourir soudain celuy qui enseignoit contre la loy : *statim interficiatur*. Conformément à cette loy, Moyse fit mourir grand nombre d'hommes à cause de l'idolatrie du veau d'or. L'action de Matathias, qui fit mourir un juif qui sacrifioit aux idôles, est louée. — Et si le cœur de l'homme n'est pas du ressort des princes, la langue ne leur est pas moins soumise que les mains. — C'est, suivant les Saints Pères, rapportés aux *Notes* de la version de la Bible, l'accomplissement de la parole [de] Jérémie (XVI, 16) : *J'envoyeray beaucoup de pescheurs et ils les prendront à la pesche, et je leur envoyeray beaucoup de chasseurs et ils les iront chercher pour les prendre dans toutes les montagnes, dans toutes les collines et dans les cavernes des rochers.* Les apôtres, *piscatores hominum*, sont les pescheurs qui ont jetté par toute la terre le filet figuré par celuy de saint Pierre; les chasseurs, puissances séculières, qui ramènent par la rigueur les hérétiques, etc.

*
* *

Sur le tout, il y a plusieurs déclarations depuis l'année 1685 qui privèrent ceux qui faisoient profession de la R. P. R. de divers avantages, lesquelles on peut étendre, avec justice, contre . les nouveaux réunis qui refusent d'en accomplir les devoirs, [ceux de la religion], puisqu'ils sont apostats. Si l'on conteste que les hérétiques sont *cogendi*, il faut qu'on condamne toutes les guerres de religion... [Citations à l'appui de ces sentiments.]

* *

L'on pourra se servir de ce que j'ay observé, sur l'unité de la foy, dans mon portefeuille. — La religion chrétienne nous enseigne d'honorer les roys comme les images de Dieu : l'hérésie, qui attaque l'original de ce culte, n'épargne pas les copies, surtout la calvinienne, toute républicaine et ennemie déclarée de toute hiérarchie et supériorité.

* *

Les édits de pacification ont esté comme les remèdes que les sages médecins emploient pour assoupir les humeurs lorsqu'elles sont dans un mouvement trop violent pour estre purgées; mais après un long calme elles rendent le corps léthargique : il faut agir vivement pour le dégager.

(Arch. de la Haute-Garonne : Évêché de Rieux.)

2. — SUPPLÉMENT AU MÉMOIRE DE L'ÉVÊQUE DE RIEUX SUR LES « NOUVEAUX RÉUNIS » (1698).

Cette pièce se trouve écrite à la suite du *Mémoire* officiel de M. de Bertier. Le prélat essaie de résoudre une des principales difficultés qui lui ont été proposées.

Mémoire sur l'expédient d'obliger les nouveaux réunis d'assister seulement à partie de la messe appelée anciennement « des Caté-« cumènes ».

Je ne doute pas que les nouveaux réunis ne soient fort satisfaits si l'on se contente de les obliger de mener leurs enfans à la messe, pourveu qu'ils soient en liberté de les y laisser et de sortir après l'explication de l'évangile; ils n'en attendoient pas tant à la conclusion de la paix, et leurs docteurs ne condamnent pas absolument l'assistance aux sermons des catholiques lorsqu'ils ne peuvent pas entendre le prêche des ministres. Mais si on examine cet expédient on trouvera qu'il ne pourvoit pas à éviter les irrévérences contre nos divins mistères, suivant l'intention de ceux qui le proposent, et qu'il renverse le dessein de former de bons catholiques des enfans des faux réunis. Il ne faut pour en juger que comparer les dispositions où sont les nouveaux réunis avec celle où estoient les catéchumènes et les pénitens, car au lieu qu'après le commandement que le diacre leur faisoit, à haute voix, de sortir de l'église, on voioit peint sur le visage des catéchumènes, singulièrement de ceux qu'on appeloit *competentes*, qui étoient les plus près d'être baptisés, l'impatience d'être admis aux divins mistères, et sur le visage des pénitens la douleur d'être privés d'y participer, et que ce spectacle édifioit les fidèles, que sera-ce lorsque de six portions, par exemple, de ceux qui auront entendu l'explication de l'évangile, l'on verra les cinq se retirer tumultuairement de l'église, sans révérance ny respect, et avec un air dédaigneux, laissant les ministres de Jésus-Christ avec une petite troupe de catholiques d'ordinaire les plus pauvres de la paroisse ! Quelle impression ne faira pas, dans les esprits des enfans, cette retraite scandaleuse de leurs parens, fortifiée des discours qu'ils tiendront dans leur domestique, dont on a parlé dans la deuxième raison du grand *Mémoire;* et il me semble de voir les filles de six à sept ans courant après leurs mères qu'elles verront s'en retourner à leur maison, et d'autres retenues par les maitresses d'école pleurant à haut cris, et cent autres incidens que la foiblesse de l'aage ou l'artifice des parens faira naître chaque jour, et les intendans des provinces occupés à décider si ce seront des cas où les parens doivent être condamnés à l'amende, suyvant la déclaration que le Roy aura donnée.

Je conviens que depuis l'abjuration générale on a veu souvent des faux catholiques se placer au fondz de l'église pour s'en aller, sans être apperçus, après la prédication ; mais il faut qu'on convienne aussy que cette manière de se dérober n'étoit pas injurieuse aux mistères de notre religion, comme le sera la sortie tumultuaire et insolente (parce qu'elle sera autorisée de la loy du prince) de tous les nouveaux réunis d'une paroisse.

Au reste, pour répondre à ce qu'on allègue que cette assistance forcée d'une partie de la messe incitera plusieurs d'y rester, l'on peut compter que les principaux du consistoire secret de chaque lieu, dont on a parlé dans le grand *Mémoire*, sortiront les derniers de l'église, observant et faisaut signe d'en sortir avec eux à ceux qui auront envie d'y rester, et ils fairont tout cela sans crainte d'être punis, de même qu'on ne peut pas trouver mauvais que deux amis qui sont venus ensemble à l'église, celui qui a plus tost achevé sa prière fasse signe à son amy de sortir, et les chefz de la cabale huguenote ne manqueront pas de prétexter quelque affaire pour justifier ce qu'ils auront fait.

Enfin, il faut ce me semble, faire attention dans toute cette affaire qu'il s'agit icy d'établir une conduite à l'égard de gens qui ont tous fait abjuration de l'hérésie, et s'ils s'excusent sur ce qu'ils l'ont faite forcés par la crainte des troupes, que peuvent dire la plus part qui l'ont renouvelée et la renouvellent tous les jours dans toutes les rencontres où il faut se dire catholiques pour avoir des emplois, exercer des charges, obtenir des degrés dans les Universités, singulièrement pour contracter des mariages avantageux où l'on les fait renouveller expressément leur abjuration, ce qui ne doit pas paroître étrange puisque suivant la discipline ecclésiastique des huguenotz : *Ils ne recevoient aucun catholique à se marier qu'il n'eut fait profession ouverte de renoncer à la messe* [1], de sorte que l'Église catholique n'exige pour bénir le mariage sacrement que ce qu'ils exigent pour le mariage contrat civil.

(Arch. de la Haute-Garonne : Évêché de Rieux.)

3. — AUTRE SUPPLÉMENT AU MÉMOIRE (1698).

Ces « articles », écrits sur des feuillets distincts du *Mémoire*, sont également l'œuvre de l'évêque de Rieux.

Articles adjoutés au Mémoire.

Dans les Cévennes, le diocèse d'Uzès, le Vivarais et une bonne partie du diocèse de Castres il y a quantité de paroisses où il n'y a que des nouveaux convertis, pas un seul catholique [2]. A l'offertoire le curé se trouvera-t-il seul avec son valet, dans l'église, et quelques enfans qui ne penseront qu'à suivre leurs pères et à se tourmenter de ce qu'ils les auront quittés ? Qui pensera, dans ces églises de la campagne, à retenir tous les enfans

---

[1] « Du *Synode de Paris, de 1559*, rapporté aux *Observations* sur l'article 4 du « chapitre XIII des mariages, et encore au texte de l'article 20, et aux *Observa-* « *tions* suivantes où il paraît que plusieurs provinces vouloient attendre que les « prosélytes eussent fait la cène avant de bénir leur mariage. » — Note de M. de Bertier.

[2] C'est-à-dire : *pas un seul ancien catholique.* — Cette assertion de l'évêque de Rieux suppose que dans ces quartiers, comme dans son diocèse, aux Bordes, au Mas-d'Azil, notamment, des paroisses entières avaient adhéré au protestantisme.

à l'église, s'il n'y a que le curé et son valet d'anciens catholiques dans sa paroisse ?

Quand ces enfans auront quatorze ans, qu'ils n'iront plus à l'école, quelle conduite gardera-t-on à leur égard ? Ils ne manqueront pas de dire, instruits par leurs pères et mères, qu'ils ne croyent point à la messe. Si l'on est arresté par la raison des profanations, il faudra se relacher pour eux comme l'on a fait pour leurs parens : de quelle utilité aura-t-il esté de les avoir retenus à l'église pendant plusieurs années ? Peut-on croire que le sermon ou le prône du curé ait plus de force sur l'esprit de ces enfans que l'autorité de leurs pères ?

Si l'on craint les désertions, dans le royaume, elle arriveront autant par ce moyen que par tout autre, paroissant insupportable aux parens qu'on donne par force une autre religion que la leur à leurs enfans. Dans la plus grande quantité des paroisses les curez sont incapables de faire un sermon : à quoi se réduira donc le culte de cette espèce de gens qui feront profession ouverte de n'estre pas catholiques et d'insulter à nos mystères, en les abandonnant les dimanches et les festes avec mépris et scandale ?... Les Papes ont ordonné à Rome que les juifs assisteroient aux instructions, aucun ne s'y est jamais converty. Il est du bien de l'Estat et de la religion de désunir le consistoire, d'en abattre les chefs : rien ne les unira davantage que cette manière. On les verra se rassembler, marcher fièrement à l'église tous ensemble, les chefs à leur teste, sans autre dessein que d'aller faire une espèce de protestation contre la vérité de nos mystères, qu'ils renouvelleront toutes les semaines. Ce relâchement sera pris, par les nouveaux convertis, pour un premier pas qui les ramène à leur ancienne religion. C'est une nation qui tire avantage de tout. Ils croiront que leur résistance leur a procuré cet adoucissement et qu'en s'opposant avec oppiniastreté à l'exécution de cette décision, ils obtiendront bientost tout le reste. Cela paroit par ce qu'ils viennent de faire à Orange où ils ont esté en foule, sur le seul advis qu'ils ont eu que l'on délibéroit sur ce qui les regardoit, concluant de là que tout leur étoit permis.

Il y aura plus de peine à les obliger de mener eux-mêmes leurs enfans à l'église pour y demeurer, qu'il n'y [en] auroit eu de les y faire aller et demeurer eux-mêmes. S'il est vray, comme on le suppose, que la plupart de ces gens-là croyent que c'est idolatrer d'aller à la messe, peut-on se persuader que les parens puissent tranquillement y mener leurs enfans, et si l'on ne veut pas les y contraindre parce que l'on dit qu'ils asseurent que la messe est une abomination, comment veut-on qu'ils n'ayent pas une répugnance invincible à donner notre religion à leurs enfans, que l'on veut qu'ils ayent en horreur pour eux-mêmes? Le cœur d'un père peut-il s'accommoder d'un pareil tempérament?

(Arch. de la Haute-Garonne : Évêché de Rieux.)

4. — ÉCLAIRCISSEMENTS DEMANDÉS A L'ÉVÊQUE DE RIEUX (1698).

Curieuse demande d'éclaircissements relatifs au *Mémoire*. Elle vient, selon toute probabilité, du cardinal de Noailles et montre le cas que l'on faisait, à la cour, de l'opinion et de l'érudition de M. de Bertier.

L'on remercie très humblement du *Mémoire*, on en avoit desja entendu parler.

Les authorités qui y sont citées et les exemples qui y sont rapportés font bien sentir la profonde érudition de l'autheur ; mais, selon toutes les apparences, son avis sera extrèmement combattu.

On a desja beaucoup de pièces et de *Mémoires* qu'on a recueillis depuis longtemps sur cette matière, on supplie cependant de vouloir bien apprendre où l'on pourroit trouver l'escrit de Blondel, protestant, fait à l'occasion de la paix de Munster. On sçait bien qu'après les grands progrès que le roy de Suède avoit fait en Allemagne et le nombre des villes qu'il avoit prises, il prétendoit que la religion protestante y fût maintenue : que l'Empereur et tous les princes catholiques demandoient que la religion catholique fût restablie par tout, et que ce fût par l'entremise des ambassadeurs du Roy que l'on convint à Munster d'un tempérament très avantageux à la religion catholique ; mais on n'a aucune connoissance de l'*Escrit de Blondel*, non plus que des deux autres autheurs qui ne sont pas nommés et qui ont escrit depuis sur le mesme sujet, et l'on seroit très obligé, si cela n'estoit pas trop pénible, de faire envoyer un extrait des principales raisons qui ont esté alléguées par ces trois escrivains.

On auroit la même grâce à demander à l'esgard des soixante-dix Constitutions depuis Constantin et des autres citations du mesme article, c'est-à-dire on demande seulement le mémoire de tous les endroits cités, afin de les vériffier dans les livres et de connoître, en les vériffiant, les sujets et les occasions qui ont donné lieu à ces Constitutions.

Monsieur le chancelier a veu les mémoires de tous les intendans des provinces, et il doit voir les mémoires de messieurs les évesques. Quant à l'ouvrage en langue latine pour les pays estrangers, il peut estre d'un grand usage; mais il n'est pas encore temps d'en parler; il faut voir auparavant à quoy on se déterminera.

(Arch. de la Haute-Garonne : Évêché de Rieux.)

5. — Éclaircissements envoyés par l'évêque de Rieux (1698).

Comme le *Mémoire* en réponse à M^r l'archevêque à Paris est un tissu des principes dépendants de l'histoire ecclésiastique et profane, il faudrait entrer dans une grosse discution pour les fournir de toutes les preuves qu'on en sçait. On répond néanmoins aux demandes que l'on a fait précisément dans l'écrit de deux pages : *Sentiments des protestans sur la matière en question.*

1° Ceux qui ont leu les ouvrages théologiques des protestans sçavent qu'ils ont tenu et tiennent des sentimens contraires sur la tolérance des religions différentes de celle du prince, suivant le pays et les besoins de leurs affaires, et quelque opposés qu'ils soient dans leurs dogmes, ils conviennent tous de bannir la religion catholique. Ceux de leurs autheurs qui ont écrit contre les anabaptistes et les sociniens veulent qu'on châtie et oblige par des peines et même par le glaive les hérétiques, et ils suivent en cela Calvin, lequel, ayant fait bruller Servet à Genève, justifia sa conduite par un écrit où il prouve que l'on doit punir de mort les hérétiques [1]; mais comme cette doctrine prise cruement n'accommodoit pas ces sectaires répandus dans les États des princes catholiques, ils se sont rangés pour la plus part à distinguer les

---

[1] Voy. : *Defensio orthodoxae fidei de sacra Trinitate, contra prodigiosos errores Michaelis Serveti : ubi ostenditur haereticos iure gladii coercendos esse et nominatim de homine hoc tam impio juste et merito sumptum Genevae fuisse supplicium.* — 1554.

hérétiques qu'ils appellent blasfémateurs, d'avec ceux qui diffèrent de l'église sur quelque point de religion de moindre conséquence, bien que ce soit toujours sur des points contenus dans leur profession de foy. Le gros party des protestans qui sont en Allemaigne et en Hollande tiennent présentement que les particuliers doivent se ranger et professer la religion dominante du pays où ils se trouvent, pourvu qu'on ne les oblige pas à professer rien de contraire au sistème que Jésus Christ est fils de Dieu, auquel ils réduisent tout le christianisme. Les Sociniens, encore plus accomodans, sont tousjours prêts à prendre des ajustemens de paix avec toutes les sectes et disent que puisque Dieu tolère dans le monde le culte des sectes différentes, ce n'est pas aux hommes à les abolir et que c'est blesser la charité qui veut qu'on souffre le foible dans la foy et non pas qu'on le persécute, et que personne ne doit être traitté d'incorrigible dans cette vie.

2° L'on a desja fait sçavoir que la pièce de Blondel, dont il est parlé dans ma lettre, est insérée dans un livre qui a pour titre : *Actes authentiques des églises reffôrmées de France, Germanie, Grande-Bretaigne, Pologne, Hongrie, Pays-Bas,* imprimé à Amsterdam, chez Jean Blaeu.

3° Lorsqu'on parle de plus de septante Constitutions des premiers empereurs chrétiens, depuis le grand Constantin, dans l'intervalle de cent neuf ans, sous neuf empereurs orthodoxes, etc., c'est une observation de l'autheur du *Mémoire*, car bien que dans le Code Théodosien il y ait soixante-six lois contre les hérétiques, sept contre les apostats et treize contre les hérétiques, et six contre les apostats au Code Justinien, néanmoins lorsque les connoisseurs examinent ces lois ils trouvent qu'il y en a plusieurs répétées dans les deux Codes, ou bien qui n'estoient qu'à temps, de sorte que ces Constitutions depuis l'an 326 de Notre-Seigneur jusques en l'an 435 étant bien examinées, elles roulent à peu près sur le nombre marqué dans le *Mémoire*. Au reste l'on a désigné qu'elles sont l'ouvrage de neuf empereurs ortodoxes parce que, bien qu'il y ait eu plus de neuf empereurs pendant les cent neuf ans, les autres ont été hérétiques et Julien l'Apostat pire que tous.

4° Ce qu'on rapporte des roys goths contre les Ariens, et de Charlemagne contre les Saxons, et de saint Louis contre les

Albigeois, est soutenu des preuves en si grand nombre et si éten-
dues qu'on ne sçauroit rapporter ce qu'on a tout prêt, dans son
portefeuille, sans composer un gros traité. Et à l'égard de l'endroit
où l'on a coulé *que si l'on examine le droit canonique depuis sept
cents ans l'on trouvera qu'on est allé bien plus avant, etc.*, c'est que
le *Mémoire* devant paroître devant le Maître[1], on n'a pas jugé à
propos de parler en détail des conciles qui ont déclaré les princes
justement dépouillés de leurs États pour avoir négligé de banir et
de punir les hérétiques de leurs terres : *tout le monde sçait pourtant ce qu'il en coûta au comte de Toulouse et aux gros seigneurs
de son party.*

(Arch. de la Haute-Garonne : Évêché de Rieux.)

XXXIII.

1700. — 17 FÉVRIER.

**PLAINTES DE L'ARCHIPRÊTRE DU CARLA AU SUJET DES MARIAGES
DES « NOUVEAUX CONVERTIS ».**

Écrivant à M. de Ribontié, vicaire général de l'évêque de Rieux,
M. Surville, archiprêtre du Carla, l'entretient d'abord du mauvais état
de son église paroissiale et de l'abjuration prochaine d'un soldat.
Dans la seconde partie de sa missive, il s'élève contre les « suittes
« scandaleuses de ces mariages précipités » que contractaient les
nouveaux convertis. L'archiprêtre propose un remède à ce mal.

☩ Au Carla, 17 février 1700.

Monsieur. — Le mauvais tems et un malade que j'ay, et que ie
ne puis pas abandonner, ne me permettent pas d'aller voir Monseigneur pour sçavoir de luy ce que je dois faire pour faire réparer le
désordre de l'église. Il y fait un si grand froid et les ventz y
donnent si fort, que ie ne sçaurois y faire aucune instruction et à
peine y puis-ie dire la sainte messe, et cella sert même de prétexte
à ceux qui ne sont pas fort échauffés dans la religion de s'en
exempter. Les M^rs de la communauté disent bien qu'ils veulent
faire ce que Mgr trouvera à propos ; mais cependant ils ne veulent
pas faire aucune démarche qu'ils ne sçachent son sentiment afin
de prendre leur conseil là-dessus. Ils croyent que n'ayant pas

[1] Louis XIV.

receu cette église, non plus que les fruictz prenantz, ilz ne sont pas en obligation de la remettre en état, et dans toutes les apparences, si la chose dépend d'eux, cette réparation ne se faira pas de long tems s'ils n'y sont constraintz.

Monseigneur ne voulant pas me donner la liberté de luy parler, il m'ordonna de m'en revenir sur mes pas pour trouver encore icy Mr de Laboulbène qui étoit venu vériffier ce désordre ; il n'aura pas manqué sans doulte de rapporter les sentimens de nos m^{rs} et comme je vois que je n'ay pas aucun ordre et que la chose presse, j'ay pris la liberté de vous prier de parler à Monseigneur, comme aussi de sçavoir si je dois et s'il veut que je fasse faire abjuration à un soldat que j'ai malade et qui est venu depuis peu de tems du service. Il n'a pas passé dans le pays étranger, il a toujours servi le Roy depuis plus de vingt et cinq ans, il a fait son abjuration entre les mains de Monseigneur l'évêque d'Arras, de laquelle il n'a pas porté certifficat. Il a toujours, dit-il, fait son devoir et souvent même la sainte communion. Il est instruit en soldat : je tasche de l'instruire et de le préparer à recevoir les sacremantz, à quoy je n'ay eu nulle peine de le résoudre. J'attendray cependant les ordres que vous aurés la bonté de me donner.

Les suittes scandaleuses de ces mariages précipités, à l'égard de ces nouveaux réunis, m'obligent de vous prier de proposer à Monseigneur s'il ne trouveroit pas bon de faire deffendre aux notaires de retenir des pactes entre ces gens-là, s'ils ne portent de certiffcats, de leurs curés, de leur catholicité. Cella empêcheroit mille crimes, mille parjures et une infinité d'hypocrisies, car pas un de ceux qu'on a mariés ci-devant ne fait son devoir, au contraire les uns pervertissent les autres. J'en ay un exemple dans la paroisse, d'un homme qui faisoit du tems de mon prédécesseur fort bien le devoir de catholique et le faisoit faire à sa famille ; mais s'étant remarié, sa femme l'a perverty et on ne le voit que rarement à l'église. J'ay encore un jeune homme des Bordes qui s'est reffugié depuis le jour de ses fiançailles, c'est-à-dire depuis sept ou huit mois, chés sa fiancée, fille à un certain Lourdi Siroupet. Je n'ay pas peu obliger le père de les séparer et on croit bien dans la parroisse qu'ils sont dans le concubinage. C'est le fruict de ces contractz et nous avons tous les jours ces gens aux trousses nous sollicitantz de les marier, tout huguenotz qu'ilz sont, se contentantz de faire quelque grimace. Par cette deffence on couperoit chemin à tout cella et on arresteroit toutes ces importunités. Monsieur le curé de Carbonne, dans le livre de ses *Bénédictions,* remarque que c'estoit en quelque manière l'usage, du tems de Tertullien, lorsqu'il dit que personne n'estoit receu au mariage qu'après que les prélats avoient éprouvé et connu la foy de ceux quy vouloient s'engager dans cest estat, et signé leur contract; et c'est dans ce sens qu'il dit qu'il faut entendre ces paroles de ce sçavant auteur : *Fœlix matrimonium quod conciliat Ecclesia.* Il me semble que ça pourroit produire quelque bien dans son tems, car de les marier avec la même facilité qu'on a fait par le passé, c'est leur donner lieu de croire que leur religion est bonne et qu'ils peuvent, sans intéresser leur conscience, faire un mélange de l'une avec l'autre. Aussi la plus grande partie suivent l'hérésie de Marc-Anthoine *a Dominis, et est error pejor priore.*

D'abord que le tems se mettra au beau et que je seray libre, j'auray l'honneur d'aller faire la révérence à Monseigneur, car je feus affligé de ne pouvoir luy rien dire, et de vous assurer de vive voix que je suis avec beaucoup de respect, Monsieur, vostre très humble et très obéissant serviteur :

SURVILLE, archiprêtre du Carla.

Monsieur de Riboutié, vicaire général de Monseigneur l'évêque de Rieux, à Rieux.

(Arch. de la Haute-Garonne : Évêché de Rieux.)

———

XXXIV.

1700. — 11 MARS.

LETTRE DU CURÉ DU MAS-D'AZIL A L'ÉVÊQUE DE RIEUX.

M. Rousselet, curé du Mas, communique à l'évêque un *état* des revenus que le Roi peut tirer des biens des religionnaires fugitifs de sa paroisse, et se plaint d'une insulte que lui a faite M. de Goty.

Monseigneur. — Suivant l'ordre que Vostre Grandeur me donna, la dernière fois que j'eus l'honneur de la voir, je luy envoye un estat des revenus que le Roy tirera des biens des

religionnaires fugitifs de ma paroisse, qui vont à plus de
1.500 livres. Il est vray qu'il peut y avoir quelque chose de plus
ou de moins parce que je n'ay pas veu les contracts d'afferme qui
ont esté passés par Gardebosc, notaire de Pamiès qui assistoit
M. Carme, mais c'est très peu de chose, et Vostre Grandeur peut
avec assurance faire fonds sur quatorze ou quinze cens livres, sans
compter qu'il y a des biens qui n'ont point esté saisis et dont nos
consuls ont envoyé depuis peu un *estat* à M. l'intendant par son
ordre. Au reste la nécessité de bastir présentement une nouvelle
église paroist indispensable, car les deux derniers dimanches il y
a eu une si grande foule de peuple dans mon église que pleusieurs
furent obligés de s'en retourner pour ne pouvoir pas y entrer : il
est vray qu'il y eut très peu des principaux bourgeois ; mais ils
viennent les jours ouvriers au sermon du soir, et mardi dernier
l'église n'estoit pleine que des messieurs et des demoiselles de la
ville [1].

Il est important que j'informe Vostre Grandeur d'une insulte
qui me fut faite dimanche dernier, au conseil de ville, par le
s\r Labassane de Goty et Saurimont, premier consul, car quoy que
je sois authorisé d'assister aud. conseil, par arrest du conseil d'en
haut, néanmoins ayant voulu m'opposer à quelques entreprises
que ces Messieurs vouloient faire au préjudice de la communauté,
ils eurent la hardiesse de me soustenir en face que je n'avois pas
voix délibérative, mais seulement droit d'assister au conseil sans
pouvoir dire mon advis. Voilà la récompense que je reçois des
bons offices que Vostre Grandeur sçait bien que i'ay tousiours
rendus aud. s\r de Labassane, n'ayant mesme esté reçeu à nostre
conseil de ville qu'à ma seule sollicitation et malgré l'opposition
qu'y faisoient tous les autres, prévoyant bien ce qu'il y avoit à
craindre de cet esprit dangereux. Comme Vostre Grandeur m'a
tousiours fait connoistre combien ce point estoit essentiel pour
moy et pour le bien de la religion, j'espère qu'elle aura la bonté
de me fournir des armes pour repousser cette insulte et qu'Elle
voudra bien me faire la grâce de m'envoyer l'arrest du conseil ou
du moins une coppie en bonne forme et de m'ordonner ce qu'Elle

---

[1] M. Rousselet fait allusion aux réunions du carême, préparatoires à la
communion pascale.

trouve à propos que je fasse dans cette rencontre importante qui tient icy tous les esprits en suspens.

Peut être que Vostre Grandeur sera bien aise de sçavoir que quelques religieux on commencé d'entrer dans la maison de Barricave où ils vivent chacun en leur particulier[1]. Le prieur n'est point sorti de la sienne et n'en fait aucun semblant et l'on ne parle plus à Mr Beillard de donner sa maison.

Je prends encore la liberté de supplier Vostre Grandeur d'avoir la bonté de se souvenir de ce qu'Elle me promit, la dernière fois que j'eus l'honneur de la voir, de me procurer quelque secours pour le luminaire de mon église, des revenus que le Roy tirera sur les biens des fugitifs de ma paroisse ; sur quoy je dois encore l'advertir qu'on a desia commencé à payer parce que le Roy jouit de la récolte de l'année passée.

Je suis avec un profond respect, etc.

ROUSSELET, curé du Mas.

Au Mas-d'Azil, ce 11e mars 1700.

*
* *

Estat des reveneus que le Roy tire des biens des religionnaires fugitifs, dans la paroisse du Mas d'Azil, suivant les contrats d'afferme qui en ont esté passés par Gardebosc, notaire de l'amiés, le mois de janvier 1700.

1° Pour les biens du s^r Guillaume Baricave et de ses sœurs, 500 livres . . . . 500 l.

Plus, pour les biens des s^{rs} de Falentin, La Naudgrasse, la Rivière et Larisolle, 400 livres . . . . 400 l.

Plus, pour les biens des s^{rs} Estienne, Barthélemy, Daniel et Elie Labaur, frères, (pour la première année qui est 1699, 400 liv.,) et pour la seconde année qui est 1700, 500 livres . . . . 500 l.

Plus, pour les biens du s^r Charles Bourdin, ministre . . 50 l.

Plus, pour les biens de Daniel Mercier, 60 liv., sur quoy il faudra déduire les tailles d'une petite mesterie qui iront au plus à 8 ou 9 liv. . . . . 60 l.

---

[1] Cf. *Abbaye du Mas d'Azil,* par M. l'abbé CAU-DURBAN, p. 51.

Plus, pour les biens de la légitime d'un autre Daniel
    Mercier, fils de feu Jean Mercier, marchal. . . . .   8 l.

Plus, pour ceux de David Cavé . . . .   8 l.

Plus, pour ceux de Jacques Beret. . . . .   8 l.

Plus, pour ceux de Jean Mans . . . .   10 l.

                                   1.544 l.

(Arch. de la Haute-Garonne : Évêché de Rieux.)

———

XXXV.

1744. — 28 Avril.

LETTRE DU CURÉ DE LATOUR AU PRÉVOT DU CHAPITRE DE RIEUX.

Intéressante missive où M. Deprat, curé de Latour, raconte les
circonstances de la conversion de M. de La Rivière.

Monsieur. — Il étoit de mon devoir, et c'était bien mon dessein,
d'aller à Rieux d'abord après la quinzaine, pour avoir l'honneur
de vous remercier, vous et M^r l'abbé Garic, de la bonté que vous
avez eue pour mon neveu, de lui donner la cure de Mérigon, et
pour vous rendre compte à l'un et à l'autre de ma conduite au
sujet de M. de La Rivière ; mais une douleur aux dents qui m'est
survenue, dont j'ay souffert quelques jours et qui n'a pas encore
tout à fait passé, m'a empêché de me mettre en chemin et ne me
permet pas encore de m'exposer. Je vous prie donc de trouver bon
que je vous rende, par la présente, mes très humbles actions de
grâces pour celle que vous avés accordée à ce jeune prêtre. Je
conserveray toute ma vie les justes sentimens de reconnoissance
que j'en dois avoir : je ne souhaite sinon qu'il réponde à vos
bonnes intentions en faisant bien son devoir dans cette paroisse
où vous avez trouvé à propos de le mettre.

    Quant à M. de La Rivière il a communié enfin, vous le sçavés.
Ce fut la troisième fête de la Pâque qu'il fit cette grande action.
Il n'a peu en quelque manière la faire plus tot parce qu'il n'a pas
été assés malade pour la faire dans la maison et qu'il l'a été trop
pour pouvoir l'aller faire ailleurs. Je ne sçay si j'auray bien
interprété votre lettre. Je n'ay peu suivre à la rigueur tout ce que

vous me marquez, par la difficulté qu'il y a eue d'avoir nombre de
curez à cause de la circonstance du tems. Ce n'est que devant
M. le curé de Méras et moi qu'il a protesté qu'il tenoit la religion
catholique, apostolique et romaine pour la seule où l'on peut faire
son salut et dans laquelle il veut vivre et mourir. Il nous en a
donné sa déclaration écrite et signée de sa main. Je ne puis pas
douter de la sincérité de ses sentiments après toutes ses démarches.
Il les témoigna d'abord à Mgr notre évêque, qui lui donna toute
liberté de se confesser à qui il voudroit. Le P. Delmas, à qui il
s'est adressé et qui a entendu sa confession générale, a déclaré être
fort content de lui. Dans les conférences que nous avons eues
ensemble il m'a paru toujours convaincu de la vérité de notre
religion. Il craignoit à la vérité la communion, sans pourtant
douter de la réalité [de la présence de J.-C. dans l'Eucharistie].
Je tâchay de le tranquilliser, quatre ou cinq iours avant qu'il la
fit, par ces paroles du XXI chap. de saint Mathieu : *Ecce rex tuus
venit tibi mansuetus.* Je l'ay confessé à Méras, pour lui épargner
la peine de venir à Latour, le mardi de la Pâque, et afin qu'il fut
plus à portée d'aller communier dans sa paroisse et de la main de
son pasteur qui est son fils. M. le curé de Méras et nombre de ses
paroissiens qui étoient dans l'église lorsque j'entendis sa confession en ont été édifiés. Le voisinage, au bruit de cette bonne
nouvelle, l'a été aussi : en un mot je suis content de ce M^r et je
crois avoir raison de l'être. Je ne sçay pas si le Seigneur l'est de
moy. Ce n'est pas pour avoir un établissement qu'il a demandé
les sacremens. Il est dans l'âge, il ne manque pas d'esprit ni
même de sçavoir pour un homme de son espèce. Son père se
convertit vieux. Toute sa famille est catholique, sa femme près,
qu'il espère pourtant de ramener et à quoy il m'a dit, plus d'une
fois, qu'il travailleroit. Il auroit voulu communier long temps
avant sa maladie, en présence d'un grand nombre de curez
assemblés, dans l'église de Castex, à l'occasion d'un service,
si j'eusse peu vous consulter et que vous l'eussiés approuvé. Le
Seigneur lui fasse la grâce de persévérer !

Je finis par où j'aurois dû commencer, en vous félicitant de la
nouvelle charge qu'on vous a imposée. J'y ay pris beaucoup de
part, et quoyque je sois des derniers à vous le témoigner, mes

sentimens n'en sont pas moins sincères, ni mes vœux pour vous
moins ardens. S'ils sont exaucés, vous serés longtems et toujours
un digne prévôt à la tête de ce vénérable chapitre.

J'ay l'honneur d'être avec respect, Monsieur, votre très humble
et très obéissant serviteur.

DEPRAT, curé de Latour.

A Latour, le 28 avril 1744.

† A M. M. Palenc, chanoine, prévôt du Chapitre de Rieux et
vicaire général. — A Rieux.

(Arch. de la Haute-Garonne : Évêché de Rieux.)

XXXVI.

1749. — 22 JUILLET.

CONDAMNATION DE PLUSIEURS HUGUENOTS DU DIOCÈSE DE RIEUX.

Il s'agit de la sentence portée par l'intendant de Foix, Antoine-Marie
de Ponte, contre les frères Laborde, François Fargues et autres
religionnaires du Mas-d'Azil et des environs, coupables d'avoir
assisté à des assemblées prohibées, ou de les avoir présidées. Ce
spécimen des répressions terribles, mises en vigueur dans le diocèse
de Rieux, contre les huguenots, quoique étudié ailleurs [1], a sa place
marquée dans le présent recueil : il aide singulièrement à imaginer
l'état violent où se trouvaient placées diverses communautés rivoises
au XVIIIe siècle, par le fait des divergences religieuses et de leurs
déplorables conséquences.

De par le Roy.

Jugement de M. l'intendant qui condamne aux galères perpétuelles les nommés Jean-Pierre Bouvilla, Jean Lafont dit Rey et
François Lafont, pour avoir assisté dans une assemblée tenue dans
le territoire du Mas-d'Azil, et déclare en outre la contumace bien
instruite contre les nommés Olivier et Courtès-Carrière convaincus
d'avoir fait les fonctions de ministres-protestans, et en conséquence condamnés à être pendus et étranglés jusqu'à ce que mort
s'ensuive, etc.

---

[1] Voy., à ce sujet : La correspondance des deux frères Laborde, forçats du
Mas-d'Azil... au bagne de Toulon, par M. de GRENIER-FAJAL (Montauban,
Forestier, imp., 1883). — It. : Deux épitres patoises, composées vers 1751, par
Pierre FARGUES, pour la délivrance de son frère François, condamné aux
galères, etc.

Du 22 juillet 1749.

Antoine-Marie de Ponte, chevalier, comte d'Albaret et de Lotoul, seigneur d'Armissan, Combelongue, le Quatourze et autres lieux, conseiller du Roy en ses conseils, premier président du conseil souverain de Roussillon, intendant de justice, police, finances et fortifications de lad. province et de la comté de Foix.

[Après avoir énoncé les divers édits et déclarations du Roi portant défense aux réformés de s'assembler pour faire aucun exercice de religion, sous peine de procès, amendes, supplices, galères, mort, selon le cas, l'intendant rappelle :]

...Les procès-verbaux dressés par les consuls et syndic de la ville du Mas-d'Azil et par ceux du lieu de Sabarat, les 6 et 26 novembre 1748 ; les interrogatoires subis devant le s^r Siret, notre subdélégué au département de Foix, le 16 dud. mois de novembre, par François Fargues, Pierre-Paul Mercier, Paul Laborde et Étienne Laborde, habitans au Mas d'Azil, qui ont avoué avoir assisté à l'assemblée tenue au *Clot del Bouix*, jurisdiction du Mas-d'Azil, la nuit du 2 au 3 dudit mois de novembre ; ceux subis le 24 du même mois par Jacques-Paul Rosseloty, habitant au Mas d'Azil, Étienne Doumene et François Bourgail, habitans à Sabarat, et le 25 du même mois par Jean-Pierre Bouvilla, Jean Bogues, François Saint-Paulit et François Lafont, habitans au même lieu, par Jean Bouvilla, habitant audit Mas d'Azil, et par Jean Pons, habitant à Clermont ; ceux subis par Jean Dangereux, habitant au Mas-d'Azil, le 8 décembre, et par Jean Teichène, habitant à Sabarat, le 5 du même mois, le tout devant notre dit subdélégué, à Foix ; ceux subis par Marie Labail, habitante au Mas-d'Azil, devant le premier consul de la même ville, le 20 dudit mois de novembre ; ceux enfin subis dans les prisons du Castillet, de Perpignan, le 3 mars dernier, par François Lafont, habitant audit Mas-d'Azil, devant le s^r Amat, notre subdélégué général, commissaire à ces fins nommés, l'information reçue par ledit s^r Siret, le 27 dud. mois de novembre, les 2 et 5 du mois de décembre suivant, l'ordre du Roy du 9 janvier dernier, pour faire transférer auxdites prisons du Castillet lesdits Pierre-Paul Mercier, Étienne Laborde, Paul Laborde, François Fargues, Jean-Pierre Bouvilla, Jean Lafont et François Lafont ; le certificat

de la remise desdits prisonniers du 7 février; les ordres de Sa
Majesté à nous adressés par M. le comte de Saint-Florentin, le
9 dudit mois de février, portant que ceux d'entre les prévenus qui
auront encouru les peines portées par les ordonnances du Roy, du
25 novembre 1735, y soient condamnés, et que l'arrondissement
du lieu où s'est tenue ladite assemblée soit imposé à de fortes
amendes, etc...

Nous, intendant et commissaire susdit, avons déclaré et déclarons ledit Pierre Bouvilla, Jean Lafont dit Rey et François
Lafont, convaincus d'avoir assisté à lad. assemblée tenue à
l'endroit appelé le *Clot del Bouix*, dans le territoire du Mas-
d'Azil, la nuit du 2 au 3 novembre dernier, les avons condamnés
et condamnons en conséquence à servir comme forçats, pendant
leur vie, sur les galères de Sa Majesté, déclarons tous et
chacuns leurs biens acquis et confisqués au profit du Roy, distrac-
tion préalablement faite du tiers en faveur de leurs femmes ou
enfans, s'ils en ont, non complices, et les frais de leur arrestation
et conduite ez prisons du Castillet, ainsi que ceux à faire pour
leur conduite sur les galères de Sa Majesté prélevés, suivant l'état
qui en sera par nous arrêté; avons en outre déclaré et déclarons la
coutumace bien instruite contre lesdits Olivier; Courtès-Carrière;
François Bourgail; Marie Rouaix, sa fiancée; Étienne Doumenc;
Anne Ruffiac, sa fiancée; Isabeau Lafont, fiancée de Caldairou;
Magdelaine Lafont, fille de Jean Lafont, marchand; Suzanne
Rols, mère de Jean-Pierre Bouvilla; Pierre Fages, brassier, et sa
fiancée; Pierre Lafont, taneur, et sa fiancée; François Saint-Paulit
et Jean Bogues, habitans à Sabarat; Jean Bouvilla et le nommé
Bahours, chamoiseur, habitans du Mas-d'Azil; et adjugeant le
profit de ladite contumace, avons déclaré et déclarons lesd. Olivier
et Courtès-Carrière convaincus d'avoir prêché et fait des fonctions
en des assemblées illicites comme ministres ou prédicans, en
conséquence les condamnons à être pendus et étranglés, jusqu'à ce
que mort s'ensuive, à une potence qui sera à cet effet dressée sur
la place qui est au bout du pont de la ville du Mas-d'Azil; déclarons pareillement ledit François Bourgail; Étienne Domenc;
Pierre Fages, brassier; Pierre Lafont, taneur; François Saint-
Paulit; Jean Bogues; Jean Bouvilla et le nommé Bahours, cha-

moiseur, convaincus d'avoir assisté en de pareilles assemblées illicites, en conséquence les condamnons à servir pendant leur vie, comme forçats, sur les galères de Sa Majesté, déclarons de même lesdites Marie Rouaix, fiancée de Bourgail; Anne Ruffiac, fiancée de Domenc; Izabeau Lafont, fiancée de Caldairou; Magdelaine Lafont, fille de Jean Lafont; Suzanne Rols: la fiancée de Pierre Fages; la fiancée de Pierre Lafont; convaincues d'avoir assisté auxdites assemblées, les condamnons en conséquence à être rasées et enfermées, pour le reste de leurs jours, dans les prisons de la Tour-Ronde du château de Foix. [Pour leurs biens même déclaration que ci-dessus]... Ordonnons que la présente condamnation sera exécutée par effigie à l'égard de deux ministres, et par transcription, à l'égard des autres, en un tableau qui sera attaché à la potence qui sera dressée à cet effet sur ladite place par l'exécuteur de la haute justice.

[Les habitants des lieux dépendants du Mas-d'Azil devront subir une amende de 1.667 livres 2 sols 10 deniers.]

Fait à Perpignan, le 22 juillet 1749.

Signé : De Ponte d'Albaret.

Par Monseigneur : Roumiguières.

Aujourd'hui 23me jour du mois de juillet 1749, nous, commissaire à ce députè par Mgr l'intendant, nous étant transporté avec notre greffier dans les prisons du Castillet de cette ville, nous avons fait lecture du jugement ci-dessus auxdits Jean-Pierre Bouvilla, Jean Lafont dit Rey et François Lafont, prisonniers y dénommés, de quoy a été dressé le présent procès verbal aux dites prisons.

A Perpignan, les jour et an que dessus.

Signé : Amat, *commissaire.* — Grosset, *greffier.*

(Arch. de la Haute-Garonne : Évêché de Rieux.)

XXXVII.

1753. — 29 Juillet.

Lettre de l'archevêque de Narbonne a l'évêque de Rieux.

Cette missive, adressée de Paris, le 29 juillet 1753, par Charles-Antoine
de La Roche-Aymon, archevêque de Narbonne, à Jean-Marie de
Catellan, évêque de Rieux, trace à ce prélat la conduite qu'il doit
tenir à l'égard des huguenots de son diocèse. — On remarquera les
conseils de modération et de prudence dont cette pièce est remplie.

La lettre et le Mémoire que nous eûmes l'honneur d'adresser au
Roy pendant la tenue de nos derniers États, Monseigneur, et les
représentations que je n'ay cessé de faire depuis que je suis icy,
sur les entreprises des religionnaires, ont fait sur l'esprit de S. M.
et de ses ministres toute l'impression que nous avions lieu d'en
attendre. Elles ont sérieusement fixé leur attention et je vois, avec
satisfaction, qu'on est déterminé à prendre les mesures les plus
efficaces pour arrêter les progrès du mal en faisant cesser entièrement les assemblées, les batêmes et les mariages qui se font au
dézert. Je crois même que vous ne tarderés pas à éprouver les
effets de cette résolution et vous verrés bientôt arriver des ordres
et des troupes pour contenir ceux des religionnaires qui ne
voudroient pas s'y conformer.

Mais malgré tout ce que j'ay pu dire, le ministère persiste à
croire que le mal seroit moins grand si les évêques se relâchoient
de la rigueur des épreuves que la pluspart exigent des nouveaux
convertis avant de les marier. Le Roy et son conseil désirent
même qu'il y ait de l'uniformité, à cet égard, dans tous les
diocèzes et que l'on suive partout, si cela se peut, ce qu'on
observe dans ceux de Montpellier et de Nimes, dont les précautions qu'on y prend sont jugées suffisantes, et surtout qu'on
n'exige point une abjuration par écrit de ceux qui voudront se
marier.

Les vœux et les sentiments de la cour, sur tous ces points,
n'empêchent pas qu'on n'y soit très résolu à regarder comme
relaps, et à punir comme tels, ceux des religionnaires qui pour se
marier, ayant satisfait aux épreuves exigées, abandonneront

l'Église après leur mariage et feront quelques actes publics et extérieurs de la religion P. R.

Quant à la qualification de *fils naturel* donnée par les curés dans les *actes de batême* aux enfans de ceux qui n'ont pas été mariés à l'église, le conseil de S. M. juge nécessaire et convenable de la supprimer et de n'y marquer que la simple qualité de *fils*, tant pour ceux-cy que pour ceux des anciens catholiques, de façon que tous soient traités de même à cet égard.

La raison principale qui a paru faire impression sur les ministres et les porter à cet avis, c'est que les curés qui dressent ces *actes* ne sont pas plus juges de l'état d'un enfant que de son sexe, que ce n'est pas à eux à déclarer qu'il est ou n'est pas légitime, et qu'ils doivent pour l'un et pour l'autre s'en tenir à ce qu'il leur est dit, que cette qualification de leur part ne donne point la légitimité et que, par conséquent, non seulement il est indifférent de ne pas la mettre, mais qu'on doit retrancher l'un et l'autre dans les circonstances présentes, surtout dès que les religionnaires prennent prétexte de ce qu'on ne donne que la qualité de *naturel* à leurs enfans [1], de ne vouloir pas les faire batiser à l'église. J'ay même vu le moment qu'on alloit déterminer de faire de cet avis une loy générale pour tout ce royaume.

Sur tout cela, Monseigneur, j'ay été le garant de vos dispositions et de celles de tous les évêques de la province, pour se prêter à ce qui pourra s'accorder avec les loix immuables de l'église et les devoirs de la conscience. Mais je n'ay voulu prendre d'autre engagement, ny donner d'autre assurance en leur nom, avant que d'avoir reçu votre avis comme ceux de nos confrères qui ont des religionnaires dans leurs diocèzes et que l'expérience, ainsi que leurs lumières, mettent plus à portée que moy — qui n'en ay point dans le mien — d'appercevoir des inconvéniens, s'il y en a dans le plan de conduitte proposé par la cour. Je vous supplie de me faire part au plus tôt de toutes les réflexions que vous jugerés nécessaires, et d'être persuadé de tout mon zèle pour en faire sentir l'importance et la solidité.

---

[1] L'expression consacrée était : Fils *légitime* et *naturel*. C'est de la suppression de la première de ces épithétes et du maintien de la seconde toute seule, que se plaignaient les nouveaux-réunis.

Comme je vois icy les choses de près, je crois seulement devoir vous prévenir qu'il ne s'agit pas aujourd'huy d'exiger tout ce qui seroit à désirer. Il est des tems malheureux où l'on risque de perdre *le bien* quand on veut *le mieux* avec trop d'ardeur, et où le plus grand bien consiste à se contenter de ce qu'on ne peut abbandonner sans crime. Les circonstances présentes demandent toute la condescendance permise, non seulement pour le bien de la paix; mais encore pour éviter des loix qui pourroient nous donner sujet de plaintes et tourner au préjudice de l'épiscopat et de la religion. C'est aujourd'huy plus que jamais le cas de devoir dire : *Quod potest sacerdos faciat, quod non potest misericorditer gemat.*

Je me flatte que mon zèle pour l'observation des saintes règles vous est assés connu, et que vous rendés justice à la pureté de mes intentions et des motifs qui m'obligent à vous tenir ce langage. Dieu veuille nous donner des tems plus heureux, et où les circonstances puissent permettre au Roy de donner des preuves encore plus efficaces de l'amour et du respect qu'il a pour la religion. Quand je seray à portée de causer avec vous et de vous dire des choses qu'il faut voir pour les croire, vous sentirés encore mieux que je ne puis vous l'exprimer que pour le bien de l'Église, et pour ne pas compromettre ses droits les plus sacrés, il importe que les évêques redoublent d'attention, de sagesse et de modération sans perdre de vue cependant ce qu'ils doivent à la sainteté des loix les plus respectables.

Je suis avec respect, Monseigneur, votre très humble et très obéissant serviteur.

† L'Arch. de Narbonne.

Vous sentés, Monseigneur, qu'il convient que cette lettre demeure aussy secrette que faire se pourra et qu'elle ne passe pas nos confrères.

(Signat. autographe. — Fonds de Rieux.)

XXXVIII.

1759. — 18 ET 25 MAI.

LETTRES DE M. DE GUDANES AU CURÉ DE SAVERDUN.

Le marquis de Gudanes, commandant dans le pays de Foix, écrit au
curé de Saverdun au sujet des religionnaires dont il estime la conduite
« très répréhensible ».

1. — LETTRE DU 18 MAI 1759.

Votre premier consul et le s^r Pradère m'ont informé, ainsi que
M^r le maire de Mazères, de la conduite des religionnaires. Elle est,
ainsi que celle de plusieurs provinces du royaume, très répréhensible. Ils ont cru qu'on vouloit leur accorder des priviléges ou
avoir une tolérance qui n'a jamais été proposée au conseil. Toutes
les personnes en place ont reçu leurs ordres pour les désabuser et
les punir s'ils persistent dans leur erreur. Les miens y sont très
conformes...

2. — LETTRE DU 25 MAI 1759.

Je viens, mon cher curé, d'avoir une audiance du ministre
uniquement sur les religionnaires et qui a été précédée d'une très
longue conférence avec Mr de Livry. Il est arresté d'écrire à M. de
Bon d'attendre mon arrivée pour examiner le passé, le courant et
l'avenir : je donneray les premiers exemples, on espère qu'ils
serviront dans le reste du royaume.

Si M^r l'évesque de Rieux et vous trouvez de la lenteur dans ma
marche, vous conviendrez, à mon arrivée, que je n'ay pu la rendre
plus prompte. J'entends que vous dites : *Pourquoy ne pas donner
des ordres ?* Je vous répons, sans vouloir m'importantiser (*sic*, pour
me rendre important), qu'on n'a pas voulu en confier l'exécution à
personne pendant mon absence et que je vous garantis que mon
départ est arretté et fixé depuis vendredy dernier.

Vous pouvés communiquer ma lettre à M^r l'évêque de Rieux, et
je vous prie de dire aux s^{rs} Laroche et Pradère de s'en tenir
scrupuleusement à une exacte observation, à moins que Mr de Bon
ne prenne sur luy un parti contraire ou que le ministre ne change

la détermination de ce jour sur des nouveaux verbaux : j'en doute,
vû la confiance qu'il m'a témoignée à cet égard.

(Arch. de la Haute-Garonne : Évêché de Rieux,
et Arch. de l'Ariège : Religionnaires.)

XXXIX.

1759. — 10 Octobre.

Punition de religionnaires par M. de Gudanes.

On a lu précédemment la lettre dans laquelle le marquis de Gudanes
laissait entrevoir au curé de Saverdun la conduite énergique qu'il
allait tenir à l'égard des religionnaires. Voici, sous forme d'amende,
une des mesures de répression énoncées plus haut.

De par le Roi.

*Jugement rendu contre les religionnaires du pays de Foix,
par M. le marquis de Gudanes, commandant.*

Louis-Gaspard de Sales, marquis de Gudanes, baron de Château-
Verdun et d'Aston, seigneur de Luzenac, Montgaillard et autres
places, commandant pour le Roi dans la province de Foix, pays
de Donnezan et Vallées d'Andorre,

Vu les procès verbaux à nous envoyés par les consulz de
Mazères, Saverdun, le Carla, le Mas-d'Azil, Lesbordes, Sabarat,
Camarade et Campagne, en date des 13 avril, 2, 4, 5, 6, 7, 13,
14, 19, 21, 24, 25, et 27 may, 3, 4, 11, 17, 19, 21, 24 et 30 juin,
1, 6, 13, 16 et 18 juillet de la présente année 1759, à l'occasion
des assemblées des religionnaires tenues sur le territoire desd. lieux,
ou sur ceux de Gibel, Calmont et Gabié [Gabre] limitrophes de
la province de Foix, auxquelles les habitans religionnaires des
lieux ci-après ont assisté,

Nous, commandant susdit, en exécution de l'art. 2 de l'ordonnance du Roi du 25 novembre 1735, qui a été rendue publique
dans lad. province de Foix et enregistrée aux greffes des communautés, avons condamné et condamnons les habitans nouveaux
convertis des communautés ci-après nommées :

Mazères. — Sçavoir : ceux de la paroisse de Mazères, en

l'amende de 50 liv. envers le Roi et en la somme de 3100 liv. pour leur part et portion des frais faits lors de la marche de la milice bourgeoise, des volontaires, des gardes du Gouvernement et des brigades de la maréchaussée de la province, vers les villes de Mazères, Saverdun, le Carla, Lesbordes, Sabarat, le Mas-d'Azil, Camarade et autres lieux, à l'occasion desd. assemblées; ensemble de tous ceux occasionnés aux communautés; lesquels fraix et dépens ont été arrestés par le s\u02b3 Siret et Daugery subdélégués de M\u02b3 l'intendant, sur les *états* qui leur ont été représentés par le s\u02b3 Sol, étapier de la province, et sur ceux des officiers municipaux, liquidés en total à la somme de 4.423 livres 11 sols 9 deniers, et ceux de la solde des troupes et des gratifications accordées aux officiers par les ordres exprès de la cour, à nous adressés, y compris les fraix de la maréchaussée, depuis l'année 1748 et amandes, à la somme de 4.900 livres.

SAVERDUN. — Ceux de la paroisse de Saverdun qui ont assisté auxd. assemblées, en l'amende de 50 livres envers le Roi et en la somme de 2.500 livres pour leur part et portion des frais et dépenses.

CARLA. — Ceux de la paroisse du Carla, en l'amende aussi de 50 livres envers le Roi et en la somme de 700 livres pour leur part et portion desd. fraix.

MAS-D'AZIL. — Ceux de la paroisse du Mas-d'Azil, en l'amende de 50 livres envers le Roi et en la somme de 1.200 livres pour leur part et portion desd. fraix et dépenses.

LES BORDES. — Ceux de la paroisse des Bordes qui ont assisté aux mêmes assemblées, en l'amende de 50 livres envers le Roi et en la somme de 370 livres pour leur part et portion desd. fraix et dépenses.

SABARAT. — 50 liv. — 300 liv.

CAMPAGNE. — 50 liv. — 200 liv. 11 s. 9 den.

CAMARADE. — 50 liv. — 553 liv.

En tout : 9.323 liv. 11 s. 9 den. payables « par les habitants nou-« veaux convertis desd. communautés », sous peine de « garnison « effective ». « Les plus hauts taillables nouveaux convertis en « sont rendus responsables, sauf à eux à se pourvoir ensuite contre « les contribuables. — Dans lesquels rolles de repartition ne seront

« néanmoins compris ceux des nouveaux convertis qui nous ont
« donné des marques de leur zèle et de leur attachement pour le
« service du Roi, dont les noms seront inscrits dans un état signé
« de nous...

    « Fait dans notre château de Gudane, le 10 oct. 1759.

    « *Signé :* GUDANES. — *Par monseigneur :* LAFONT, *secrétaire.* »

(Arch. de la Haute-Garonne : Évêché de Rieux.)

XL.

1759.

MÉMOIRE CONTRE LES MARIAGES CLANDESTINS DES HUGUENOTS.

Pièce émanée de l'évêché de Rieux, et fort probablement de Jean-Marie
de Catellan, évêque de ce diocèse, de 1747 à 1771. L'auteur met à
jour les manœuvres dont usaient les nouveaux réunis qui, après
avoir évité de se marier en leur paroisse, devant leur propre curé,
prétendaient obliger les recteurs à déclarer officiellement la non
clandestinité et la légitimité de leur mariage. — Incidents amenés de
la sorte, notamment affaire fâcheuse suscitée, de ce chef, à M. Surville,
archiprêtre du Carla.

*Mémoire contre les mariages célébrés en présence des prêtres autres
que le curé de l'une des parties, au mépris des loys de l'Église et
de l'Estat.*

Les protestants, qu'on appellera, si l'on veut, avec le conseil
du clergé, *les mauvais catholiques, attachés secrètement à la religion
prétendue réformée,* veulent-ils se marier ? La plus part passent
un contract public, font publier les bans dans leurs assemblées et
font bénir ensuite leurs mariages par ce qu'ils appellent « leur
ministre ». Quelques autres, moins hardis parce qu'ils sont plus
riches, cherchent à donner à leurs prétendeus mariages l'apparence des formalités requises par les loyx du royaume, et pour y
parvenir ils vont chercher, dans quelque diocèze étranger, un de
ces prêtres prévaricateurs qui, les cognoissant pour ce qu'ils sont,
bénissent leurs mariages, sans conversion, sans instruction, sans
publication des bans, sans exiger qu'ils habitent dans leurs
paroisses le temps prescrit pour y acquérir leur domicille, ou
mesme quelque foix, et suivant les circonstances, leur donnent un

15

prétendeu *Extrait* d'un acte de célébration qui ne feut jamais couché sur leurs registres.

Ces mauvais catholiques, mariés dans cette forme, se retirent dans leur domicille ordinaire et font porter à l'église les enfants nés de leurs prétendeus mariages pour y estre baptisés. Leurs curés, qui ignorent cette manœuvre, ne marquent point dans leurs *verbaux des baptêmes* que les pères et mères de ces enfants sont mariés; les pères et les mères le sçavent et ne s'en plaignent point jusqu'à ce qu'ils apprennent que le prêtre qui a béni leurs prétendeus mariages est décédé. C'est allors seulement qu'ils exhibent aux curés de leurs paroisses les *actes de célébration* et les requièrent de corriger sur leurs registres les *verbaux de baptême* de leurs enfants et d'y insérer que tel et telle sont mariés. Dans ces circonstances, que fera le curé des parties?... Touchera-t-il à ses registres? Il n'aura garde; les registres sont un dépôt sacré auquel il est deffendeu de toucher sans y estre auctorisé par le juge royal. Reffusera-t-il la correction requise? On l'assignera au sénéchal, et quoyque le curé, qui sçait qu'il n'est point partie capable pour attaquer ce mariage, offre de s'en rapporter à ce que la cour ordonnera par sa sagesse, on ordonnera la correction et on compensera les dépens. Ainsi un curé qui aura agi sans humeur et sans caprice sera exposé à des fraix de procès qui, quelques fois, prendront sur son nécessaire sans qu'il luy soit possible de l'éviter.

Et qu'on ne pense pas que ce soit icy une espèce faitte d'imagination. Le cas est arrivé au s^r Surville, archiprêtre du Carla. Le s^r Lourde Martignac, lors son paroissien, se maria en cette forme, en 1749, avec d^{lle} Duret, d'une paroisse de Bordeaux. Le s^r Babie, curé de Collonges, au diocèse d'Agen, bénit leur mariage sans publication des bans, en présence de deux témoins seulement, encore l'un de ces deux témoins ne sçavoit-il point signer. L'acte de célébration est du 10 février 1750.

De retour au Carla, véritable et seul domicile dud. s^r Lourde, il eut de son prétendeu mariage plusieurs enfants qu'il fit porter à l'église du Carla pour y estre baptisés, sans faire cognoistre son prétendeu mariage avec la d^{lle} Duret. Le s^r archiprêtre coucha sur ses registres les *verbaux de baptéme* desd. enfants, sans y faire mention de ce prétendeu mariage. Il estoit persuadé que lesd.

Lourde et Duret s'estoient assemblés sur la seule foy du contract, comme avoient fait et comme faisoient encore, tous les jours, tous les protestants, ou, si l'on veut, tous les mauvais catholiques de la paroisse. Huit ans après, led. s^r Lourde somma par acte led. s^r archiprêtre de corriger ses registres par le jour[1], et l'assigna le lendemain. Sur cette assignation le s^r archiprêtre consulta. Son conseil feut d'advis que l'archiprêtre n'estoit point compétant pour attaquer le mariage, qu'il devoit communiquer aux gens du Roy, pour exciter leur zelle, plusieurs pièces qui estoient en son pouvoir et qui prouvoient invinciblement que ce mariage avoit esté fait en fraude et contre la disposition des loyx, s'en remettre ensuite à ce que la cour en ordonneroit par sa sagesse et demander les dépents.

Le s^r archiprêtre suivit en tout point l'advis de son conseil, il ne pouvoit point prendre un parti plus régulier ny plus modéré tout ensemble, et néanmoins, conformément aux conclusions de M^r l'advocat du Roy, dont le fils plaida la cause du s^r Lourde, le sénéchal, par son jugement du 27 novembre 1758, ordonna la correction des registres, dépents compensés. C'est ainsi que ce prétendu mariage, fait au mépris des loyx les plus respectables, et qui, selon l'expression de Louis le Grand, dans le dispositif de l'Ordonnance de 1697, estoit le malheureux fruit d'un intérest sordide, une honteuse prostitution du s^t ministère et une horrible prophanation des choses les plus saintes, feust néanmoins auctorisé par le sénéchal de Pamiers à la face du ciel et de la terre.

Il y a d'autres mauvais catholiques qui ne suivent point jusqu'au bout la route qu'a tenue led. s^r Lourde. Après s'estre mariés dans la mesme forme que luy et avoir fait porter, comme luy, leurs enfants à l'église pour y estre baptisés aussy, lorsqu'ils sont instruits de la mort du prêtre qui a béni leurs prétendeus mariages, ils se pourvoient par simple requeste au sénéchal qui ordonne que le curé corrigera sur ses registres les *verbaux de baptême* desd. enfants. Ils font signifier ensuite l'ordonnance à leur curé qui, n'estant point partie capable pour attaquer ces sortes de mariages, est forcé d'en recognoistre la validité contre les lumières de sa

---

[1] C'est-à-dire *immédiatement, le jour même.*

conscience. Les religionnaires en triomphent et en prennent occasion de calomnier l'Église dans laquelle, disent-ils, on obtient tout pour de l'argent. Les bons pasteurs en gémissent et les fidelles en sont horriblement scandalisés.

C'est ainsi qu'ont procédé au Carla le s^r Brun, bourgeois, le s^r Dutilh, chirurgien, le s^r Lourde de Laplace, marchand, et autres, et à Campagne le s^r Belesta.

Quelques autres n'ayant point la patience d'attendre que le prêtre qui a béni leur prétendeu mariage soit décédé, communiquent dez le commencement à leurs curez les *actes de célébration*, sans vouloir les leur confier pour un temps, ny leur en donner un *collationné* en forme; et si les curés dénoncent les prévaricateurs à leurs évêques, ils ont l'impudence de soutenir qu'on les calomnie et de demander qu'on leur fasse cognoistre les dénonciateurs pour les faire punir. C'est ce qui arriva, il y a deux ans, au Mas d'Azil, diocèse de Rieux. Le s^r Damboix avoit fait bénir son mariage par le curé de Blézignac, diocèze de Bordeaux. Quelque temps après il présenta à son curé le *verbal de célébration*, et demanda en conséquence que son mariage feut énoncé dans les *verbaux de baptême* de ses enfants. Le s^r curé du Mas d'Azil en escrivit à M^{rs} les grands vicaires de Bordeaux. Le s^r curé de Blézignac, mandé à l'archevéché, prétendit qu'on le calomnioit et demanda à cognoistre le calomniateur. M^{rs} les grands vicaires demandèrent au s^r curé du Mas d'Azil un *collationné*, en forme, de l'*acte de célébration*. Le s^r Damboix refusa constamment de le donner estant persuadé, disoit-il, qu'on vouloit en faire uzage contre le curé de Blézignac : ainsi la prévarication a-t-elle demeurée impunie.

Le s^r Lourde Bigorre, habitant du Carla, extorqua, il y a environ deux ans, de je ne sçay quel méchant prestre, la bénédiction nuptiale et se jacte publiquement que les prêtres de l'Église romaine font toutes choses pour de l'argent. Sa femme est actuellement enceinte et on ignore comme il se conduira. Il est à craindre, qu'à l'exemple du s^r Lourde Martignac, son parent, il fasse quelque jour, au s^r archiprétre du Carla, un procès pour le forcer de recognoistre la validité de son mariage qui a été certainement béni par un prêtre autre que l'un des curés des parties.

Tel est le fruit de l'impunité et de la tollérance, et certes les religionnaires s'en rendent tous les jours plus indignes par la hardiesse avec laquelle ils se donnent tous les jours des libertés qu'ils n'auroient osé se donner avant la révocation de l'édit.

Entre tous les abus qui depuis quelque temps se sont glissés dans le ministère ecclésiastique, il n'en est point de plus déplorable que celuy dont on vient de parler. Il n'est rien moins qu'une honteuse prévarication et une sacrilège prophanation du sacrement de mariage, en sorte que l'on ne craint point d'advancer qu'entre tous les abus qui affligent l'Église et qui occupent actuellement Nos Seigneurs les évêques, il n'en est guère qui mérite plus que celuy-cy de fixer leur attention, ny qui soit plus capable d'enflammer leur zèle. Au reste ce n'est point ycy la cause de quelques pasteurs du second ordre, mais bien celle de tous les pasteurs de l'Église, ou plus tost celle de l'Esglise elle-même dont on méprise ouvertement les loyx, et de la religion dont on prophane les mystères ; l'une et l'autre ont un intérêt essentiel à ce que les prétendeus mariages desd. s^{rs} Lourde Martignac; Lebrun, bourgeois; Dutilh, chirurgien; Lourde de Laplace, marchand; Damboix le fils et Bélesta, soient déclarés abusifs, et d'avoir, pour y parvenir, un ordre de Sa Majesté ou de ses ministres, adressé à M^r le procureur général du parlement de Toulouse, d'attaquer lesd. mariages et de mander au s^r archiprêtre du Carla, au s^r curé du Mas d'Azil et au s^r curé de Campagne qu'ils ayent à remettre à M^r le procureur général toutes les pièces qui peuvent estre en leur pouvoir.

Et pour faire cesser un abus aussi déplorable, après y avoir mûrement réfléchi, on croit qu'il seroit expédient d'obtenir de Sa Majesté une ordonnance qui portât : « Que ceux de ses sujets dont « les mariages auront été bénits ailleurs que dans la paroisse de « l'une des parties, seront tenus, lorsqu'ils feront présenter leurs « enfants à l'église pour y estre baptisés, de délivrer au curé de la « paroisse un *collationné*, en forme, de l'*acte de célébration* de leurs « mariages, et, en deffaut, les déclarer irrecevables à s'en ayder « dans la suitte pour faire ordonner la correction des *rerbaux de* « *baptême* de leurs enfants. » Les mauvais prêtres, instruits par cette ordonnance que leur turpitude ne pourroit estre longtemps

cachée, ny, par conséquent, demeurer impunie, seroient plus
circonspects à l'advenir, la prophanation cesserait et les curés ne
se verroient plus exposés, comme ils l'ont été jusqu'à présent, à
des procès injustes[1].

(Arch. de la Haute-Garonne : Évêché de Rieux.)

XLI.

1760. — 7 AVRIL.

DÉLIBÉRATION DES CATHOLIQUES ET DES PROTESTANTS DE SAVERDUN EN FAVEUR DU R. P. CADIS, RELIGIEUX CORDELIER.

✝ L'an 1760 et le septième jour du mois d'avril, dans la ville
de Saverdun, le conseil politique assemblé, convoqué en la manière
ordinaire du mandement de M⁰ Jean-Raymond Lafont, premier
consul, par devant Jean-Jacques-Nicolas Fauré, advocat en Parlement, juge de la présente ville, et composé de Mⁱˢ les consuls,
syndic et conseillers politiques soussignés et du sʳ Paul Gallau,
procureur juridictionnel.

Le conseil et principaux habitants, tant catholiques que protestants, sont très flattés d'avoir vu remplir avec tant de zèle cette
station de carême par le révérend père Cadis, cordelier, doué des
plus hauts talents, qu'il convient de supplier Monseigneur l'évêque de Rieux de vouloir nous le procurer pour prédicateur aussy
souvent qu'il sera possible, d'autant plus que le conseil est péné-
tré que les prédications de ce R. P. pourront opérer la conversion
de nombre de protestants qui ont été empressés de l'écouter. Et
comme l'honoraire consiste en très peu de chose et que les denrées
sont à un haut prix, le conseil ne peut se refuser à donner avec

---

[1] Des incidents semblables à ceux que raconte ce *Mémoire* ont donné lieu, au
xvIIIᵉ siècle, à des consultations et à des projets destinés à amener la cessation
d'un pareil état de choses. Voyez, notamment, le *Mémoire théologique et politique
au sujet des mariages clandestins des protestants de France, où l'on fait voir qu'il
est de l'intérêt de l'Église et de l'État de faire cesser ces sortes de mariages, en
établissant, pour les protestants, une nouvelle forme de se marier qui ne blesse
point leur conscience et qui n'intéresse point celle des évêques et curés* (1755, in-8°).
— La partie politique de ce *Mémoire* est de Ripert de Monclar, et la partie
théologique, de l'abbé Quesnel, précepteur du duc de Penthièvre.

joye des marques de son attachement si méritées, audit R. P. Cadis, en suppliant Mgr l'Intendant de vouloir authoriser la communauté à luy passer à titre de gratification la somme de 40 liv. qu'elle luy accorde unanimement, sous le bon plaisir de Mgr l'Intendant, et ont signé : Faure, *juge;* Lafont, *premier consul;* Endrieu, *consul;* d'Ortel, Bely, Seré, Sarrut, Farbos, Abadie, Laroche, *syndic;* Gallau, *procureur juridictionnel,* signés au registre duquel le présent a été tiré par nous, secrétaire, soussigné : PÉDEMUN.

(Arch. de la Haute-Garonne : Évêché de Rieux.)

XLII.

1760. — 10 JUILLET.

LETTRE DE L'ARCHIPRÊTRE DU CARLA A L'ÉVÊQUE DE RIEUX.

M. Surville, archiprêtre du Carla, entretient M. de Catellan des mariages contractés par les religionnaires de sa paroisse, et des mesures qu'il y aurait à prendre à leur égard.

Monseigneur. Le mesme jour que je receus la lettre que vous me fittes l'honneur de m'escrire et l'advis des advocats du clergé, je receus aussi une lettre de M. l'abbé de Broglie qui me marque que cet advis vous avait esté envoyé.

Le résultat de cet advis est qu'il n'y a rien à espérer du côté de la cour. Je n'ignore point qu'il est difficille de faire dissoudre des mariages bien ou mal célébrés, après plusieurs années de cohabitation, mesme ceux qui n'ont d'autre fondement que le contrat portant promesse de se marier, surtout lorsqu'il est né plusieurs enfants de ces sortes de mariages. Aussi ay-je laissé en repos les quatre prétendeus mariés, comme tant d'autres protestants de ma parroisse, assemblés sur la foy d'un simple contract, jusqu'à ce qu'il leur a pleu de me forcer à recognoistre, contre le témoignage de ma conscience, la validité de leurs prétendeus mariages et la légitimité de leurs enfants.

Je n'ay jamais creu, Monseigneur, que nos démarches auprès de nos seigneurs de l'assemblée généralle deussent opérer la séparation des prétendeux mariés, quoyque cella eut esté à souhaiter et juste dans le fonds; mais leur estoit-il impossible d'obtenir du moins ou un arrest du conseil, ou un ordre particulier en vertu duquel les registres de mon église auroient esté rétablis dans leur premier estat, sauf aux prétendeus mariés de faire valoir leurs prétendeus mariages? S'ils venoient à estre attaqués à raison des effets civils, leur estoit-il impossible d'obtenir un ordre pour M. le procureur général, pour qu'il ne peut [pût] reffuser son ministère? Ces grâces ne me paroissoient point estre si considérables qu'elles deussent estre reffusées à un corps qui donne au Roy des preuves si fortes et si multipliées de zelle pour son service.

Quant à la voie indiquée par le conseil du clergé, vous sçavés mieux que moy, Monseigneur, ce qu'il y a [à] espérer et à craindre du costé du Parlement. Vous cognoissez mille fois mieux que moy le caractère de monsieur le procureur général et la façon de penser de messieurs du Parlement. C'est donc à vous seul, Monseigneur, qu'il convient de statuer sur le parti qu'il y a à prendre. Peut-être seroit-il à propos de faire consulter par le sindic du clergé de vostre diocèze les plus fameux advocats du Parlement, M⁶ Lavaisse excepté, et de leur demander un advis solide, et cependant voir de tenter quelque chose du costé de Mⁿ les agens généraux en leur escrivant dans le goût, à peu près, de cette lettre. Si Vostre Grandeur avoit à conférer avec moy sur ce sujet, Elle pourroit me le faire sçavoir et je me rendrois à Rieux tout de suite.

J'ay l'honneur d'estre avec un très profond respect, Monseigneur, etc.

SURVILLE, archiprêtre.

Au Carla, ce 10 juillet 1760.

(Arch. de la Haute-Garonne : Évêché de Rieux.)

XLIII.

1767. — 10 et 19 Novembre.

Plaintes du clergé de Saverdun contre les Huguenots de cette ville.

Les religionnaires de Saverdun sont accusés d'avoir reconstruit leur temple et d'avoir habilement dissimulé ce fait au marquis de Gudanes, lors de sa visite. Ils accomplissent ainsi illégalement les exercices de la R. P. R. — Plaintes spéciales contre M. Jean-François du Roux de Paulhiac, seigneur de Saverdun [1].

1. — Déposition du curé de Saverdun.

L'an 1767 et le 10e jour du mois de novembre, par moy Guilhaume Gendrau, bayle royal de la ville de Cintegabelle, résidant à Saverdun, soussigné, à la requête de Mrs les maire, échevins, sindic et communauté de Saverdun, au diocèse de Rieux, où ils font leur domicile, en la personne et maison d'habitation du sr Eugène Seré, sindic de ladite communauté, ay prié, sommé et requis, par le présent, Mr Mre Jean Saint-Sevé, prêtre, curé dud. Saverdun, vicaire général forain de Mgr l'évêque de Rieux, de déclarer si Mre Jean-François du Rous de Paulhiac, seigneur dud. Saverdun, professe la religion catholique, apostolique et romaine ; s'il l'a jamais professé ; s'il est issu de parens catholiques et s'il a fait élever sa famille dans lad. religion, et l'ay sommé encore de coucher sa réponse au bas du présent, autrement et [en cas de] refus, il luy est déclaré et protesté que les requérans se [devront] pourvoir où et devant qui il appartiendra pour le contraindre à donner lad. déclaration, et affin que led. sr Saint-Sevé ne l'ignore luy ay baillé cette copie, parlant à luy même trouvé à son domicille aud. Saverdun.

Lequel Jean Saint-Sevé, curé dud. Saverdun et vicaire général forain du présent diocèse, a répondu que puisqu'il se voit forcé de répondre à l'acte de sommation cy-dessus, il va le faire dans la vérité comme il le fairoit devant le tribunal de Dieu, et déclare et atteste que Mre Jean-François du Roux de Paulhiac, seigneur de

---

[1] Voy. au sujet de ce seigneur l'*Histoire de la ville de Saverdun*, p. 165 et suiv.

la présente ville de Saverdun, n'a jamais fait dans sa paroisse, ni ailleurs qu'il sache, profession ni aucun exercice de religion catholique, apostolique et romaine; qu'il est issu de père et de mère protestants, qu'il a élevé sa fille unique dans la religion protestante, laquelle il vient de marier avec un protestant de la ville de Castres, cohabitans ensemble sans avoir épousé en face de l'Église, vivant à même pot et feu dans la maison dud. sr de Paulhiac, dont la femme est également protestante, tous lesquels sont attachés à cette religion de laquelle ils sont à Saverdun comme les protecteurs, et de tous les protestans dont le nombre est d'environ treize cens y compris hommes, femmes et enfans, ce qui les a rendus hardis et audacieux au point d'avoir fait construire un temple, en la forme des anciens, duquel ils devoient faire l'ouverture et la dédicace le premier dimanche de septembre 1765; mais la descente de Mr de Gudanne, qui arriva le 27 du mois d'aout précédent, pour en faire la vérification, par ordre de la cour, empêcha cette opération.

Le bâtiment cependant existe toujours. Ils ont toujours continué les exercices dans l'ancien qu'ils avoient arrangé, de plusieurs maisons, assés près de celuy qu'ils avoient fait construire, où ils font toutes les fonctions publiquement, soit prêche, cène, baptêmes, mariages, et toutes autres de cette religion, tout ainsi que les anciens protestans le faisoient avant la révocation de l'édit de Nantes.

Le sr Sol, leur ministre actuellement, natif de cette ville, y est en pleine liberté et paroît dans toutes les compagnies. Le sr curé déclare que la religion protestante semble la dominante à Saverdun. Les catholiques n'osent dire mot et sont déclarés sous l'autorité du seigneur et de ses officiers. Le sr curé a la douleur de voir le sr ministre Sol logé chez un de ses cousins germains, dans la même rue et vis-à-vis sa maison. Le sort des habitans catholiques de Saverdun est des plus déplorables depuis que le sr de Paulhiac en est devenu seigneur. Le Roy seul pourroit les affranchir de leur malheureux sort en les délivrant d'un pareil seigneur. Sa Majesté le pourroit faire avec justice, le domaine de Saverdun ayant été alliéné de la couronne par des tromperies et faussetés exposées à ses ministres : c'est en recevant l'offre des habitans de

rembourcer à pure perte le montant de la finance de la chétive
somme de 7.300 livres pour laquelle le domaine de Saverdun fut
alliéné, et par ce moyen ils rentreroient sous la domination de
Sa Majesté.

Requis de signer sa réponse, a signé :

SAINT-SEVÉ, *curé, v. g. f.* — G. GENDREAU.

2. — AUTRE DÉPOSITION RELATIVE AU TEMPLE
ET AU SEIGNEUR DE SAVERDUN.

✝ L'an 1765 et le 19ᵉ jour du mois de novembre, à 8 heures
du matin, se sont présentés à nous d'Augery, subdélégué de
M. l'Intendant pour la basse comté du païs de Foix, commissaire
nommé pour vérifier un bâtiment nouvellement construit par les
protestans au château, ville haute de la présente ville de Saverdun, et dans le logis de *la croix blanche,* où nous avons établi
notre logement, les sieurs Jean Saint-Sevé, curé de la ville, vicaire
général forain du diocèse de Rieux, Étienne Gallau, curé de
Sainte-Colombe de lad. ville, Jean-Baptiste Dernis et Bernard
Lafont, vicaires dudit Saverdun, nous ont dit à nous commissaire
et requis de vouloir faire coucher dans notre verbal leurs déclarations et leurs dépositions sur la commission dont s'agit.

Ils ont dit que pour la décharge de leur conscience devant Dieu
et pour que la vérité ne demeure pas enchaînée par tant de stra-
tagèmes qui se sont pratiqués et qui se pratiquent, et que la
vérité pénètre, jusqu'aux pieds du trône, au Roy, à son conseil et
à ses ministres, et qu'il faut plus tôt obéir à Dieu qu'aux hommes,
pour sa gloire et celle de sa religion, et pour le bien du service de
Sa Majesté, déclarent :

Qu'il a été bâti et construit un bâtiment au château, ville haute
dudit Saverdun, assez grand et spatieux, et assez près de quelques
mauvaises maisons qu'on avoit agencées en abattant et démolis-
sant les cloisons, où les protestans tiennent leurs assemblées et où
ils étoient trop étroitement et mal à leur aise, et qu'ils vouloient
quitter pour se changer au nouveau bâtiment construit en forme
de temple; lorsque le 27 août dernier Mʳ le marquis de Gudanne
vint vérifier ce bâtiment. Il le trouva rempli de paille, foin,
chaume et autres choses et quelque bétail, à quoy on avait tra-

vaillé dans la nuit avant l'arrivée de Mr de Gudane pour le faire passer pour une grange et qu'on vuida ensuite. Mr Daugery y a trouvé des cloisons et corondats et dont les torchis sont encore frais.

Led. bâtiment est en quatre murailles, du fondement jusqu'au toit, en forme d'un carré long, et dont le plafond qui porte le toit est travaillé ainsi qu'on le fait dans les églises qui ne sont pas voutées. Et led. plafond est tout supporté par un gros étançon au bout duquel il y a plusieurs jambes de force pour soutenir led. plafond et le toit y adjacent.

Ils déclarent et certifient de plus que, depuis quatre ans et plus, les protestans font librement et avec la même liberté que les catholiques, dans la ville de Saverdun, et ainsi qu'ils le faisoient avant la révocation de l'édit de Nantes, l'exercice de leur religion, soit pour le prêche de leurs ministres, pour la cène, pour les baptèmes, mariages, sépultures, lectures et prières, et tout ce qui se pratique dans cette religion.

De plus, dit le s^r curé de Saverdun en son particulier, que hier dix-huit du courant, vers une heure après midy, ayant esté rendre sa visite à Mr Daugery, commissaire, qui à dix heures du matin étoit venu chez le s^r curé avec Mr Palmade, son secrétaire dans la commission, pour conférer sur icelle, Mr de Paulhiac, nouveau seigneur de cette ville depuis environ deux ans, arriva bientôt après et se mit en grandes saillies avec les termes les plus forts et les plus exécrables, se servant toujours du mot *d'enfer le plus profond, des plus profonds abimes de la terre* et beaucoup d'autres mots équivalens, contre ceux qui avoient écrit, *et devoient être punis, comme délateurs et dénonciateurs, des plus cruels supplices de l'enfer; qu'il n'y avoit que les gens en place qui pouvoient l'avoir fait.* S'adressant au s^r de Maysonnade, maire : *Ce n'est pas certainement vous, Monsieur...* — *Non asseurement,* répondit le maire. *J'étois à Toulouse quand cette construction a été faite et je ne l'ay sçu qu'après mon retour.*

Mr de Paulhiac continua encore les mêmes termes d'exécration et dit qu'il avait écrit au ministre : *Mr Daugery, dit-il, vous avez eu la lettre. Si je suis coupable, je veux être puni. Que les délateurs le soient et confondus dans les abimes de l'enfer.* Le s^r curé lui dit

seulement ces mots : *M'envisagés-vous. M*, en cella, ou parlés-vous
en général? Parce que s'il en était ainsi je vous répondrai.* Il ajoute :
Je parle en général. J'ai eu, dit-il, *des lettres diaboliques, j'en
trouve partout.* Le sʳ curé proteste qu'il n'en a écrit qu'à Mʳ de
Gudanne, commandant pour le Roy, comme devant être informé
des désordres qui se passent dans les villes et lieux de son commandement. Mʳ Daugery prit la parole et parla des assemblées
qui se font (et assés longtemps) contre l'intention et les ordres
du Roy, et qu'on devoit être soumis et obéissant aux souverains,
et bien d'autres relatives à la transgression et à l'abus qu'on en
fait. M. de Paulhiac se tût, alors qu'on en avoit fait ici comme l'on
en faisoit par tout le royaume. M. Daugery dit ensuite qu'il alloit
travailler. Le sʳ curé se retira seul et tous ceux qui étoient présens
et témoins à cette époque (*sic*) si déplacée étoient Mʳ Daugery,
Mʳ Palmade, secrétaire, Mʳ de Madron de Saint-Paul, Mʳ Laporte
fils, Mʳ Bernard Sol, Mʳ Sarrut-Marlhiac et Mʳ Sarrut La Peire.

Nous, susd. curés et vicaires soussignés, déclarons et certifions
avoir été, ce matin, à huit heures, chez Mʳ Daugery, pour le prier
et conjurer de faire coucher et charger son verbal de notre présente
déclaration et attestation dont nous luy avons fait la lecture. Il
nous a répondu que sa commission ne s'étendoit pas jusques-là,
que ses ordres étoient seulement de prendre des informations
verbales ; mais que nous n'avions qu'à la luy laisser, qu'il la join-
droit à son verbal. Sur quoy nous luy avons dit que nous voulions
en garder un original devers nous pour y avoir recours en cas de
besoin, ce que nous avons fait et nous sommes signés :

> SAINT-SEVÉ, *curé, c. y. f.* — GALLAU, *curé de Sainte-
> Colombe de Sacerdun.* — DERNIS, *vicaire.* — LAFONT,
> *vicaire.*

(Arch. de la Haute-Garonne : Évêché de Rieux.)

XLIV.

1769. — 31 Janvier.

Lettre du curé de Saverdun a l'évêque de Rieux.

M. de Saint-Sevé donne à l'évêque de Rieux, Jean-Marie de Catellan,
d'intéressants détails sur la situation des catholiques et des protestants à Saverdun.

Monsieur. — J'apris hier au soir que l'exprez n'étoit pas parti
pour Rieux à cause du mauvais tems et qu'il ne partira que
demain matin. Je profitoi de la soirée pour faire les deux copies
que vous trouverez cy jointes de notre déclaration lors de la
décente de Mr Daugery pour la vérification du temple, après la
mauvaise besogne de Mr de Gudanes, pièce que vous envoyâtes à
M^r le comte de Saint-Florentin, et une pareille jointe au verbal de
M^r d'Augery, ce qui a occasionné sa révocation du commandement. La seconde est ma réponse au bas d'un acte de sommation
de la part de la communauté, faite dans la vérité et d'aprez
l'Évangile. Voilà tout mon crime, et toujours disposé à en faire
de pareils, jusqu'au martyre.

Je crois, Monseigneur, qu'il convient pour le bien de la religion,
qui est en grande décadence à Saverdun, et pour moi même, de
me justifier. Mon plan seroit de dresser un *placet*, d'y joindre les
deux pièces et de les envoyer au ministre, et encore mieux si vous
voulez avoir la bonté de les addresser à un des seigneurs archevê-
ques de Rheims, de Narbonne ou de Toulouse, ou du moins à
messieurs les agens généraux. Je vous supplie, Monseigneur, de
vouloir examiner le tout avec la considération la plus réfléchie et
de me faire part de vos lumières.

Je ne crois pas, Monseigneur, vous avoir appris que tous les
habitans de Saverdun sont dans la disgrâce du Roi. Bientôt après
la décente de M. Daugery, M. de Saint-Florentin écrivit à
M^r l'intendant de faire savoir aux habitans de Saverdun qu'ils
avoient encouru la disgrâce du Roy par leur rebellion et leur
révolte, qu'ils n'obtiendroient aucune grâce du Roi et que Sa
Majesté les regarderoit comme des rebelles jusqu'à ce qu'ils
auroient fait leur soumission et obtenu le pardon de leur révolte.

M^r l'intendant envoya la lettre du ministre, avec une des siennes, à M^r d'Augery. Celui-ci appella le maire et consuls. Ils déclarèrent simplement que les catholiques n'étoient pas les coupables; mais que c'étoient les protestans. Cela se passa dans le secret et y a toujours resté. M^r d'Augery leur dit de m'en parler à moi seul et d'agir de concert avec moi. Je voulois qu'on présentât un *placet* pour la justification des catholiques. M^r La Bouisse, maire, s'y opposa disant que sa belle sœur de Rochefort étoit protestante, messieurs de Martin, Mayserac, Rivals et autres protestans, tous ses prez parens en deviendroient la victime...

Les choses en demeurèrent là, dont rien n'a transpiré dans le public. Ça été un malheur que cet homme ait été maire : il n'est catholique qu'au dehors, tout comme son frère M. de Rochefort, marié avec la plus obstinée protestante. Elle vouloit donner cent pistoles à sa nièce, fille de son frère Mr de Madron, pour qu'elle se fit protestante. J'avais toujours dirigé et instruit cette fille. Elle me fit confidence [de] ce qu'on l'avoit entraînée au temple quatre dimanches, comme par force; qu'elle étoit persécutée par sa tante jusqu'à l'assurer qu'outre les cent pistoles, [elle] la feroit son héritière; mais que toutes ses promesses ne la tentoient point et qu'elle vouloit être catholique. Je lui offris sur le champ de lui payer la pension au couvent d'Anterive. Elle me répondit qu'elle partiroit le lendemain dans la nuit, ce qu'elle fit en effet, où elle est depuis la semaine dernière, bien contente. Je veux tâcher de l'y tenir deux ans, si je puis. La pension est un peu forte, de soixante écus par an. Cette affaire fit bien du train dans son tems. M. de Rochefort et son épouse m'en ont voulu un mal infini et n'en sont pas encore revenus.

J'aurois désiré de donner une mission avant de mourir : je ne vois guère que les capucins propres à cela. Sans la multitude d'affaires qui se sont succédé, je voullois aller passer quinze jours chez eux à Toulouse, je connois le gardien qui est habille et bon missionnaire, et de là vous aller demander votre approbation et consentement. Je ne l'ai pas peu encore.

Je finis brusquement, Monseigneur, le temps me manque. L'homme qui va à Rieux et doit partir demain est à une demi lieue de la ville, sur la route de Rieux.

J'ai l'honneur d'être avec le plus profond respect, Monseigneur, votre très humble et très obéissant serviteur.

Saint-Sevé, curé.

Ce 31 janvier 1769.

(Arch. de la Haute-Garonne : Évéché de Rieux.)

XLV.

Note complémentaire sur Orssas.

Au seizième siècle les habitants d'Orssas, s'adressant au chapitre de Rieux, décimateur en cette paroisse, réclament : « ung « homme d'esglise pour les administrer ». Il était, en ce moment, impossible aux habitants d'Orssas « de treuver ung homme « d'esglise en mil escutz, estant la guerre ouverte et estant le « lieu d'Orssas au millhieu des ennemys ». — Orssas ne s'est pas relevé du désastre que lui ont causé les religionnaires. Par ordonnance de l'évêque de Rieux, donnée en 1637, mais exécutée seulement en 1685, cette paroisse fut unie à celle de Marliac. L'église était dédiée à Saint-Martin, il n'en reste rien aujourd'hui. Déjà, en 1685, les habitants déclaraient : « que ledit lieu est de petite « contenance, composé seulement de quinze ou seize métairies « esparses, et d'une quarantaine de communians. »

(Arch. de la Haute-Garonne : Évéché de Rieux.)

XLVI.

Note complémentaire sur Artigat.

On a lu, sous le n° XV du présent travail, les plaintes que proférait le recteur d'Artigat contre certains huguenots qui voulaient entraîner dans l'hérésie une de ses paroissiennes. Voici la réponse que lui adressait, sur ce point, M. Mulatier, vicaire général de l'évêque de Rieux.

Écrire au sieur recteur d'Artigat qu'il voie et éclaircisse si, au cas nous fairions remettre cette filhe entre les mains de ses parents catholiques, elle déclarera qu'elle a esté séduite ou forcée d'aller au prêche, affin que nous ne commencions pas une procédure pour en avoir la honte ; et si tant est que le curé espère que la filhe agira bien, il faut donner ordre à Guiraud de poursuivre un *arrest* qui ordonne que cette filhe sera remise ès mains de ses parents catholiques. — Il faudra poursuivre cet *arrest* soubs le nom du procureur général, ou autrement, suivant l'advis de Mr Laurent. Je fairay les fraix de tout et Guiraud en faira l'advance ; ou au nom du recteur, et je pairay les fraix ; ou du sindic catholique d'Artigat.

(Arch. de la Haute-Garonne : Évêché de Rieux.)

———

XLVII.

Le parlement de Toulouse et le diocèse de Rieux.

Sous ce titre se trouvent groupés les principaux arrêts prononcés par le parlement de Toulouse au sujet des désordres qui ont troublé le diocèse de Rieux. Les sentences de la suprême cour de justice visent l'entretien des compagnies pour la conservation des villes, la levée des fruits décimaux, la restitution des églises, chapelles, cimetières, dîmes, usurpés par les religionnaires, le relèvement de l'abbaye du Mas-d'Azil, etc. Inutile de faire observer que dans les centres où l'élément huguenot dominait, les ordonnances du Parlement, même conçues sous une forme très comminatoire, restèrent longtemps lettre morte. De nouvelles plaintes provoquaient de nouveaux arrêts, sans que la multiplicité des sentences fût capable d'améliorer, en diverses communautés du diocèse de Rieux, des situations fort pénibles et, ne l'oublions pas, absolument injustes.

1. — Contribution du diocèse de Rieux a l'entretien des troupes.

Le mardi 8 mars 1569, en la grand'chambre, furent au conseil MM. Daffis, de Paulo, de Vabras, présidents : Benoist, Roguier, de Molinier, d'Alzon, Forez, Fabri, Doujat, de Bonald, Sabathier, Gargas, Guillemette, Ouvrier.

Veue la requeste présentée par le syndic de Rieux.

La court ayant, quant à ce, égard à lad. requeste, pour les causes et considérations résultans d'icelle et autres à ce mouvans, a ordonné et ordonne que ce que reste à lever de la somme qui a esté mise et imposée par emprunt, par mandement et commission du seigneur de Joyeuse, gouverneur et lieutenant pour le Roy en Languedoc, sur les habitans dudit diocèse estans de la qualité

16

mentionnée en lad. commission, sera employée à la soulde et entretenement des soldats et compagnies qui sont establies et entretenues ès villes et lieux dudit diocèse, pour la garde d'iceux à l'encontre des incursions, violances et hostilités des rebelles et séditieux. Et quant aux deniers et sommes que restent encores à lever de l'imposition et cotisation faicte sur tous les habitans dudit diocèse, par auctorité et ordonnance de la court, dont est faicte plus ample mention en lad. requeste, seront mises ès mains de Martin de Garat, à ce commis, pour estre employées aux affaires de la guerre, pour le service du Roy et défense du pays, selon et ensuivant autres délibérations de la court.

(Arch. du Parlement de Toulouse : B. 63.)

2. — ARRÊT CONCERNANT LA LEVÉE DES FRUITS DÉCIMAUX.

Le 23 juin 1570 : « Sur la requeste présentée par Pierre de Lafores, économe pour le Roy des fruicts et esmolumens de l'évesché de Rieux, tendant à fin que, attendu que ceste année à cause des troubles, incursions, violances et autres hostilitez que sont faictes et commises par les rebelles sédicieulx estans ez villes du Mas-d'Azil, Le Carla, Lobaut, Gailhaguet, Monfa et autres lieux du diocèse dudict évesché, ledict économe n'a trouvé personne qui ay voulu prendre à ferme et arrentement, comme avoient accoustumé, les fruictz décimaulx et autres debvoirs accoustumez prendre et percevoir audit évesché; et qu'il estoit aussy privé de moyen et faculté de les faire cuillir et percevoir à sa main, les habitans des lieux, tenanciers et propriétaires des terres et biens où sont excreux lesdictz fruictz fussent chargés, ceste présente année et cuilhètte, en recuilhant et retirant leurs gerbes et fruictz, retirer aussy par mesme moyen, faire despiquer les gerbes, blez, grains et fruictz décimaulx appartenans audict evesché et en rendre bon et loyal compte, en leur satisfaisant raisonnablement de leurs labeurs et fraiz que à ce seront employés, comme plus à plein est contenu en laditte requeste et suyvant l'arrest donné ensemble, faict à la requeste de messire Loys, cardinal de Guyse, abbé de Moissac, et le scindic du chappitre et religieux dudict monastère.

La cour, veue icelle requeste et arrest, et deument advertie par

notoriété du faict desdittes incursions, violances et pilheries que
sont journellement commises par lesditz rebelles sédicieulx, et
mesmes sur les fruitz décimaulx, et autres choses appartenans aux
personnes ecclésiasticques, et des empeschemens que leur sont
donnez, et frauldes commises à la perception d'iceulx fruitz et
deniers à eulx appartenans, a ordonné et ordonne que, pour ceste
année et sans conséquence, esdictz lieux dessus nommez et aultres
dudict evesché, esquelz y a tel et semblable danger des ennemys,
et à faulte d'arrentiers, les habitans et propriétaires des terres et
biens assis dans les parroises desdictz lieux et desquelz ont
accoustumé payer dixme et aultres droitz audict evesché, serout
tenus, en recuilhant et retirant leurs gerbes et fruictz, retirer
aussi et recuillir ensemblement le dixme appartenaut audict
evesché; et ce en user en telle sollicitude et dilligence que ès leurs
propres, et après rendre à icelluy économe ou ses procureurs et
commis les grains et fruictz que seront provenuz desdictz dixmes,
sans dol ny fraulde, de quoy seront tenuz se purger par serment,
en satisfaisant ausdicts habitans et parroissiens par ledict économe
raisonnablement de leur travail et fraitz faitz et employez pour la
récolte desdictz bledz, grains et fruictz. Ce que la cour enjoint
faire ausdictz habitans et propriétaires desdictz biens sur peine
d'en estre tenuz et responsables envers ledict économe, et aultres
arbitraires.

Prononcé le XXIIIᵉ juin.

(Arch. du Parlement de Toulouse : B. 64, fol. 284.)

3. — Autre arrêt concernant la levée des fruits décimaux.

Le 26 juin 1570, la cour donne un arrêt semblable au précédant, sur requête du syndic de l'église cathédrale de Rieux, pour
la levée de la dîme dans les paroisses du Maz-d'Azil, du Carla,
de Loubault, Montfa, Sabarat, Las Bordes, etc., en faveur du
chapitre.

(Arch. du Parlement : B. 64, fol. 290.)

4. — Arrêt relatif a la garde de la ville de Rieux.

Le 6 octobre 1575, MM. de Latomy, présidant la chambre des vacations, de Papus, de Bonald, Sabatier, d'Aussonne, de Catel, de Gargas,
d'Ouvrier, de Montfort, de Bérail et Sabaterii, prononcent l'arrêt
suivant :

Veu les requestes présentées par le scindic des manans et
habitans de la ville et cité de Rieux, [demandant qu'afin de tenir
cette place] soubz l'obéyssance du Roy, et la garantir de l'inva-
sion des rebelles ennemis de Sa Majesté, feut prins des fruictz
dudict evesché jusques à la somme de mil livres pour estre
employée à la garde tant de la maison épiscopalle dudict Rieux,
dominant sur ladite ville, que fortifications et réparations à ce
nécessaires ;

Veu aussi le dire et réquisitions du procureur général du Roy
et pièces attachées ausdictes requestes,

La chambre ordonnée seoir au temps de vacations ayant, quant
à ce, esgard ausdictes requestes et réquisitions dudict procureur
général, et attendu l'urgente nécessité, a ordonné et ordonne que
des fruictz dudict evesché sera prins jusques à la somme de sept
cens livres pour estre employée à l'effect que dessus, et à icelle
délivrer ès mains des consulz de ladicte ville, dans trois jours
après l'intimation seront contrainctz tant l'économe que aultres
rentiers dudict evesché à peine du double. Néanmoins, ledict delay
passé, seront contrainctz par toutes voyes raisonnables, et par
corps si besoing est, à la charge ausdictz consuls de rendre compte
de ladite somme où et ainsi qu'il appartiendra.

Prononcé le vi^e d'octobre.

(Arch. du Parlement : B. 72.)

5. — Arrêt concernant la prise des malfaiteurs dans le diocèse de Rieux.

Le 25 octobre 1577, en la Chambre des vacations, étant présents
MM. de Paulo, président, de Papus, Sabatier, d'Aussonne, de Catel,
Percin, de Gargas, Buet, de Rességuier, Bérail, Roquelaure, fut rendu
un arrêt pour assurer la capture des malfaiteurs qui ravageaient le
diocèse de Rieux, en ces termes :

La chambre ordonnée seoir en vacations, ensuivant la requeste
cejourd'huy présentée par le procureur général du Roy, pour
obvier aux voleries, larcins, pillages, port d'armes à feu contre
les édits et ordonnances du Roy, et autres excès qui se comec-
tent journellement ès environs de ceste ville de Tholose et
autres lieux du ressort de la court, despuis la publication de
l'édit de pacification, et pour rendre les chemins de toutes parts

libres et assurés, a enjoinct et enjoinct aux prévosts des maré-
chaux, leurs lieutenans establis aux diocèses de Tholose, Alby,
Lavaur, Rieux, Sainct-Papoul et autres diocèses dudit ressort de
Tholose de, avec tel nombre d'archers que leur seront payés et
entretenus par chescun diocèse, vaquer diligemment à la recherche, poursuite et capture de tous voleurs et de ceulx qui, n'estans
des ordonnances du Roy, pourteront armes à feu et autres offen-
sives, prohibées par les édits de Sa Majesté, gens sans adveu,
commettans les susd. voleries et excès, à peine de privation de
leurs estats et offices; ausquelles fins ordonne que les scindics et
députés desdits diocèses s'assembleront dans huitaine après
l'inthimation de cest arrest, pour adviser et arrester le nombre
des archers qui sera nécessaire à chescun desdits prévosts ou
lieutenans et la solde et moyen du paiement que conviendra leur
estre faict en chescun desdits diocèses, à peine de quatre mil
livres et autre arbitraire. Enjoinct en outre lad. chambre, à tous
juges, magistrats, gentilshommes, consuls et autres qu'il appartiendra, de tenir main, donner aide, faveur, main forte et prester
prisons ansdits prévosts et leurs lieutenans vaquans ausd. recher-
ches et poursuites desdits voleurs et autres de la qualité susdite;
les faire néanmoings accomoder, tant de jour que de nuict, de
lougis, vivres et autres choses nécessaires, en payant par eulx
raisonnablement, et ce, sur lad. peine de quatre mil livres, et
d'estre tenus et réputés faulteurs et coupables desdits voleurs, et
autre peine arbitraire.

(Arch. du Parlement : B. 72.)

6. — ARRÊT POUR LES HABITANTS D'ALZEN.

Le 17 juin 1579, le Parlement donne un arrêt permettant aux
habitants d'Alzen, en la judicature de Rieux, suivant les lettres
patentes obtenues par eux, de couper et vendre du bois de la
forêt dudit lieu, appartenant au Roi, jusqu'à la somme de 600 écus,
tant pour le remboursement de 500 livres payées pour le rachat
du lieu qui avait été aliéné, « que pour les relever des grandes
« pertes, frais et calamités par eulx soufferts pendant les guerres
« et troubles, et leur donner moyen de se acquitter des sommes

« par eulx empruntées et autres deniers ordinaires et extraor-
« dinaires esquels ils sont redevables audit seigneur. »

(Arch. du Parlement : B. 72.)

7. — Arrêt en faveur de l'abbé et des religieux du Mas-d'Azil.

Le mercredi 11 décembre 1602, en la grand'chambre présidée par
M. de Paulo, fut rendu l'arrêt suivant :

Entre messire Jean de Vaulvire, abbé et seigneur du Mas-
d'Azil, et le scindic des religieux de lad. abbaye :

« Veu les procès plaidés des xxvie octobre et viie de ce mois,
« ordonnance des commissaires exécuteurs de l'édict du 5e septem-
« bre 1600, transaction d'entre led. abbé et scindic desd. religieux,
« du xxixe juillet 1589; arrestz de la cour des xxvie avril 1571 et
« xxviie décembre 1576... Il sera dict que la cour... baille aud.
« Vaulvire, abbé du Mas-d'Azil, la récréance des fruictz de lad.
« abbaïe, auquel effect, tous détempteurs seront constrainctz, par
« toutes voies deues et raisonnables, payer au préalable aud. scin-
« dic des religieux les pensions desd. religieux pour la présente
« année, en bloc, suivant lesd. transaction et ordonnance des com-
« missaires, sauf à tenir en compte, par led. scindic, ce que led.
« abbé monstrera avoir payé desd. pensions... » Jean de Vaulvire
paiera les arrérages desdites pensions; mais les religieux seront
« tenus : se remettre dans lad. ville du Mas-d'Azil, dans le mois,
« pour y continuer le service divin, à peine de privation de leurs
« pensions, auquel effet sera tenu led. abbé faire réédifier, dans
« lad. ville du Mas-d'Azil, ung réfectoir et dortoir pour l'habita-
« tion. »

(Arch. du Parlement : B, 206, fol. 59.)

8. — Arrêt en faveur de messire Jean du Bourg, évêque de Rieux,
et le recteur de N.-D. de Saverdun.

Le 18 mars 1603, la cour, statuant sur un différend élevé entre
Jean du Bourg, évêque de Rieux, le chapitre de Saint-Sernin de
Toulouse et le recteur de N.-D. de Saverdun, d'une part; et les
syndic et consuls de Saverdun, d'autre part, condamne : « lesd.
« scindic et consuls laisser la possession vuide ausd. évêque, sindic
« du chapitre et prieur, des cloches de l'église dud. Saverdun et

« maison dite de l'*erescat*, joignant l'hoppital, appartenant à lad.
« église, dans trois jours, à peine de quatre mil livres et aultres
« portées par l'édict de pacification », et les condamne aux dépens.

(Arch. du Parlement : B, 209, fol. 285.)

9. — ARRÊT EN FAVEUR DES RELIGIEUX DU MAS-D'AZIL.

Le 31 janvier 1606, la cour condamne Jean de Vaulvire, abbé
du Mas-d'Azil, à faire construire, dans six mois, les lieux réguliers du monastère, « aultrement, à faulte de ce fayre, ledit délay
« passé, a permis et permet au scindic des religieux faire arrester
« et saisir la moytié des revenus de lad. abbaïe, pour estre
« employé aux bastimens ». De plus, sur les fruits de la présente
année, on prélèvera 1.000 livres qui seront placées « ez mains de
« personnes catholicques solvables, pour estre employées en achapt
« de matériaux et ornemens pour commencer led. bastiment ».
Moyennant cela, l'abbé reçoit mainlevée « du surplus des fruicts
« de lad. abbaye ».

(Arch. du Parlement : B, 238, fol. 405.)

10. — AUTRE ARRÊT EN FAVEUR DES RELIGIEUX DU MAS-D'AZIL.

Par arrêt du 12 mai 1606, Jean de Vaulvire est condamné :
« payer à chacun des religieux la pension annuelle de la quantité
« de 12 cestiers blé bon et beau, mesure dud. Mas-d'Azil, 3 pipes
« vin et 36 livres en argent, savoir : led. bled au mois d'août, le
« vin au mois d'octobre, et led. argent au mois de novembre ». La
cour condamne aussi « led. abbé à payer annuellement au sindic
« [du monastère] la quantité de 18 cestiers bled, mesme mesure,
« et 3 pipes vin pour la nourriture de trois serviteurs faisant
« service ausd. religieux, aud. monastère... » L'on devra aussi
travailler à la construction des lieux réguliers quatre mois après
l'intimation du présent arrêt.

(Arch. du Parlement : B, 242, fol. 223.)

11. — ARRÊT EN FAVEUR DES CATHOLIQUES DES BORDES.

Le 1ᵉʳ novembre 1606, ordre est donné à Jean de Vaulvire et
au recteur des Bordes, Raymond Micheau, de se pourvoir « dans
« quinzaine, de lieu commode où les habitans catholicques de lad.

« ville [des Bordes] se puissent assembler pour assister au divin
« service et administration des saincts sacrements que led. Micheau
« sera tenu faire, ou faire faire par nombre suffisant de prestres, à
« peyne d'y estre constrainct par saisie des fruictz... »

(Arch. du Parlement : B, 247, fol. 248.)

12. — Arrêt en faveur du recteur des Bordes.

Le 27 avril 1607, la cour ordonne que Jean de Vaulvire, le
recteur et autres ecclésiastiques des Bordes « seront réintégrés
« tant de l'église ou chapelle Saint-Saturnin... que de toutes
« aultres églises, cimetières et lieux sacrés estant aud. lieu et
« consulat... », à peine, pour les détenteurs, de quatre mille livres
d'amende.

(Arch. du Parlement : B, 252, fol. 309.)

13. — Arrêt pour la contribution du diocèse de Rieux, etc., a l'entretien des troupes.

Arrêt du mardi 5 juillet 1622, M. Gilles Le Mazuyer, président :

Sur ce qui a esté remonstré par le procureur général du Roy,
que Sa Majesté, pour restablir son autorité au Hault Languedoc et
lieux circonvoisins, ayant laissé une armée soubz la conduite du
s^gr duc de Vendosme, désire, pendant que plusieurs régimentz
sont distraictz à la conservation des villes qu'il a ordonné estre
desmolies, que les villes et diocèses de Tholose, Alby, Lavaur,
Castres, Rieux, Comenge, Alet, Limoux, Saint-Papoul et Mirepoix
contribuassent l'entretien de deux mil hommes de pied pendant
trois mois, et à cet effect s'assemblassent et envoyassent députés
avec argent et procuration suffisante pour prendre à inthérest,
requérant qu'il y soict pourveu,

La Cour a ordonné et ordonne que les evesques et syndicz, et
aultres desdicts diocèses feront faire, toutes affaires cessantes,
assemblées chascun séparément en leurs diocèses, pour délibérer
sur le faict du commandement du Roy et en faciliter au plus tost
la levée, chacun pour leur cotité en leur diocèse, selon qu'ils ont
coustume de contribuer aux nécessités du païs, et ce pour le
premier desdits trois mois, en envoyeront à cest effect en ceste

ville de Tholose des dépputés pour faire la fourniture, pour, ce faict, se retirer par devant Sa Majesté pour leur estre expédiées *Lettres d'assiette*, ainsy que de raison.

(Arch. du Parlement : B, 122, fol. 63.)

14. — Arrêt pressant les diocèses de Rieux et Comminges d'exécuter l'arrêt précédent.

Le 3 septembre 1622, en la grand'chambre, sous la présidence de M. Le Mazuyer, fut rendu l'arrêt suivant :

Sur la requeste présentée par le procureur général du Roy, que Sa Majesté, pour fortifier l'armée qu'il a laissée soubs le commandement du sr duc de Vendosme, ayant ordonné que les diocèses du Hault Languedoc, mentionnés en son mandement, luy entretiendroient deux mil hommes de pied, pour trois mois ; en exécution de quoy ceux de Tholose, Alby, Castres et Lavaur auroient satisfait à leur cottité qui sont actuellement sur pied : et pour le régiment des diocèses de Sainct-Papoul, Mirepoix, Alet et Limoux auroient, par délibération, arresté d'y satisfaire, par actes dont led. procureur général auroit eu communication, ce que n'ont exécuté depuis six sepmaines ; et quant aux diocèses de Rieux et Commenge ilz auroient esté reffuzans de ce faire, requérant qu'il y soict pourveu, attendu que le service du Roy reçoit un notable préjudice, mesme pour l'exécution des ordonnances dud. sr de Vendosme, qui auroit destiné lesdites compaignies desdits diocèses, soubz le sieur baron de Castelnau, pour avec ceulx entretenus par la ville et diocèse de Tholose et aultres troupes, s'opposer contre les attentatz des rebelles de Montauban ;

Veu l'*Ordonnance* dud. sr duc de Vendosme, du 25e aoust dernier, *Acte de délibération* tenue en l'assemblée des villes maistresses dud. diocèse de Rieux, du 18 aoust, *Ordonnance* du sr duc de Montmorancy, des 30 décembre, 10 janvier et 20 mars derniers, pour led. diocèse.

La cour, du très exprès commendement du Roy, a enjoinct et enjoinct aux sindics des diocèses de Saint-Papoul, Mirepoix, Alet et Limoux, remettre par devant led. procureur général les actes desdites délibérations et résolutions, ensemble les procurations pour le cautionnement des sommes qu'ils ont à fournir pour chacun desdits diocèses pour leur cottité, et que, tant eux que les scindics desdits diocèses de Rieux et Commenge satisferont dans huictaine, après l'intimation du présent arrest, à leur dite cottité pour le payement de la somme à laquelle revient la solde de cent hommes de pied pour chacun diocèse, conformément à l'ordonnance du duc de Vendosme, etc...

(Arch. du Parlement : B, 422, fol. 59.)

15. — CONTRIBUTION DU DIOCÈSE DE RIEUX A L'ENTRETIEN DES TROUPES DU MARÉCHAL DE THÉMINES. — DÉFENSE DE PORTER DU SEL AUX VILLES DU DIOCÈSE DE RIEUX.

Par arrêt du mois de septembre 1625, les diocèses de Rieux et de Saint-Lizier, et autres circonvoisins, furent mis dans l'obligation de contribuer à la fourniture des munitions de toute espèce, blé, vin, vivres, etc., qui seraient nécessaires aux troupes que le maréchal de Thémines menait en Languedoc et au pays de Foix. Le diocèse de Rieux était intéressé plus que tout autre à l'heureuse issue de cette expédition puisque, dans ce même mois de septembre, le maréchal devait tenter le siège du Mas-d'Azil. On sait quel fut son insuccès devant les murailles de cette place[1]. — Peu de

[1] Cf. ci-dessus, n° VIII. — A l'occasion de l'expédition du maréchal de Thémines dans le comté de Foix, le Parlement eut à rendre un arrêt relatif au baron de Léran, chef des religionnaires dans le diocèse de Rieux, en 1621 et 1622. Au mois de janvier 1626, la cour exposait : que le baron de Léran, père, avait dirigé les rebelles aux dates précitées; que ses fils, marchant sur ses traces, avaient massacré plusieurs sujets du Roi, volé les pauvres habitants, détruit leurs maisons, ce qu'ils n'ont pu réaliser qu'avec l'aide de leur père; que, trop âgé pour supporter davantage les fatigues de la guerre et souhaitant que ses maisons fussent conservées, il avait offert, en août 1625, de faire sa soumission au maréchal de Thémines; mais que celui-ci ne l'acceptait qu'à condition que M. de Léran amènerait ses enfants à obéir au Roi; que, depuis, Léran s'était rendu à Carcassonne pour faire sa déclaration devant les officiers de la sénéchaussée; que le délai fixé par les lettres patentes étant expiré depuis plus de quatre mois, les officiers du sénéchal avaient envoyé M. de Léran devant la cour, qui ne l'avait pas admis; que néanmoins le duc de Ventadour, déterminé par des sentiments de parenté, avait accueilli la demande du baron de Léran; et que, depuis cette époque, ses maisons servaient de retraite aux rebelles, que ses enfants les fréquentent, correspondent avec eux, fournissent vivres et secours aux villes en révolte, qu'ils commettent dans le pays toutes sortes de dégâts auxquels il convient de mettre un terme; que les maisons possédées par les sieurs de Léran, père et fils, dans la ville de Foix et aux environs, ainsi que

temps après, le Parlement défendait le transport du sel dans les
villes rebelles de Saverdun, Mazères, Pamiers, Le Carla. Ce sel,
venu du Poitou, était centralisé à Muret. La cour interdit aux
marchands et voituriers chargeant à Muret de distribuer cette
denrée ailleurs qu'aux villes du diocèse de Rieux et du comté de
Foix qui étaient entrées ou qui avaient persévéré dans l'obéissance
due au Roi.

(Arch. du Parlement : B 456 et 458.)

16. — Analyse de quelques autres arrêts.

1571, mars. — Attendu la ruine de l'abbaye de Combelongue,
frère Jean de Solan, prieur claustral, se retirera provisoirement,
avec les autres religieux, à l'abbaye de Rieumont, « pour, avec
« iceulx religieulx, faire la résidence et continuer le service divin
« selon l'ordre et reigle d'icelluy monastère et abbaie... », sous
peine de contrainte par voie de censures et autres dues et raisonnables. L'abbé de Combelongue paiera à ses religieux, en résidence
à Rieumont, les arrérages de leurs pensions monacales, la
nourriture, le vestiaire, etc. — (Arch. du Parlement : B 65,
fol. 294.)

1572, juillet. — Conformément aux lettres signées à Amboise,
le 20 décembre 1571, en faveur de m^{re} Pierre de La Fayette,
abbé commendataire du Mas-d'Azil, ce bénéficier est dispensé de
tous frais de garde, de fortification, etc., ainsi que de toute imposition extraordinaire, à la charge par lui d'entretenir les églises
de son bénéfice « clozes et couvertes, en sorte que le divin service
« y puisse être commodément célébré. » Il devra également
contribuer, dans les mêmes lieux, à la nourriture des pauvres. —
(Arch. du Parlement : B 67, fol. 234.)

1630, février. — Injonction aux consuls du Mas-d'Azil d'avoir
à faire vider, dans trois jours, la chambre que les pauvres occupent
à l'hôpital et qui est placée au-dessous de celle occupée par les
religieux pour la célébration du service divin Les habitants du
même lieu et quelques autres du diocèse de Rieux ne pourront

leurs châteaux et métairies, seront rasés, que les revenus des biens seront acquis
au Roi, etc. (Voy. Arch. du Parlement de Toulouse, B 459 ; cf.: *Inventaire
des archives du Parlement de Toulouse*, par M. J. Jupics, t. I, p. 315.)

arracher les croix, ni troubler les ecclésiastiques dans l'exercice de la religion catholique. Il leur est aussi commandé de recevoir les missionnaires capucins. — (Arch. du Parlement : B 498.) Le premier article de cet arrêt n'avait encore reçu aucune exécution en 1635. (V. ci-dessus, n° IX, p. 72.)

1631, janvier. — Arrêt ordonnant l'édification d'une église, sous le couvert de la place publique du Carla, à la charge, par les consuls, de fournir les matériaux provenant des démolitions des fortifications. — (Arch. du Parlement : B 508. — Cf., ci-dessus, n° XI.)

1636, juillet. — Arrêt portant saisie de la sixième portion des fruits décimaux aux Bordes, à Clermont, Gabre, Mas-d'Azil, Drulhe, Martignac, Tourniac, Gaillac-Toulza, etc., conformément à la requête du procureur fiscal du diocèse de Rieux. Il est stipulé que, dans les lieux occupés par les religionnaires, les églises doivent être réparées ou même rebâties aux dépens des fruits prenants (d'où nécessité de leur assurer la perception des revenus). — (Arch. du Parlement : B 566.)

1699, septembre. — Défense aux protestants d'aller se fixer dans la ville de Rieux, sous prétexte de travailler dans une facture hollandaise de draps qui s'y serait établie. — (Arch. du Parlement : B 1224.)

FIN.

TABLE CHRONOLOGIQUE DES MATIÈRES

IX.

XLVII.

TABLE ANALYTIQUE DES MATIÈRES.

A

(1) Aignes, dans le canton de Cintegabelle (Haute-Garonne).

(1) Alsen, dans le canton de La Bastide-de-Sérou, diocèse de Pamiers.

(2) Arbouville, paroisse aujourd'hui disparue ; elle était tout près de Cintegabelle.

(3) Argain, ancienne annexe de Fournets, actuellement comprise dans la paroisse de Montesquieu-Volvestre, diocèse de Toulouse.

---

(1) Artigat, actuellement dans le canton du Fossat, diocèse de Pamiers. Dans la commune d'Artigat se trouve aujourd'hui englobée la paroisse de Bajou.

(2) Auribail, dans le canton d'Auterive, diocèse de Toulouse.

(3) Aurignac, autrefois archiprêtré du diocèse de Comminges, aujourd'hui chef-lieu de canton, diocèse de Toulouse.

(4) Auterive, chef-lieu de canton, diocèse de Toulouse.

(5) Bajou, autrefois paroisse du diocèse de Rieux, actuellement paroisse comprise dans la commune d'Artigat, diocèse de Pamiers.

(1) Batz ou Bax, annexe de Latrappe, actuellement du diocèse de Toulouse.

(2) Annexe de Saverdun. — L'ancienne carte du diocèse de Rieux (Bourgoing, *scripsit*, Aldring, *sculpsit*) indique Baulias dessus et Baulias-dessous, sans église.

(1) Bonnac, paroisse du diocèse de Pamiers.
(2) Bonrepaux, en Conserans, aujourd'hui du diocèse de Pamiers.
(3) Les Bordes, actuellement paroisse du diocèse de Pamiers (canton du Mas-d'Azil).

(1) Brie, actuellement paroisse du diocèse de Pamiers (canton de Saverdun).

---

(1) Calmont, anciennement paroisse du diocèse de Mirepoix, aujourd'hui, du diocèse de Toulouse (canton de Nailloux).

(2) Camarade, autrefois paroisse du diocèse de Rieux, aujourd'hui du diocèse de Pamiers (canton du Mas-d'Azil).

(1) Campagne, autrefois du diocèse de Rieux, aujourd'hui du diocèse de Pamiers.

(2) Lieu dépendant du Carla.

(3) Canens, anciennement paroisse du diocèse de Rieux, aujourd'hui du diocèse de Toulouse (canton de Montesquieu-Volvestre).

(4) Canté, autrefois du diocèse de Rieux, aujourd'hui du diocèse de Pamiers (canton de Saverdun).

(5) Carbonne, ancienne paroisse du diocèse de Rieux, actuellement du diocèse de Toulouse (chef-lieu du canton de ce nom).

(6) Le Carla, autrefois paroisse du diocèse de Rieux, aujourd'hui du diocèse de Pamiers (canton du Fossat).

dans l'enquête de 1569, 23. 24. 25, 26. 28. 29. — Bellegarde y envoie du canon. 5. 9. 11, 15. 18, 21. — Plaintes des catholiques du diocèse de Rieux contre les religionnaires du Carla, 1623, 59-61. — « Démantellement » du Carla. 1633. 36. 75-78. — Il est enjoint au recteur de résider en cette paroisse, 1635. 79. — « État » des catholiques et des huguenots du Carla en 1683, 115-116. — Note sur les Bayle. 115. — Notaires huguenots du Carla. 1680, 135-137. — Recteurs de cette paroisse en 1617 et 1680. 136. — Dragons logés en ce lieu. 153. — Assemblées illicites y sont tenues, 154. — Plaintes de l'archiprêtre du Carla au sujet des mariages des nouveaux réunis, 1700. 182-184. — Ville taxée pour assemblées illicites, 1759. 197-198. — L'archiprêtre et les mariages clandestins. 1759. 200. 202, 205. — Le Carla, cité dans les arrêts du Parlement. 216, 217, 225.

CARLES (G.), 52.

CARRIÈRE (A.), entendu dans l'enquête de 1569. 32, 36-38.

CARTON (A. du), témoin dans l'enquête de 1569. 15-18 et 31.

CARTON (G. du), autre témoin, 18-21.

Castagnac (1). Lieu pris et ravagé en 1569 par l'armée des vicomtes. IX, 29. 30. 36. 37. 39. 44. — L'église y est brûlée, 41. 42, 45. 46. 47. — Syndic et consul de ce lieu. 1567. 27.

CASTELNAU (C. de), élu consul catholique du Mas-d'Azil. 82.

Castelnaudary, 54. 55. — Le syndic du clergé du diocèse de Rieux se plaint de la chambre mi-partie de Castelnaudary. 1670. 121.

Castelnau-de-Brassac. L'évêque de Castres demande la suppression du culte réformé en ce lieu, 105.

Castelnau-Durban (2). Lieu qui doit

contribuer à la destruction des murs de Camarade. 1625, 62.

Castera (1). Lieu dévasté en 1568. VI. 21. — Visité par l'évêque de Rieux, 1633, 65.

CASTET (P. et J. de) abjurent l'hérésie, 1667, 112, 113.

Castets (2). Dévasté en 1568, VI. 10, 13. 16. 19, et en 1569, X, 21, 23, 30. 35. — Nul ne veut y lever les dîmes, 32.

CASTETZ (J.-P.), cité dans l'enquête de 1569, 35.

CASTIES (J.), témoin dans l'enquête de 1569, 43.

Castres. Synode huguenot tenu en cette ville. 1585. 91. — L'évêque de Castres et le culte réformé à Castelnau-de-Brassac, 105. — Nouveau converti de ce diocèse, 177.

CATELLAN (J.-M. de), évêque de Rieux, reçoit une lettre de l'archevêque de Narbonne touchant la conduite à tenir à l'égard des réformés, 1758, 193-195. — Écrit un *Mémoire* sur les mariages clandestins des huguenots, 1759, 199-204. — Le curé de Saverdun lui fait connaître la situation des catholiques en cette paroisse. 1769, 212.

CAU-DURBAN (D.), auteur cité, VII, 56. 82. 187.

Caujac (3). Lieu pris en 1569 et ravagé par l'armée des vicomtes, IX, 36, 37, 39, 44. — Église brûlée, 41, 42, 46, 47. — Consuls du lieu, 1569, 22. 23.

CAUMONT (Vic. de), dévaste en partie le diocèse de Rieux, 1569. 35, 36, 37, 39, 44.

CAUSSIDIÈRES (P.), de Montgeard, 52.

diocèse de Conserans. aujourd'hui du diocèse de Pamiers.

(1) Casteras. paroisse du diocèse de Rieux. unie à celle de Lanoux en 1635.

(2) Castets. autrefois paroisse du diocèse de Rieux. actuellement du diocèse de Pamiers (canton du Mas-d'Azil).

(3) Caujac. ancienne paroisse du diocèse de Rieux. actuellement du diocèse de Toulouse (canton de Cintegabelle).

D

---

(1) Daumazan, autrefois du diocèse de Rieux, aujourd'hui du diocèse de Pamiers (canton du Mas-d'Azil).

(1) Drulhe ou Drenilhe, ancienne annexe de Brie, près Saverdun, diocèse de Rieux. Église ruinée par les guerres de religion et qui n'a pas été rétablie.

E

F

---

(1) Durfort, autrefois du diocèse de Rieux, aujourd'hui de celui de Pamiers (canton du Fossat).

(2) Esperce, autrefois du diocèse de Rieux, aujourd'hui paroisse du diocèse de Toulouse (canton de Cintegabelle).

(1) Esplas, ancienne paroisse du diocèse de Rieux, actuellement du diocèse de Pamiers (canton de Saverdun).

(2) Fabas, ancienne paroisse du diocèse de Couserans, aujourd'hui du diocèse de Pamiers.

(1) Fornets, anciennement du diocèse de Rieux, aujourd'hui du diocèse de Pamiers (canton du Mas-d'Azil).

(2) Fossat, autrefois du diocèse de Rieux, aujourd'hui du diocèse de Pamiers.

(3) Fousseret, ancien chef-lieu d'archiprêtré du diocèse de Rieux, aujourd'hui paroisse du diocèse de Toulouse (chef-lieu de canton).

G

(1) Gabre, autrefois paroisse du diocèse de Rieux, actuellement du diocèse de Pamiers (canton du Mas-d'Azil).

(2) Gaillac-Toulza, autrefois du diocèse de Rieux, aujourd'hui de celui de Toulouse (canton de Cintegabelle).

H

I

J

JAILLAIZ (De) et les assemblées illicites dans le diocèse de Rieux, 149 et suiv.

JASSE (J.), habitant du Mas-d'Azil, 1599, 57, 59.

JOYEUSE (duc de), lieutenant en Languedoc, 1569, 215.

JUBCIS, auteur cité, 225.

Justiniac (1). Lieu ravagé en 1569, X, 29, 30, 33, 35. — Nul ne veut y lever les dîmes, 32. — L'évêque de Rieux visite cette paroisse en 1626, 63.

L

LABAILH (Le capitaine) dévaste diverses communautés du diocèse de Rieux, 1-47.

LABAILH (M.) abjure l'hérésie au Mas-d'Azil, 1742, 120.

Labastide. Les huguenots y tiennent un colloque en 1597, 99.

La Bastide-de-Besplas (2). Le capitaine Vindrac tente de s'en emparer, 28. — Lieu rançonné, 29, 30. — Arbayssa arrente ce bénéfice, 31.

La Bastide-de-Sérou (3) doit contribuer à la destruction des fortifications de Camarade, 1625, 62.

LABAT (B.), témoin dans l'enquête de 1569, 34.

LABAUR (les frères), fugitifs du Mas-d'Azil, 1700, 186.

LA BOUISSE, maire de Saverdun, 1769, 213.

LABRUNIE (J.), recteur de Camarade, proteste contre des huguenots su-

borneurs d'une fille catholique de sa paroisse, 1665, 86-87. — Assiste à une abjuration à Gabre, 113.

Lacaugne (1). Lieu dévasté en 1568 et cité dans l'enquête de 1569, VI, 21. — Consul de ce lieu, 27.

LA NAUDGRASSE, huguenot fugitif du Mas-d'Azil, 1700, 186.

Lafite (2). Les compagnies d'Hector d'Ossun y reçoivent l'ordre de retourner à Saint-Lizier, 1562, 51.

Lafitère (3). Lieu pris, rançonné et ravagé par les vicomtes, 1569, IX, 29, 30, 36, 37, 39, 43.

LAFONT (B.), habitant du Mas-d'Azil, 1599, 57.

LAFONT (B.), vicaire de Saverdun, 1767, 209.

LAFONT (J.), condamné à la prison pour assemblée illicite, 1749, 189-192.

LAFONT (J.), huguenot des Bordes, 1666, 88.

LAFONT (J.-F.-P. et Mag.), condamnés aux galères pour assemblées illicites, 1749, 189-192.

LAFONT (J.-R.), consul de Saverdun, 1760, 204-205.

LAFONT (P.), témoin cité dans l'enquête de 1569, 29.

LAFFONT (J.), recteur du Fossat, 1744, 120.

LANCELOT (J.-P.), auteur cité, 159.

LAFORCE (P.), économe, nommé par le roi, des revenus de l'évêché de Rieux, 1569, 32, 33.

LAGARDE (A.), témoin dans l'enquête de 1569, 35.

La Grâce-Dieu (4). Lieu pris, ravagé

---

(1) Justiniac, autrefois paroisse du diocèse de Rieux, aujourd'hui du diocèse de Pamiers (canton de Saverdun).

(2) La Bastide-de-Besplas, anciennement du diocèse de Rieux, actuellement de celui de Pamiers (canton du Mas-d'Azil).

(3) La Bastide-de-Sérou, ancienne paroisse du Couserans, aujourd'hui du diocèse de Pamiers.

(1) Lacaugne, autrefois du diocèse de Rieux, actuellement du diocèse de Toulouse (canton de Rieux).

(2) Lafite-Vigordanne, anciennement du diocèse de Rieux, aujourd'hui du diocèse de Toulouse (canton de Fousseret). — La Fitte avait pour annexe Saint-Félix, aujourd'hui Saint-Élix, paroisse autonome.

(3) Lafitère, du diocèse de Rieux, aujourd'hui paroisse du diocèse de Toulouse.

(4) La Grâce-Dieu, ancienne paroisse du diocèse de Rieux, actuellement du diocèse de Toulouse (canton d'Auterive).

(1) Lanoux, paroisse du diocèse de Rieux, aujourd'hui du diocèse de Pamiers (canton du Fossat).

(2) Lapeyrère. anciennement du diocèse de Rieux, aujourd'hui du diocèse de Toulouse (canton de Montesquieu-Volvestre).

(1) Laserre, annexe de Tourtouse, diocèse de Couserans, aujourd'hui du diocèse de Pamiers.

(2) Latour, actuellement uni, pour le spirituel, à Lapeyrère (canton de Montesquieu-Volvestre).

(3) Latrape, autrefois chef-lieu d'archiprêtré du diocèse de Rieux, actuellement du diocèse de Toulouse (canton de Rieux).

LAVAILH (Capitaine), prend divers lieux, 30-47. — Rançonne Canté, 35.

LE CAMUS reçoit de M. de La Vrillière des ordres pour détruire les murs de Camarade et du Carla, 1633, 76-77.

LEMOINE (J.), auteur cité, 160 et suiv.

Le Pouzin, en Vivarais. Une ordonnance de M. de Machaud, intendant en Languedoc, est publiée contre les huguenots de ce lieu, 1629, 104.

LÉRAN (Baron de), huguenot. Arrêt du parlement de Toulouse à son sujet, 1626, 224.

LESCAZES (J.-J. de), auteur cité, 61, 93, 96.

Lescure (1), lieu ravagé en 1572, 53. — Doit contribuer à la destruction des murs de Camarade, 1625, 62.

LESGLISE (J.), consul de Saverdun, 1635, 68.

LESTANG, 55.

LÉZAT (J. de), témoin dans l'enquête de 1569, 43.

Lézat (abbaye de) ravagée en 1568, ainsi que les églises en dépendant, VI, 2, 8, 11, 14, 17, 21, 22, 25, 26, 27. — Abbé de ce monastère obligé de fuir, 2, 8, 11, 14, 17, 21, 22, 25, 26, 27.

Limoux. Le prieur des jacobins de cette ville, 1649, 111.

Lissac (2), lieu dévasté en 1568, VI, 21.

LIVRY (de) a une conférence avec M. de Gudanes au sujet des religionnaires, 1759, 195.

LOMBARD, auteur cité, 55.

LORRAINE (duc de) remet Nancy au duc d'Alluin, 1633, 77.

Loubault (3), lieu rançonné et dévasté en 1568 et 1569, VI, VII, 10, 13, 16, 19, 23, 29, 30, 31, 33. — Massacres commis en ce lieu par ordre du capitaine Vindrac, 34. — M. de Mottes y est fait prisonnier, VII, 35. — Arbayssa arrente ce bénéfice, 31. — Lieu cité dans deux arrêts du parlement de Toulouse, 216, 217.

LOUDE (P.) abjure l'hérésie, 1740, 120.

LOUIS XIII prescrit le « dégat » dans le comté de Foix et écrit à ce sujet à l'évêque de Rieux, 1629, 74-75.

LOUP (J.), catholique de Sabarat, 1636, 80.

LOURDE-BIGORRE. Incident de son mariage, 202.

LOURDE-MARTIGNAC, du Carla, et son mariage clandestin avec la d^lle Duret, 1759, 200.

LOZE (D.) abjure l'hérésie, 1677, 114.

Lugron, métairie que Vindrac menace de brûler, 29.

M

MACARY (S.), auteur cité, 133.

MACHAUD (de), intendant de Languedoc, punit les ministres de sa province et ceux de Le Pouzin, en Vivarais, à la suite de l'édit de 1629, 104.

MACHICOT (famille) abjure l'hérésie, 1677, 114-115.

MADRON DE SAINT-PAUL, 1767, 211-213.

Magrein (1), dévasté en 1568 et 1569, VI, 21, 36, 37, 38, 44, 46.

Mailholas (2), paroisse visitée par l'évêque de Rieux, 1634, 66.

MAJORET (J.), auteur cité, 159.

MALENFANT (E. de), commissaire enquêteur au sujet du temple des Bordes, 1682, 138 et suiv. — Décrète de prise de corps deux nouveaux réunis de Sabarat, 1687, 148.

MANAULD (P.-J.), témoin dans l'enquête de 1569, 23-24.

---

(1) Lescure, paroisse du diocèse de Conserans, actuellement du diocèse de Pamiers.

(2) Lissac, du diocèse de Rieux, aujourd'hui du diocèse de Pamiers (canton de Saverdun).

(3) Loubaut, du diocèse de Rieux, actuellement du diocèse de Pamiers (canton du Mas-d'Azil).

(1) Magrein, ancienne annexe de Mauressac, actuellement uni à la paroisse de La Grâce-Dieu, diocèse de Toulouse (canton d'Auterive).

(2) Mailholas, autrefois du diocèse de Rieux, aujourd'hui du diocèse de Toulouse (canton de Rieux).

---

(1) Marliac, autrefois du diocèse de Rieux,
actuellement du diocèse de Toulouse (canton
de Cintegabelle).

(2) Marquefave, paroisse du diocèse de Toulouse (canton de Carbonne).

(3) Martignac, du diocèse de Rieux, actuellement du diocèse de Pamiers, uni au Carla.

(4) Mas-d'Azil, chef-lieu de canton (diocèse
de Pamiers).

120. — « État » des biens des religionnaires fugitifs du Mas, 184. — Liste des fugitifs, 186-187. — Abjurations en cette paroisse, 120. — Les huguenots du Mas-d'Azil terrorisent ceux qui ont le dessein d'abjurer l'hérésie, 122. — Tentative d'assassinat de J. Demportes, huguenot converti du Mas-d'Azil, 122. — Les huguenots de ce lieu et les écoles catholiques, 123-130. — Vicaire du Mas, 1678, 126. — Notaires huguenots, 135-137. — Ville taxée pour assemblées illicites, 1759, 197-198. — Difficultés que cause au curé du Mas-d'Azil un mariage clandestin, 202. — Le Mas dans un arrêt du parlement, 216. — Les consuls du Mas-d'Azil donnent un « État » de l'abbaye en 1599, 56. — Élections consulaires, 82-83. — Les huguenots demandent à l'abbé d'être exemptés de contribuer à l'entretien des pauvres, 83. — Religieux retirés dans la maison de Baricave, 186. — Situation de l'abbaye du Mas-d'Azil en 1568 et 1569, vi, 21, 25, etc. — En 1599, 56. — En 1635, 72-73. — Le parlement de Toulouse et cette abbaye, 220, 221, 225.

Massabrac (1), lieu rançonné, dévasté et brûlé en 1568, vi, 10, 13, 16, 19, 21, 23, 29, 30. — — Église incendiée, 41, 42, 45, 46, 47.

Masse (P.), catholique du Mas-d'Azil, 1677, 125.

Massie (R.), témoin dans l'enquête de 1569, 45.

Mauressac, lieu pris en 1569, ix, 29, 30. — Ravagé par l'armée des vicomtes, 36, 37, 39, 44, 46.

Maurin (R.), prêtre, témoin d'une abjuration, 1630, 110.

Maury (G.), catholique du Mas-d'Azil, 1677, 125.

Mauvaisin, Synode tenu en ce lieu, 1576, 90, etc.

Mauvesin (F.), témoin dans l'enquête de 1569, 33.

Mauresin, annexe de Camarade, 87. — Une abjuration y est faite, 1740, 120. — Nom du vicaire, 120.

Maylin (J.). Une de ses métairies est brûlée par les huguenots, 33.

Maysonade (I. de), huguenot de Saverdun qui a usurpé les matériaux des églises détruites, 71.

Maysonade, maire de Saverdun, 1767, 210.

Mazères-en-Foix (1). Lieu où aboutit Mongommery venant de Castres, en 1569, viii, 39, 44. — Cité, 28, 29, 36, 37. — Est pris par le capitaine Vindrac, 28, 30, 31. — Les huguenots de Mazères enlèvent les fruits décimaux à Calmont, Sainte-Gabelle et Montgeard, 1574, 52. — « Dégat » fait aux environs de Mazères en 1628, 74. — Lettre de M. de La Vrillière au sujet de la destruction des murailles de Mazères, 1633, 77. — Église réformée de Mazères servie par celle de Saverdun, 1592, 93. — Dragons à Mazères, 153. — Ville taxée pour tenue d'assemblées illicites, 1759, 197-198.

Mazuer, délégué des huguenots de Saverdun au synode de Castres, 1597, 99.

Médan (B.), témoin dans l'enquête de 1569, 26.

Méders (Cath. de) écrit à son fils au sujet de Saverdun, 1579, 53-56.

Méras (2), lieu dévasté et incendié en 1568, vi, 10, 13, 16, 19, 33. — Rançonné et pillé par Vindrac, 1569, vii, 29, 30. — Cité, 21, 23. — L'évêque de Rieux visite cette paroisse, 1633, 64-65. — Le curé de Méras est témoin dans l'abjuration de M. de La Rivière, son père, 1744, 188.

Mercier (D.), huguenot fugitif du Mas-d'Azil, 1700, 186, 187.

(1) Massabrac, autrefois du diocèse de Rieux, actuellement du diocèse de Toulouse (canton de Montesquieu-Volvestre).

(1) Mazères-en-Foix, ancienne paroisse du diocèse de Mirepoix, actuellement chef-lieu de canton du diocèse de Pamiers.

(2) Méras, du diocèse de Rieux, actuellement de celui de Pamiers (canton du Mas-d'Azil).

(1) Mérigou, du diocèse de Rieux, aujourd'hui de celui de Pamiers (canton de Sainte-Croix).

(2) Monesple, aujourd'hui du diocèse de Pamiers (canton du Fossat).

(1) Montagut, Montégut, aujourd'hui du diocèse de Pamiers (canton de Varilhes).

(2) Montardit, autrefois paroisse du Conserans, actuellement du diocèse de Pamiers.

(3) Montbérault, aujourd'hui dans le diocèse de Toulouse (canton de Cazères).

(4) Montbrun, aujourd'hui du diocèse de Toulouse (canton de Montesquieu-Volvestre).

(5) Montesquieu-de-Lavantès, près Saint-Lizier, en Conserans, aujourd'hui du diocèse de Pamiers.

(6) Montesquieu-Volvestre, autrefois du diocèse de Rieux, aujourd'hui de celui de Toulouse (chef-lieu de canton).

(7) Montfa, ancienne annexe de Camarade, diocèse de Rieux, actuellement paroisse du diocèse de Pamiers (canton du Mas-d'Azil).

N

O

---

(1) Pujagou, ancienne annexe de Monesple, au diocèse de Rieux.

(2) Puydaniel, autrefois du diocèse de Rieux, actuellement de celui de Toulouse (canton d'Auterive).

(1) Rimont, dans le diocèse de Conserans, aujourd'hui en celui de Pamiers.

S

(1) Sabarat, autrefois du diocèse de Rieux, actuellement de celui de Pamiers (canton du Mas-d'Azil).

SAINT-BLANCARD (J. de), auteur cité, 61.

SAINT-FERRÉOL. Sa statue est mutilée par les huguenots à Batz, 66, 67.

SAINT-FLORENTIN (de) écrit aux habitants de Saverdun qu'ils ont encouru la disgrâce du roi, 1769, 212.

Saint-Gaudens, ville prise par Montgomméry, en 1569, VIII, IX, 36, 38, 39, 40.

SAINT-GENIÈS (Mag. de), 133.

Saint-Jory (1), 133.

SAINT-LARY (P.), témoin dans l'enquête de 1569, 42.

Saint-Lizier, ville épiscopale menacée par les huguenots du Mas-d'Azil, 1560-1561, 47, 51. — Frais qu'elle supporte en 1562, lors de la sédition de Toulouse, 50-51. — Les consuls de Saint-Lizier adressent une requête aux États de Comminges, 48. — Le diocèse de ce nom doit contribuer au « dégât » dans le comté de Foix, 1629, 74-75.

SAINT-MARTIN (J. de), recteur de Peyssies, 1635, 68.

Saint-Martin d'Oydes (2), lieu rançonné et dévasté, 1568, VI, 9, 13, 16, 19, 21, 29, 30, 31, 33. — Nul n'ose y recueillir les dîmes, 32. — Paroisse visitée par l'évêque de Rieux en 1633, 66. — Abjuration de l'hérésie, 1663, 112.

Saint-Michel, Consul de ce lieu en 1569, 26.

SAINT-MICHEL, huguenot du Mas-d'Azil, 1677, 125.

Saint-Pierre de Monterson, Église de ce nom, sur le territoire de Saverdun, 70-71.

Saint Prim et saint Clair, Détails sur leur église, leurs reliques, leur culte, à Saverdun, 70-71. — (Voy. Saverdun.)

SAINT-PRIVAT signe les plaintes des catholiques du diocèse de Rieux

contre les huguenots, 1623, 61.

SAINT-POLIT (P.), condamné aux galères pour assemblées illicites, 1749, 189-192.

Saint-Quentin, Église de ce nom, sur le territoire de Saverdun, 70.

Saint-Quire (1), lieu dévasté en 1568, VI, 21.

Saint-Sernin (Chapitre de) et les dîmes de Calmont, Sainte-Gabelle et Montgeard, 1574, 52.

SAINT-SEVÉ (J.), recteur de Saverdun, accuse les huguenots de cette ville d'avoir dissimulé au marquis de Gudanes le rétablissement de leur temple, 207-210. — Se plaint de la conduite de M. de Paulhiac, 210. — Éclaire l'évêque de Rieux sur la situation des catholiques de Saverdun, 1769, 212.

Saint-Sever-de-Rustang, lieu brûlé en 1572, 53.

SAINT-SIVIER (de), archidiacre de Toulouse, présent à Saverdun, lors de la visite de l'évêque de Rieux, 1635, 68.

Saint-Sulpice-Lézadois, Un consul de ce lieu en 1569, 26.

Saint-Ybars (2), lieu dévasté en 1568, VI, 10, 13, 16, 19, 23. — Une abjuration de l'hérésie y est célébrée en 1649, 111. — Recteur et chanoines de Saint-Ybars, 1649, 111.

Sainte-Colombe de Saverdun, Recteur de ce lieu en 1634, 68-70. — « État » des catholiques et des huguenots, 1683, 115. — Le recteur en 1767, 209.

Sainte-Croix (3), lieu ravagé par les vicomtes, 1569, IX, 38, 43, 44. — Doit contribuer à la destruction des murs de Camarade, 1625, 62.

---

(1) Saint-Jory, paroisse du diocèse de Toulouse, canton de Fronton.

(2) Saint-Martin d'Oydes, autrefois du diocèse de Rieux, actuellement de celui de Pamiers, canton du Mas-d'Azil.

(1) Saint-Quire, ancienne paroisse du diocèse de Rieux, actuellement du diocèse de Pamiers.

(2) Saint-Ybars, autrefois du diocèse de Rieux, ayant pour annexe Sainte-Suzanne, actuellement de celui de Pamiers (canton de Fossat).

(3) Sainte-Croix de Volvestre, ancienne paroisse du diocèse de Rieux, ayant Citas pour annexe, aujourd'hui chef-lieu de canton, diocèse de Pamiers.

(1) Sainte-Gabelle (actuellement orthographié mal à propos Cintegabelle), ancienne paroisse du diocèse de Mirepoix, aujourd'hui chef-lieu de canton (diocèse de Toulouse).

(2) Salenques, ancienne paroisse du diocèse de Rieux, aujourd'hui unie à celle des Bordes (canton du Mas-d'Azil).

(3) Saverdun, anciennement dans l'évêché de Rieux, aujourd'hui dans celui de Pamiers (chef-lieu de canton).

Seix (J.), ministre de Sabarat, 1588, 103, 107.

Scorbiac (S. de) vient établir le consulat mi-parti au Mas-d'Azil, 1632, 82. — Cité, 100.

Seix (1). Nom du baile de ce lieu en 1569, 21. — Seix doit contribuer à la destruction des murs de Camarade, 1625, 62.

Senaux (De) vient au Mas-d'Azil pour une élection consulaire mi-partie, 82.

Sentenac, acquéreur d'un jardin de l'hôpital du Mas-d'Azil, 84. — Cité, 114.

Servat (M.), témoin dans l'enquête de 1569, 40.

Severii (F.), témoin dans l'enquête de 1569, 27.

Sicrez (M.), fille catholique d'Artigat que les huguenots essaient de suborner, 1665, 85.

Siret, subdélégué à Foix, reçoit des ordres à l'occasion des assemblées de religionnaires, 153. — Il interroge les huguenots prévenus d'avoir participé à des assemblées illicites, 1748, 190.

Sol (J.-P.) abjure l'hérésie, 1735, 119.

Sol, ministre de Saverdun, 1767, 208.

Soula (A.), consul du Mas-d'Azil, 1677, 124.

Soulla (B.), catholique du Mas-d'Azil, 1677, 125.

Soulho (N.-D. de) visitée par l'évêque de Rieux, 1633, 66.

Soulié (P.) et sa femme abjurent l'hérésie, 1683, 116.

Soulier (D. et M.) abjurent l'hérésie, 1677, 114.

Spalados (C.), témoin dans l'enquête de 1569, 43.

Sueville, archiprêtre du Carla, signale au vicaire général de Rieux, les mariages clandestins contractés par les nouveaux réunis du diocèse, 1700, 182, 184, 205. — Cité, 200.

(1) Seix, paroisse du diocèse de Conserans, actuellement de celui de Pamiers.

T

Tartanac (J.), témoin dans l'enquête de 1569, 42. — Les huguenots brûlent une de ses métairies, 42.

Teilh (Le). L'évêque de Castres demande l'interdiction du culte réformé en ce lieu, 105.

Terre (Veuve). Sa maison sert à l'agrandissement du temple de Saverdun, 1580, 91.

Terride (De) assiège Navarreins, 1569, 39, 44.

Thémines (M^{al} de) assiège les Bordes et Sabarat, 1625, 61, 141. — Il détruit les murs de Camarade, 61, 141. — Assiège le Mas-d'Azil, 61, 141. — Oblige diverses communautés à contribuer à la destruction des murs de Camarade, 62. — Boulets du siège du Mas-d'Azil, 73.

Tilhol (J.), témoin dans l'enquête de 1569, 27.

Tissier (F.), chanoine de Rieux, témoin d'une abjuration au Carla, 1630, 110.

Tissier (F.), recteur de Saverdun, 1635, 68. — Est incapable de servir la paroisse, 69.

Tolza, recteur de Clermont, 1634, 110.

Tonnens, au diocèse d'Agen, 111.

Tornier (J.), recteur de Saverdun, 1665, 87.

Thouars (1) rançonné par les huguenots, 29, 30.

Toulouse (La sédition de) et H. d'Ossun, 1562, 48-51.

Tourré (P.), recteur de Lanoux, 1648, 110.

Tour Sardane, un des quartiers de Sabarat, 80.

Tourniac (2), lieu cité dans un arrêt du Parlement, 225.

(1) Thouars, autrefois du diocèse de Rieux, aujourd'hui du diocèse de Pamiers (canton du Mas-d'Azil).

(2) Tourniac, ancienne paroisse disparue du diocèse de Rieux, entre Pailhès, Pujagou,

Gabre et Sabarat, et dont le territoire est actuellement dans le canton du Mas-d'Azil, diocèse de Pamiers.

(1) Tourtouse, paroisse du diocèse de Conserans, aujourd'hui du diocèse de Pamiers.

(2) Tramesaïgues, autrefois du diocèse de Mirepoix, actuellement de celui de Toulouse (canton de Cintegabelle).

(3) Valentine, localité du Petit-Comminges ou Comminges languedocien, comprise pour le spirituel dans l'évêché de Saint-Bertrand, aujourd'hui dans le diocèse de Toulouse (canton de Saint-Gaudens).

ERRATA.

Page 63. — Sous le numéro IX, ajoutez, au point de vue bibliographique, la
publication de M. Jean Decap, intitulée : *Le diocèse de Rieux
avant la Révolution.* — *Paroisses du comté de Foix d'après les
visites pastorales de 1620 à 1725.* (Foix, 1898. in-8°, 43 pp.)
— 68. — Annulez ces mots : *abbé de Saint-Sernin.*
— 120. — Niau, *lisez :* Niac, annexe de Nogarède.
— 120. — Itité, *lisez :* Itié.
— 132. — Bouisson, *lisez :* Bouissou.
— 153. — La pièce publiée sous le n° 4 est de M. de Jaillaiz, *commandant à
Perpignan.*
— 205. — Le document donné au n° XLII doit être daté du 10 juillet 1700
(et non 1760). — En 1700, M. Surville était archiprêtre du Carla.

Auch. — Imprimerie Léonce Cocharaux, rue de Lorraine.

LISTE DES SOUSCRIPTEURS

DES

ARCHIVES HISTORIQUES DE LA GASCOGNE[1].

ARCHEVÊQUE D'AUCH (Mgr l').

Archives de la ville de Baynères-de-Bigorre (Hautes-Pyrénées).

Archives départementales de l'Ariège.

Archives départementales des Basses-Pyrénées.

Archives départementales du Gers.

Archives départementales du Lot-et-Garonne.

Archives Nationales.

BALENCIE (Gaston), ancien magistrat, à Saint-Pé (Hautes-Pyrénées).

BARDIES (baron de), à Saint-Soulan, par Aleu (Ariège).

BATZ (de), chef d'escadron au 6ᵐᵉ chasseurs d'Afrique, à Mascara (Oran).

BAUBY (Léopold), à Orthez.

BÉNAC (abbé), vicaire général, à Auch.

BERNADOU (Charles), rue Poissonnière, à Bayonne.

BERNÈS (chanoine), supérieur du Grand Séminaire, à Auch.

Bibliothèque impériale de Berlin (Asher, libraire, 5, allées des Tilleuls).

Bibliothèque de la ville d'Auch.

Bibliothèque de la ville de Bayonne.

Bibliothèque de la ville de Pau.

Bibliothèque de la ville de Toulouse.

Bibliothèque du Grand Séminaire d'Auch.

Bibliothèque du Vatican.

---

[1] Les souscripteurs des *Archives historiques de la Gascogne* sont membres de droit de la *Société historique.* (Cf. *Revue de Gascogne*, juillet-août 1885, p. 392, et mai 1903, p. 227.)

BOUET (Charles), ancien magistrat, à La Gravade par Layrac (Lot-et-Garonne).

BOUSSÈS DE FOURCAUD, à Beaumarchés.

BRANET (Alphonse), place du Bartas, à Auch.

BRIANÇON (de), président du Tribunal civil, à Nérac (Lot-et-Garonne).

BROCONAT (abbé), curé de Bezolles, par Valence (Gers).

CABIÉ (Edmond), à Roquesérière par Montastruc (Haute-Garonne).

CAMPISTRON (Mgr), évêque d'Annecy.

CARRÈRE (Henri), avocat, à Marciac (Gers).

CARSALADE DU PONT (Mgr de), évêque de Perpignan.

CASTELBAJAC (marquis de), château de Caumont, par Samatan (Gers).

CASTELNAU D'ESSENAULT (marquis de), château de Casse, par Latresne (Gironde).

CÉZÉRAC (abbé), vicaire général, président de la *Société historique de Gascogne*, à Auch.

CHAMPION, libraire-éditeur, 9, quai Voltaire, Paris (six souscriptions).

CHASTENET DE PUYSÉGUR (comte Robert de), à Bagnères-de-Bigorre (Hautes-Pyrénées).

CIEUTAT (Léon), doyen de la 1re Chambre à la cour d'Appel, à Agen.

CLAVERIE (Alexis), publiciste, à Esparros par Lonné (Hautes-Pyrénées).

CLERGEAC (abbé), chapelain de Saint-Louis des Français, à Rome.

COCHARAUX (Léonce), imprimeur à Auch.

CORTADE (abbé), professeur de philosophie au Petit Séminaire d'Auch.

COSTE (Joseph), libraire à Bergerac (Dordogne).

DEGERT (abbé), directeur de la *Revue de Gascogne*, professeur à l'Institut catholique de Toulouse.

DEJEANNE (docteur), à Bagnères-de-Bigorre.

DELPECH-CANTALOUP, ancien député, à Saint-Clar (Gers).

DESCAMPS (Albert), ancien député, à Lectoure.

DÉTROYAT (A.), à Bayonne.

DOAT (Ch.), propriétaire à Céran, par Fleurance (Gers).

DOUAIS (Mgr), évêque de Beauvais.

DUBARAT (abbé), archiprêtre de Saint-Martin de Pau.

DUCASSE (chanoine), à Auch.

DUCURON (abbé), aumônier de marine, à Maumusson-Laguian par Riscle (Gers).

DULAU AND Co, Soho Square, 37, London (Angleterre) (deux souscriptions).

DURRIEU (Paul), ancien membre de l'école de Rome, conservateur-adjoint des peintures au musée du Louvre, rue Saint-Simon, 2, Paris.

DURROUX, notaire, à Miélan.

FALLIÈRES (Oswald), avocat, Le Passage, à Agen.

FOIX (abbé), curé de Laurède, par Poyanne (Landes).

FONTENILLES (marquis de LA ROCHE), 2, rue Villersexel, Paris.

FOURCADE (chanoine), secrétaire général de l'évêché, à Tarbes.

GABARRA (abbé), curé de Capbreton (Landes).

GAIRAL (Mᴵˡᵉ), château de Herré, par Castelnau-d'Auzan (Gers).

GAIRAL (Mᵐᵉ Georges), rue Saint-Jacques, 5, Toulouse.

GALARD-TERRAUBE (marquis de), château de Sirac, par Cologne
   (Gers).

GARDÈRE (Joseph), bibliothécaire de la ville de Condom (Gers).

GERMON (Louis de), château de Labatut-Rivière, par Maubourguet
   (Hautes-Pyrénées).

GONTAUT-BIRON (comte Théodore de), rue de Varennes, 45, Paris.

GONTAUT-BIRON (marquis de), château de Saint-Blancard (Gers).

GUÉRARD (abbé), Lourdes (Hautes-Pyrénées).

JAURGAIN (de), à Mauléon (Basses-Pyrénées).

LABORIE (Jules), expert-géomètre, à Auterrive, par Auch (Gers).

LABROUCHE, ex-archiviste des Hautes-Pyrénées, villa Lahubiaque,
   à Saint-Léon-de-Bayonne (Basses-Pyrénées).

LACAVE LA PLAGNE BARRIS (Cyprien), à Montesquiou (Gers).

LACAVE LA PLAGNE BARRIS (Joseph), château de La Plagne,
   Montesquiou (Gers).

LACLAVÈRE (abbé), vicaire général, Auch.

LACOMME (F.), pharmacien à Auch.

LAFFARGUE (abbé), à Monlezun-d'Armagnac (Gers).

LAGLEIZE (abbé), curé-doyen de Fleurance (Gers).

LAILHACAR (de), 8ᵇⁱˢ, rue Châteaudun, Paris.

LALAGUË (abbé), secrétaire de la *Société Historique de Gascogne*,
   directeur au Grand Séminaire d'Auch.

LAUDET (Fernand), château de Ladevèze, par Armentieux (Gers).

LAURENTIE (A.), à Fleurance (Gers).

LAUZUN (Philippe), président de la *Société Archéologique du Gers*,
   à Valence (Gers).

LAVERGNE (Adrien), vice-président de la *Société Historique de
   Gascogne*, à Castillon-de-Batz (Gers).

LESTRADE (abbé), curé de Gragnague, par Verfeil (Haute-Garonne).

LOUCHET (Mᵐᵉ), château de Pitron, par Riguepeu (Gers).

LOZES, négociant à Auch.

MAGNIÉ (docteur Albert), à Mirande (Gers).

MARMONT (chanoine), à Auch.

MAUMUS (Justin), avocat, à Mirande (Gers).

MELLIS (Max. de), château de Bivès, par Saint-Clar (Gers).

MONLEZUN-PARDIAC (marquis de), château de Mauville, par
   Lévignac (Haute-Garonne).

MONTBRISON (Georges de), château de Saint-Roch, par Auvillars
   (Tarn-et-Garonne).

MONTESQUIOU-FEZENSAC (duc de), château de Marsan (Gers).

MONTFORT (de), à Riscle (Gers).

PÉREZ (Adrien), à Joigny-Cott, Mirande (Gers).

PÉREZ (Christian), colonel du 3me hussards, Verdun.

PHILIP DE BARJEAU, pasteur à Mauvezin (Gers).

PICARD (Alphonse), libraire, rue Bonaparte, 82, Paris.

PLANTÉ (Adrien), président de la *Société des Sciences, Lettres et Arts de Pau*, maire d'Orthez (Basses-Pyrénées).

POTTIER (chanoine), président de la *Société Archéologique de Tarn-et-Garonne*, à Montauban.

POUY (comte de), chef de bataillon, 91me, Sedan (Ardennes).

RÈMES (Ulysse), curé de Castex (Cazaubon).

RESSÉGUIER DE JUILLAC (de), château de Juillac, par Marciac (Gers).

RICAUD (abbé), directeur au Grand Séminaire de Tarbes.

ROLLAND (Louis), à Marciac (Gers).

SANSOT (Alfred), à Bagnères-de-Bigorre.

SARDAC (docteur de), à Lectoure (Gers).

SARRAN (abbé), professeur au Petit Séminaire d'Auch.

SARREBAYROUSE (abbé), à l'Isle-Jourdain (Gers).

SÉCHEYRON (docteur), professeur à la Faculté de Médecine, Toulouse.

SERRES DE JUSTINIAC (Eugène de), rue Deville, Toulouse.

Société de Borda, à Dax (Landes).

STÉCHERT, libraire, rue de Rennes, 76, Paris.

TALLEZ (chanoine), supérieur du Petit Séminaire d'Auch.

TAUZIN (abbé), curé à Saint-Justin de Marsan (Landes).

TRILHE (chanoine), secrétaire général de l'Archevêché, Auch.

Université impériale de Berlin (Asher, libraire, 5, allées des Tilleuls).

VIGNAUX (abbé), professeur au Petit Séminaire d'Auch.

VIGNAUX, avocat, rue Demouilles, 11, Toulouse.

VIRIEU (marquis de), à Châbons (Isère).

WENTWORTH-WEBSTER (le Révérend), à Béchiéna, Sare (Basses-Pyrénées).

9 782329 555034